D1755878

Die Kreuzzüge und die Seidenstraße

Ein fesselnder Leitfaden über die Religionskriege im Mittelalter und ein uraltes Netz von Handelsrouten

© Copyright 2022

Alle Rechte vorbehalten. Kein Teil dieses Buches darf in irgendeiner Form ohne schriftliche Genehmigung des Autors reproduziert werden. Rezensenten dürfen in Besprechungen kurze Textpassagen zitieren.

Haftungsausschluss: Kein Teil dieser Publikation darf ohne die schriftliche Erlaubnis des Verlags reproduziert oder in irgendeiner Form übertragen werden, sei es auf mechanischem oder elektronischem Wege, einschließlich Fotokopie oder Tonaufnahme oder in einem Informationsspeicher oder Datenspeicher oder durch E-Mail.

Obwohl alle Anstrengungen unternommen wurden, die in diesem Werk enthaltenen Informationen zu verifizieren, übernehmen weder der Autor noch der Verlag Verantwortung für etwaige Fehler, Auslassungen oder gegenteilige Auslegungen des Themas.

Dieses Buch dient der Unterhaltung. Die geäußerte Meinung ist ausschließlich die des Autors und sollte nicht als Ausdruck von fachlicher Anweisung oder Anordnung verstanden werden. Der Leser / die Leserin ist selbst für seine / ihre Handlungen verantwortlich.

Die Einhaltung aller anwendbaren Gesetze und Regelungen, einschließlich internationaler, Bundes-, Staats- und lokaler Rechtsprechung, die Geschäftspraktiken, Werbung und alle übrigen Aspekte des Geschäftsbetriebs in den USA, Kanada, dem Vereinigten Königreich regeln oder jeglicher anderer Jurisdiktion obliegt ausschließlich dem Käufer oder Leser.

Weder der Autor noch der Verlag übernimmt Verantwortung oder Haftung oder sonst etwas im Namen des Käufers

Inhaltsverzeichnis

TEIL 1: DIE KREUZZÜGE 1

EINLEITUNG 2

KAPITEL 1 - DER ERSTE KREUZZUG (1095-1099) - DER PAPST FORDERT DIE GLÄUBIGEN ZUM KAMPFE AUF 11

KAPITEL 2 - DIE ARMEEN DES ERSTEN KREUZZUGES TREFFEN AUF DEN FEIND 25

KAPITEL 3 - DIE FOLGEN DES ERSTEN KREUZZUGES 34

KAPITEL 4 - DER ZWEITE KREUZZUG (1147-1149) DIE ENTSTEHUNG DES KÖNIGREICHS VON JERUSALEM 38

KAPITEL 5 - DER DRITTE KREUZZUG (1189-1192) - DER KÖNIGSKREUZZUG 46

KAPITEL 6 - DER VIERTE KREUZZUG (1202-1204) - DAS LATEINISCHE REICH VON KONSTANTINOPEL UND DER KINDERKREUZZUG (1212) 59

KAPITEL 7 - DER FÜNFTE KREUZZUG (1217-1221) 72

KAPITEL 8 - DER SECHSTE KREUZZUG (1228-1229) - FRIEDRICH II, DER HERRSCHER DES HEILIGEN RÖMISCHEN REICHES TRÄGT DAS KREUZ 79

KAPITEL 9 - DER SIEBTE KREUZZUG (1248-1254) 84

KAPITEL 10 - DER ACHTE KREUZZUG (1270) 93

DER NEUNTE KREUZZUG (1271-1272) 95

FAZIT 99

TEIL 2: DIE SEIDENSTRAßE 104
   EINFÜHRUNG 105
   KAPITEL 1 - ROM, SEIDE UND DIE ANTIKE GEOGRAPHIE 112
   KAPITEL 2 - DIE SEIDENPRODUKTION UND DER
   HANDEL DER HAN DYNASTIE 117
   KAPITEL 3 - DAS KÖNIGREICH LOULAN 122
   KAPITEL 4 - BUDDHISTEN ENTLANG DER SEIDENSTRAßE 127
   KAPITEL 5 - TURFAN: EINE OASE AN DER SEIDENSTRAßE 132
   KAPITEL 6 - DIE LEGENDE VOM PRIESTERKÖNIG
   JOHANNES 136
   KAPITEL 7 - DSCHINGIS KHAN, HERRSCHER DER WELT 140
   KAPITEL 8 - DER HERR VON XANADU, KUBLAI KHAN:
   DER KAISER CHINAS 153
   KAPITEL 9 - MARCO POLO BESUCHT KUBLAI KHANS
   CHINA 169
   KAPITEL 10 - DIE LETZTEN JAHRE KUBLAI KHANS 183
SCHLUSSBEMERKUNG: DER NIEDERGANG DES HANDELS
ENTLANG DER SEIDENSTRAßE 195
SCHAUEN SIE SICH EIN WEITERES BUCH AUS DER REIHE
CAPTIVATING HISTORY AN. 199
WEITERE LITERATUR 200

Teil 1: Die Kreuzzüge

Eine fesselnde Geschichte der militärischen Expeditionen während des Mittelalters, die Europa verließen, um Jerusalem zu befreien und der Christenheit im Heiligen Land zu helfen

Einleitung

Man könnte fast sagen, dass die europäischen Könige und Adligen des Mittelalters kreuzzugswütig waren. Die enorme Anzahl von Kämpfern, die regelmäßig in den Nahen Osten segelten, um dort gegen die Muslime zu kämpfen, zeugt von der weit verbreiteten Popularität des Abenteuertums in Übersee zu dieser Zeit. Die Vorstellung von einem glorreichen Kreuzzug, bei dem sich große Heere aus verschiedenen Regionen Europas zum Kampf gegen türkische und arabische Muslime versammelten, war so fest in den Köpfen der Menschen verankert, dass die Kreuzzüge auf Kämpfe auch gegen häretische europäische christliche Sekten ausgeweitet wurden.

Es gibt viele dafür Gründe, warum so viele europäische Adlige dem Ruf zum Kreuzzug folgten, und alle diese Gründe sind in der komplexen Organisation der mittelalterlichen Feudalgesellschaft zu suchen, die sich in den verschiedenen Kulturen Europas unterschiedlich schnell entwickelte.

Als im frühen Mittelalter die zentralisierte weltliche Ordnung in Westeuropa mit dem Zusammenbruch des Römischen Reiches zerfiel, entstanden eine Vielzahl von kleineren Quasi-Staaten. Diese Staaten wurden von Bevölkerungsgruppen gegründet, die gemeinsame ethnische Wurzeln in den Stämmen der Barbaren hatten, die einst in kleineren Stammesgesellschaften über den Kontinent gezogen waren. Da es keine festgelegten nationalen oder kulturellen Grenzen gab, kämpften die Staaten ständig um die

Vorherrschaft und die Ländereien in ihrer Region - das Land war zu dieser Zeit die wichtigste Quelle des Reichtums. Es entstand eine Kultur der Kriegsführung, die sich in die Gesellschaftsordnung all der unterschiedlichen kulturellen Gruppen einfügte.

Das Chaos aus multiethnischen und mehrsprachigen Staaten, die in einem ständigen Zustand des Kampfes mit mächtigen und schwachen Nachbarn standen, wurde durch eine einzige einigende Kraft ausgeglichen: die Macht der katholischen Kirche. Zuweilen geriet aber sogar die Autorität der Kirche, die vom Papst geleitet wurde und durch eine Hierarchie kirchlicher Amtsträger organisiert war, unter Beschuss. Es kam zu Streitigkeiten über die Befugnis der Kirche, wenn es darum ging, weltliche Beamte und Führer zu ernennen. Auch die unmittelbare Autorität des Papsttums über die Staaten und deren Fähigkeit, die Einkünfte erwirtschafteten, die die weltlichen Herren begehrten, war ein ständiger Streitpunkt.

In den nicht seltenen Fällen, in denen die Diplomatie versagte, zogen die Staatsoberhäupter von ihren befestigten Häusern oder Burgen aus in den Kampf gegen ihre Nachbarn. Dabei machte es keinen Unterschied, ob es sich um andere weltliche Herrscher oder um kirchliche Beamte wie beispielsweise Erzbischöfe, Bischöfe oder sogar den Papst höchstpersönlich handelte. All diese Würdenträger verfügten über ihre eigenen Heere. Da der Reichtum durch die territoriale Macht bestimmt wurde, kam es im Grunde genommen ständig zu kriegerischen Auseinandersetzungen. Der Krieg galt als der entscheidende Faktor für die erfolgreiche Organisation der Gesellschaft.

Das Kämpfen wurden durch die Begriffe Ehre, Loyalität und Mut gekennzeichnet. Hinzu kamen die christlichen Vorstellungen von einem gerechten Krieg, von Barmherzigkeit und Moral. So verrichteten die kämpfenden Männer der Oberschicht und ihre Gefolgsleute, bevor sie in die Schlacht zogen, christliche Gebetsrituale, in denen sie im Voraus um die Vergebung aller Sünden baten, die sie auf dem Schlachtfeld begehen könnten.

Da Kriege mit dem Ziel geführt wurden, Land zu erwerben und die Zahl der Arbeitskräfte für die Armeen zu erhöhen, entwickelte sich ein komplexes System des Landbesitzes. Wie allgemein bekannt, geht die Beute an den Sieger. Im Mittelalter bedeutete dies im Allgemeinen nicht die vollständige Vernichtung der

Ländereien der besiegten Adligen. Vielmehr behielt der besiegte Herrscher seine Pachtbauern und überließ dem Sieger einen Teil ihrer Einkünfte. Der besiegte Anführer und seine kämpfenden Männer mussten dem Sieger durch das Ritual der Huldigung die Treue schwören. Die Lehnstreue der Besiegten bedeutete, dass der siegreiche Herrscher von einem erweiterten Heer von Rittern und Fußsoldaten der unteren Klassen Militärdienst verlangen konnte. Die Macht eines Herrschers hing unmittelbar von der Qualität und Quantität seiner eigenen Kämpfer ab, aber auch von denen, die ihm durch Eroberungen als Vasallen dienten.

Die Kriegsführung war nicht das einzige Mittel, mit dem mittelalterliche Adlige ihre Macht ausbauten. Durch ein ausgeklügeltes System von Mischehen zwischen den mächtigen Familien wurde ein gewisser Anschein von Ordnung geschaffen, in dem gleich starke Könige und Adlige von Zeit zu Zeit ihre Wachsamkeit gegenüber geldgierigen Nachbarn aufgeben konnten, was gleichzeitig den Weg für Angriffe auf weniger mächtige Herrscher ebnete. Mischehen waren deshalb wichtig, um im Bedarfsfall Bündnisse mit Nicht-Vasallenstaaten zu schließen. Und schließlich konnte eine Heirat zwischen den oberen Klassen den Anspruch eines Adligen oder eines Königs auf die von seinen Nachkommen geerbten Ländereien untermauern.

Die Kirche war ein wesentlicher stabilisierender Bestandteil dieser Mischung aus miteinander verbundenen Bündnissen und Vasallenstaaten. Das Papsttum war zeitweise mit den adligen Grundbesitzern gleichgestellt. Seine Ländereien oder Staaten wurden aus demselben Gefüge von Vasallenstaaten gebildet, aus denen bei Bedarf Heere gebildet werden konnten. Die Erzbischöfe, Bischöfe und Äbte der Klöster waren dem Papst verpflichtet, als eine Art religiöse Huldigung. Diese Beamten waren selbst Grundbesitzer und konnten daher ihre Vasallen dazu auffordern, im Bedarfsfall Soldaten zu stellen.

Da der Adel im mittelalterlichen Europa eine ausgeprägte Kultur der Kriegsführung pflegte, ist die Anziehungskraft von Kriegen in weit entfernten Ländern leicht zu verstehen. Als der Papst die mächtigen Führer der Christenheit aufforderte, gegen die Muslime im Osten zu den Waffen zu greifen, was als „Kreuznahme Christi" bezeichnet wurde, stieß er auf offene Ohren. Die Adligen sahen in der Teilnahme an den Kreuzzügen nicht nur eine ehrenvolle Möglichkeit, ihre religiöse Inbrunst zu demonstrieren, sondern auch ein Mittel, um ihre Kampffähigkeit und - für die Vasallen - ihre Loyalität gegenüber ihrem Oberherrn unter Beweis zu stellen. Der Anreiz zur Teilnahme an den Kreuzzügen, der für einige Könige und Adlige wohl am stärksten war, bestand in der Möglichkeit, Ländereien, Schätze und Kämpfer in einer Region zu erwerben, die vom europäischen Feudalsystem bis dahin noch nicht erschlossen worden war.

Die Hauptaufgabe eines Ritters war der Kampf. Selbst in den Pausen zwischen den ernsthaften Kriegshandlungen verfeinerten die Ritter ihre Fähigkeiten und gewannen durch rituelle Turniere an Ehre. In gewissem Sinne füllten die Kreuzzüge ein Machtvakuum für Ritter, ähnlich wie es auch die Turniere taten. Dies erklärt, warum ein König oder Adliger, der zu Hause in Europa in den Krieg zog, keine Notwendigkeit dazu verspürte, dem Ruf des Papstes zu folgen und im Ausland zu dienen. Der Wunsch die Forderungen der Kirche zu ignorieren, sogar bis hin zur Exkommunikation, war für einen weltlichen Herrscher ein angemessenes Mittel, um seine Unabhängigkeit zu demonstrieren.

Im Nachhinein ist schwer zu verstehen, warum der Aufruf zum Kampf im Sinne der Kreuzzüge immer wieder dazu führte, dass riesige Heerscharen von Kämpfern aufgestellt werden konnten. Die Verheißung von Abenteuern und Reichtum waren starke Motivatoren, das steht fest. Die fast völlige Unkenntnis der Gefahren, die mit einer so weiten Reise verbunden waren, an deren Ende der Kampf gegen einen geheimnisvollen Feind stand, erklärt zum Teil auch den Eifer, mit dem die Europäer dazu bereit waren ihre Heimat zu verlassen und zu Lande und zu Wasser ins Heilige Land zu ziehen. Dabei ist sicher, dass die Kreuzfahrer nicht wussten, dass sie auf dem Landweg nach Jerusalem auf starken Widerstand stoßen würden. Sie waren auf die Einheimischen entlang des Weges angewiesen, um ihre Männer und ihre Pferde mit Lebensmitteln zu versorgen, und hatten auf ihrem Weg durch praktisch unwegsames Gelände mit Krankheiten zu kämpfen. Wenn sich die Kreuzfahrer zur Reise auf dem Seeweg ins Heilige Land entschieden, sahen sie sich unweigerlich Schiffbrüchen und Angriffen durch feindliche Mächte und Piraten ausgesetzt.

Wenn schon die Könige und Ritter, die das Kreuz auf sich nahmen, nicht wussten, was ihnen auf ihren Expeditionen in den Nahen Osten bevorstand, so war die große Mehrheit der Kreuzfahrer noch unwissender. Bei diesen Männern handelte es sich um Fußsoldaten, Diener und Bauern, die die wohlhabenden Ritter begleiteten. Zu den Fußsoldaten gehörten ausgebildete Armbrustschützen und speertragende Infanteristen. Sie wurden aus den unteren Schichten der adligen Ländereien und der Ländereien ihrer Vasallen rekrutiert. Auch die zahlreichen Diener, die für alle möglichen Aufgaben benötigt wurden, vom Füttern der Pferde über die Pflege der Rüstungen und Schwerter bis hin zum Aufbau des Lagers und der Versorgung von Pferden und Karren mit Vorräten, wussten zweifellos nichts von den Strapazen, die sie im Ausland erwarten sollten. Unter den Kreuzfahrern wurde die Zahl der Todesopfer aus der Unterschicht nicht aufgezeichnet, insbesondere unter den Nichtkämpfern, da die Chronisten jener Zeit deren Bedeutung für den Erfolg der Kreuzzüge als sehr gering einschätzten.

Es gab zwei Kreuzzüge, die nicht zu den üblichen Expeditionen wohlhabender, aggressiver und abenteuerlustiger Ritter gehörten. Der Volkskreuzzug von 1096 nach Chr. und der Kinderkreuzzug von 1212 nach Chr. wurden von der Unterschicht organisiert, die von charismatischen Anführern dazu überzeugt wurde, ins Heilige Land aufzubrechen und den Muslimen entweder mit Gewalt oder durch Bekehrung zum Christentum beizukommen. Die Kreuzfahrer aus der Unterschicht waren für beides nicht gerüstet, geschweige denn dazu in der Lage, die lange Reise nach Osten mit ihren begrenzten Mitteln zu bewältigen.

Unabhängig davon, ob sie durch das Versprechen von Abenteuern oder Reichtum motiviert worden waren, lebten viele Kreuzfahrer nach ihrer Ankunft im Heiligen Land ein Leben, das dem in ihrer Heimat ähnelte. Auf ihren Reisen in den Osten griffen sie in Ermangelung muslimischer Gegner Juden, byzantinische Christen sowie Könige und Adlige an, die sie nicht unterstützen wollten. Auf ihren Märschen in den Osten und nachdem sie sich im Heiligen Land niedergelassen hatten, stritten und kämpften die Kreuzfahrer in den Pausen zwischen den Auseinandersetzungen gegeneinander, sei es gegen echte Feinde in ihren Rängen oder gegen Feinde die ihrer Einbildung entsprangen. Da sie für den Kampf lebten, verhielten sich viele Kreuzfahrer ihren christlichen Mitbürgern gegenüber ganz abscheulich. Bei Streitigkeiten über die Aufteilung der Beute oder die Kriegstaktik ihres Vorgesetzten gingen die Ritter des einen Adligen gegen die des anderen vor. Diese Männer lebten für den Kampf, und wenn der Feind nicht in Sicht war, zogen sie wegen jeder noch so kleinen Meinungsverschiedenheit das Schwert. Die ständigen Auseinandersetzungen der Kreuzfahrer untereinander und die unmögliche Aufgabe, die Kämpfer zu kontrollieren, wurde in mehreren Expeditionen deutlich.

Da die Kreuzfahrer in erster Linie Kämpfer waren, waren ihre Ausrüstung und militärische Taktik für das Verständnis ihrer Erfolge und Misserfolge in Konfrontationen mit ihren Gegnern von großer Bedeutung. Die Waffen und Rüstungen, die von den mittelalterlichen Rittern während der Kreuzzüge verwendet wurden, entwickelten sich im Laufe der Zeit weiter und wurden immer ausgefeilter. Beim ersten Kreuzzug trugen die berittenen Krieger ein Kettenhemd, dass die von Kopf bis Fuß bedeckte. Dazu trugen sie Schilde oder Buckler (Faustschilde) und einfache Breitschwerter. Im Laufe der Zeit wurden Platten aus gehärtetem oder aufgekohltem Eisen hinzugefügt, um empfindliche Körperteile zu schützen. Die bekannteste Rüstung, der sogenannte *„Vollplattenanzug",* gehörte erst lange nach dem Ende der Kreuzzüge zur üblichen Ausstattung.

Das Rüstungsschwert oder *„Ritterschwert"* war ein einhändiges, zweischneidiges, kreuzförmiges Schwert, das im Kampf zum Stoßen oder Schneiden verwendet wurde. Im späten 12. Jahrhundert nach Chr. gab es zwei Formen dieses Rüstungsschwerts. Als die Rüstung zunehmend von der Verwendung von Platten dominiert wurde, wurde eine stumpfe, kurze, schwere Version des Rüstungsschwerts eingesetzt, um stumpfe Verletzungen durch die Rüstung hindurch zu verursachen. Außerdem wurde eine schmalspitzige Version dazu verwendet, die Rüstung des Gegners direkt zu durchbohren. Schließlich wurden beide Typen durch das Breitschwert oder Langschwert ersetzt, das mit einer oder beiden Händen geführt werden konnte. Ein dritter Schwerttyp, ein einschneidiges Schwert, das einem persischen Krummsäbel ähnelte, könnte eine weitere bevorzugte Waffe einiger Ritter gewesen sein. Diese Schwerter waren zur Hand hin beschwert, so dass die Klinge blitzschnell geführt werden konnte. Die Ritter trugen auch Dolche, im Wesentlichen kurze, zweischneidige Schwerter, die am Rücken oder am Gürtel befestigt werden konnten.

Fußsoldaten trugen Streitkolben oder Keulen mit einem Schaft aus Holz oder Metall und einem Kopf aus Stein, Eisen oder Stahl. Keulen mit längeren Stielen wurden auch von Reitern verwendet. Da Streitkolben leicht herzustellen waren, wurden sie zur bevorzugten Waffe der bäuerlichen Bevölkerung.

Neben Streitkolben und Äxten führten die Fußsoldaten einen Speer oder eine Lanze mit einem hölzernen Schaft, an dessen Ende sich ein geschärfter Kopf befand, der entweder aus dem Holz selbst oder aus einem geschmiedeten Metallaufsatz gefertigt war. Zur Zeit der Kreuzzüge wurden die Speere von den Soldaten gehalten und nicht auf den Feind geschleudert. Je nach Herkunftsland verfügten die Kreuzfahrer über spezielle Waffen. Die Dänen trugen beispielsweise Breitäxte, und die 3 bis 6 Meter langen Stichwaffen, die sogenannten *„Piken"*, wurden von der Infanterie in Flandern und Schottland verwendet.

Während der Kreuzzüge stellte der Befehlshaber in Feldschlachten oder geplanten militärischen Begegnungen auf einem vorher abgesteckten Schlachtfeld Infanteristen auf, die sich gegen die gegnerische Infanterie stellten. Jede Lücke in ihren Reihen wurde durch einen Angriff der Ritter ausgenutzt. Wenn dieser Angriff erfolgreich war, wendeten die Ritter ihre Pferde und griffen die gegnerische Infanterie von hinten an, oder sie griffen die berittenen Soldaten des Gegners frontal an. In der ersten Phase einer offenen Feldschlacht bestand das Ziel darin, einzelne Mitglieder der gegnerischen Streitkräfte außer Gefecht zu setzen und so einen Rückzug zu erzwingen. Bei einem Rückzug waren sowohl die muslimischen Kämpfer als auch die Kreuzfahrerheere der größten Gefahr ausgesetzt. Fußsoldaten und Reiter waren besonders verwundbar, wenn sie von hinten angegriffen wurden, und so wurden viele von ihnen beim Rückzug getötet. Zur Zeit der Kreuzzüge war die Verwundung eines Soldaten ein wirksames Mittel, um ihn von weiteren Kämpfen auszuschließen, da die meisten Verwundeten starben.

Die Araber und Türken, die gegen die Kreuzfahrer kämpften, setzten Fußsoldaten mit Speeren als erste Linie ein, ähnlich wie die Kreuzfahrer es auch taten. Dahinter folgten berittene Krieger, die in Kettenhemden gekleidet waren und Schwerter, Schilde und Lanzen trugen. Die muslimische Kavallerie war auf Schnelligkeit ausgelegt, und ihre berittenen Krieger waren weniger durch schwere Rüstungen und Schwerter belastet. Die berittenen Bogenschützen der Sarazenen waren im Kampfe gegen die Truppen der Kreuzfahrer besonders effektiv. Die Armbrustschützen der Kreuzfahrer waren auf dem Schlachtfeld und beim Beschuss der Feinde von Belagerungstürmen oder Burgmauern ebenfalls sehr effektiv.

Die Waliser und Engländer waren besonders geübt im Umgang mit dem einteiligen Langbogen (einige Bögen wurden später als Kompositbögen entwickelt), und es gelang ihnen, Pfeile zu schießen, die Kettenhemden durchdringen konnten. Französische und deutsche Langbogenschützen waren etwas weniger begabt im Umgang mit dieser unhandlichen Waffe. Es bedurfte jahrelanger Übung, um den Langbogen perfekt zu beherrschen, der in den Händen der geschicktesten Schützen etwa sechs Pfeile pro Minute schießen konnte. Diese Feuerrate war weit höher als bei ähnlichen, konkurrierenden Waffen wie etwa der Armbrust. Der Vorteil der Armbrust bestand darin, dass sie eine größere Durchschlagskraft hatte und keine jahrelange Ausbildung erforderte.

Die Geschichte der Kreuzzüge ist kompliziert. Die Ereignisse in Europa wirkten sich auf die Zusammensetzung der Kreuzfahrerheere aus, und die Ereignisse im Osten beeinflussten die Zusammensetzung der muslimischen Streitkräfte. Für die Christen waren in erster Linie die Führungskraft und Treue der Adligen untereinander ausschlaggebend dafür, ob eine Schlacht gewonnen oder verloren wurde. Ehre und Habgier spielten bei ihren Erfolgen und Misserfolgen eine gleichermaßen große Rolle. Hinter dem gesamten Unternehmen, das sich über drei Jahrhunderte hinzog, stand die Kirche, die sich kaum von weltlichen Mächten unterschied, wenn es darum ging, Loyalitäten zu wechseln, um Autorität auszuüben und den Wert ihrer Schatzkammer zu erhöhen.

Mit dem Aufstieg der christlichen Kirche in der Zeit des Niedergangs des Römischen Reiches wurden die Gläubigen zu Pilgerreisen ins Heilige Land ermuntert, um die Stätten zu besichtigen, die das Leben Christi und seiner Mutter Maria sowie seiner Jünger und der frühchristlichen Heiligen prägten. Im 12. Jahrhundert nach Chr. hatte sich die den Pilgern empfohlene Route bereits so weit etabliert, dass ein deutscher Geistlicher einen *Pilgerführer durch das Heilige Land* (1172) schrieb. Er beschrieb für sein begrenztes Publikum von gebildeten Christen, was sie in Jerusalem zu sehen bekommen konnten, wie etwa die Säule der Geißelung von Christi und die Grotte, in der das Kreuz gefunden wurde. Er beschrieb die christlichen Stätten in Bethlehem, Nazareth und Damaskus. Die Zahl der gläubigen Pilger, die aus Europa und den Städten des byzantinischen Reiches herbeiströmten, war sicherlich beträchtlich. Die Sicherheit dieser Pilger und der Schutz dieser verehrten Stätten waren die offiziellen Beweggründe für die Entsendung der Heere von europäischen Königen und Adligen in den Kampf im Osten. Es gab jedoch auch andere Motive. Dazu gehörten unter anderem regionale Konflikte um territoriale Ausdehnung, kirchliche Differenzen mit der weltlichen Obrigkeit, Lehrkonflikte innerhalb der Kirche sowie Habgier und Aggression.

Kapitel 1 - Der Erste Kreuzzug (1095-1099) - Der Papst fordert die Gläubigen zum Kampfe auf

In den letzten beiden Jahrzehnten des 11. Jahrhunderts stand die Hauptstadt des Byzantinischen Reiches, Konstantinopel, kurz vor dem Zusammenbruch. Invasionen aus dem Ausland und interne Kriege bedrohten die Existenz des Reiches. Kaiser Alexios I. Komnenos, der am 5. April 1081 gekrönt wurde, sah sich sofort mit einem Einfall normannischer Freibeuter aus Italien unter der Führung von Robert Guiscard konfrontiert, die in das Reich eindrangen. Guiscard, der um 1047 mit einem kleinen Gefolge berittener Soldaten aus der Normandie aufgebrochen war, hatte sich mit Gewalt in der byzantinischen Provinz Kalabrien in Italien niedergelassen. Durch unglaubliche militärische Fähigkeiten erlangte er die Herrschaft über die gesamte normannische Bevölkerung, die sich vor ihm in Süditalien angesiedelt hatte. Nachdem er den größten Teil des byzantinischen Siziliens erobert hatte, segelte Guiscard mit seinen Truppen über die Adria. Im Jahr 1081 besiegte er die byzantinischen Soldaten im Vorposten von Dyrrhachium, der im heutigen Albanien liegt. Die Normannen verfolgten die besiegten byzantinischen Truppen anschließend bis nach Griechenland, wo ihnen die völlige Vernichtung drohte.

Nur durch die Hilfe aus dem Ausland konnte Alexios seine Provinzen auf dem südlichen Balkan retten. So verschaffte er diesen Gebieten etwas Entlastung von dem Druck, den Guiscard auf die byzantinischen Soldaten ausübte, indem er dem römischen Kaiser Heinrich IV. 360.000 Goldstücke zahlte, damit dieser seine Angriffe auf die Normannen in Italien verstärkte. Die Italo-Normannen waren mit Papst Gregor VII. verbündet, der sich den römischen Kaiser zum Feind gemacht hatte. Heinrich IV. hatte behauptet, es sei sein Recht, Kirchenbeamte - Erzbischöfe, Bischöfe und Äbte - zu ernennen oder kirchliche Ämter in seinem Reich zu besetzen. Dies bedeutete, dass er seinen Anteil an den Einkünften aus den kirchlichen Gütern einfordern konnte. Papst Gregor wollte das Recht, kirchliche Ämter zu besetzen, ganz für sich allein beanspruchen. Im Jahr 1076 wurde Heinrich wegen seiner Unnachgiebigkeit im so genannten Investiturstreit exkommuniziert.

Heinrich beschloss daraufhin, in Italien einzufallen, um die Unstimmigkeiten mit dem Papst ein für alle Mal zu beenden. Er griff die italo-normannischen Verbündeten des Papstes in Süditalien an und übernahm die Herrschaft über die Staaten, die dem Papsttum Untertan waren und eng an dessen Gebiet angrenzten. In Rom bildete sich eine Partei aus Italienern und Deutschen, die den Anspruch des Papstes auf allumfassende Macht bekämpfte. Im Jahr 1080 wurde Gregor von einer Synode monarchistischer Kirchenmänner abgesetzt und durch Papst Clemens III. ersetzt. Zwei Jahre später griff Kaiser Heinrich Rom direkt an. Nach einer siebenmonatigen Belagerung fiel die Stadt. Papst Gregor, der sich entschieden weigerte, seinen Nachfolger als Papst zu akzeptieren, floh mit seinem Hofstaat nach Monte Cassino und später nach Salerno. Trotzdem wurde Clemens III. 1084 auf dem Papstthron installiert. Ein Jahr später starb Gregor im Exil.

Die Normannen, die in Italien mit dem Papst verbündet waren, sahen in Kaiser Heinrich IV. einen mächtigen Feind, der dazu bereit war, ihre Ländereien gänzlich zu übernehmen. Robert Guiscard sah dich daher gezwungen, seinen Feldzug gegen die Byzantiner auf dem Balkan abzubrechen und nach Italien zurückzukehren. Dies konnte die Krise, in der sich der byzantinische Kaiser bis dahin befand, beenden.

Die Anhänger Gregors VII. betrachteten Clemens als *„Usurpator"* oder *„Gegenpapst"*. Nach Gregors Tod wählten sie eine Reihe von Päpsten, die sich gegen den römischen Kaiser stellten. Zu ihnen gehörten Papst Viktor III. und Urban II., der von März 1088 bis zu seinem Tod im Juli 1099 amtierte.

Urban, ein gebürtiger Franzose, verbrachte die ersten Jahre seines Pontifikats außerhalb Roms. Er wurde vom Gegenpapst Clemens III. ferngehalten, der unter dem Schutz des römischen Kaisers stand. Zu den ersten Erfolgen Urbans gehörten die Vermittlung diplomatischer Ehen zwischen mächtigen italienischen Familien und die Sicherung der Unterstützung Englands gegen den rivalisierenden Papst in Rom.

Der Aufstieg Urbans zum Papst begann mit dem Konzil von Piacenza, einer Synode von Geistlichen und Laien, die in der ersten Märzwoche des Jahres 1095 abgehalten wurde. Es handelte sich um eine große Versammlung, an der 200 Bischöfe, 4.000 andere Kirchenführer und etwa 30.000 Laien teilnahmen. Das Konzil verurteilte nicht nur den Gegenpapst Clemens III., sondern befasste sich auch mit dem Ersuchen einer Botschaft des byzantinischen Kaisers Alexios I. Komnenos. Er bat um Hilfe bei der Rückgewinnung einiger seiner byzantinischen Gebiete, die durch das expandierende Ostreich der Seldschuken verlorengegangen waren.

Die sunnitisch-muslimischen Seldschuken waren im 11. Jahrhundert in Persien an die Macht gekommen und hatten sich blitzartig über weite Teile Kleinasiens ausgebreitet. Nachdem sie Armenien und Georgien zu Teilen ihres Reiches gemacht hatten, legten sich die Seldschuken unter der Führung von ihrem Anführer Muhammad bin Dawud Chaghri (besser bekannt als Alp Arslan) mit den byzantinischen Truppen an. Die Invasion erreichte ihren Höhepunkt, als Alp Arslan die Byzantiner in der Schlacht von Manzikert im August 1071 im östlichen Kleinasien vernichtend schlug. Der damalige byzantinische Kaiser Romanos IV. Diogenes wurde gefangen genommen. Die Niederlage brachte den byzantinischen Hof in Aufruhr. Nach seiner Befreiung wurde Romanos von seinen Gegnern abgesetzt, geblendet und ins Exil geschickt. Er starb einen langsamen Tod und erlag einer Infektion, die durch die chirurgische Entfernung seiner Augen hervorgerufen wurde. Auf ihn folgten zunächst Michael VII. Doukas, der 1078 von seinen Generälen zur Abdankung gezwungen wurde, und dann Nikephoros III, der ebenfalls zur Abdankung gezwungen wurde.

Mit der Krönung von Alexios I. Komnenos im Jahr 1081 wurde im byzantinischen Reich ein gewisses Maß an innerer Ordnung wiederhergestellt, doch die Anwesenheit der Türken in dem ehemals byzantinischen Territorium war ein ständiges Ärgernis für den byzantinischen Kaiser und seinen Adel und stellte eine ständige Bedrohung für die Stabilität des Reiches dar. Daher wurde ein Hilferuf an Papst Urban II entsandt.

Obwohl Alexios' Ersuchen um militärische Hilfe auf dem Konzil von Piacenza nicht berücksichtigt wurde, war es entscheidend für den Verlauf der weiteren Ereignisse auf dem darauffolgenden Konzil von Geistlichen und Laien in Clermont, Frankreich, im selben Jahr. In Clermont traf Urban II. mit einer großen Versammlung französischer und italienischer Bischöfe zusammen, um Beratungsgespräche über Reformen innerhalb der Kirche zu führen. Inmitten dieses Konzils hielt Urban II. am 27. November 1095 eine Predigt vor einer großen Menge von Bauern, Adeligen und Geistlichen, die sich auf einem Feld außerhalb von Clermont versammelt hatten. Seine überzeugenden Argumente für den Umgang mit dem Feind der Byzantiner konzentrierten sich auf die Verantwortung der Christen, das Heilige Land von den Ungläubigen zu befreien.

Fünf Versionen von Urbans Predigt wurden später niedergeschrieben. Diese wurden durch spätere Ereignisse beeinflusst, so dass keine von ihnen als die genauen Worte des Papstes an diesem Tag angesehen werden kann. In einer Version soll er gesagt haben, seine Christenschar solle aufhören, sich untereinander zu bekämpfen, aufhören, einander zu hassen. Er soll den Christen gesagt haben *„Tretet den Weg zum Heiligen Grab an, nehmet das Land dort dem gottlosen Volk, macht es euch untertan!"*.

Es wird berichtet, dass sein Aufruf, das Heilige Land von den Heiden zu befreien, von seinen Zuhörern mit Sprechchören begrüßt wurde. *„Gott will es! Gott will es!"* Zweifellos hatte Urban diesen Begeisterungssturm erwartet, denn vor seiner Rede war er weit durch Südfrankreich gereist, um mit kirchlichen und weltlichen

Herren Vorgespräche über seine Idee eines Kreuzzuges zu führen.

In einem Bericht über Papst Urbans Rede heißt es, er habe versprochen: *„All jenen, die dorthin gehen, ob sie auf dem Landweg marschieren oder übers Meer fahren oder im Kampf gegen die Heiden das Ende dieses Lebens in Gefangenschaft finden, werden ihre Sünden vergeben"* Dies sollte so sein, weil *„eine Rasse, die so verächtlich, so verkommen"*, und von Dämonen geknechtet sei, niemals ein *„Volk überwinden sollte, welches mit dem Glauben an den allmächtigen Gott ausgestattet ist und im Namen Christi glänzt".*

Papst Urban nannte mehrere Gründe für den Aufruf zum Kreuzzug gegen die Türken. Er sagte, es sei die Pflicht der Christen, ihre Glaubensbrüder im Osten zu schützen. Seine Rede hatte jedoch auch einen expansionistischen Touch. Er war der Ansicht, dass der Grund für die vielen Kämpfe im Westen die wachsende bäuerliche Bevölkerung war, die von immer weniger fruchtbarem Land abhängig war. Nicht nur die Bauern litten, sondern auch ihre Grundherren, deren Pachteinnahmen in Form von landwirtschaftlichen Erzeugnissen immer geringer wurden. Urban hatte auch Verständnis für die Situation der verarmten, nicht erbberechtigten Adelssöhne. Er lobte ihre militärischen Fähigkeiten und bot ihnen an, sich auf dem Schlachtfeld zu bewähren, indem sie sich am Kreuzzug beteiligten. Er forderte sie dazu auf, sich nicht mehr an Überfällen auf ihre Nachbarn zu beteiligen, wodurch sie ihre ritterlichen Fähigkeiten ursprünglich unter Beweis stellen wollten. Stattdessen forderte der Papst sie dazu auf, gemeinsam mit ihren Glaubensbrüdern gegen die Ungläubigen im Osten zu Felde zu ziehen. Die Möglichkeit, die Vergebung ihrer Sünden zu erlangen, war ein zusätzlicher Bonus. Der Papst versprach denjenigen, die das Kreuz auf sich nahmen, dass sie nach ihrem Tod problemlos und schnell aus der Vorhölle oder dem Fegefeuer befreit würden, so dass sie ein ewiges Leben im Himmel führen konnten.

Ein erfolgreicher Kreuzzug gegen die Muslime im Heiligen Land sollte es allen Pilgern ermöglichen, zu den heiligsten christlichen Stätten zu reisen, ohne von Ungläubigen belästigt zu werden. Christliche Pilger auf dem Weg nach Jerusalem, so sagte Urban, hatten unter den Seldschuken schreckliche Folterungen und Morde erlitten. Weibliche Pilger seien sogar vergewaltigt worden. Urbans Verurteilung der Muslime beruhte auf Berichten aus zweiter Hand und war höchstwahrscheinlich etwas übertrieben. Urban berichtete, dass die abscheulichste Tat, die Christen in den Händen der Türken erlitten, darin bestand, dass man ihnen den Bauchnabel durchbohrte, die Eingeweide herauszog und sie dann an einem Pfahl befestigte. Die unglücklichen Opfer wurden demnach gezwungen, so lange herumzulaufen, bis alle Eingeweide herausgezogen waren und sie schließlich starben. Es ist unwahrscheinlich, dass Urban sich auf Berichte aus erster Hand über diese Art der langsamen Tötung von Christen berief. Höchstwahrscheinlich wurde ihm die Geschichte von einem seiner Berater erzählt, der sie wiederum von der Geschichte des Martyriums des Heiligen Erasmus im Jahr 303 n. Chr. übernommen hatte. Der Christ Erasmus war von den heidnischen Römern extrem gefoltert worden. Die Einzelheiten dieses Vorgangs wurden in Texten, die die letzten Momente im Leben christlicher Märtyrer schildern, wiederholt und ausgeschmückt. Der heilige Erasmus, so berichten seine Biographen, wurde zunächst in ein Fass eingeschlossen, dessen Wände mit Speeren gespickt worden waren. Das Fass wurde anschließend einen Hügel hinuntergerollt. Erasmus' Verletzungen wurden auf wundersame Weise von einem Engel geheilt. Die Römer bestrichen Erasmus daraufhin mit Teer und zündeten ihn an, aber dank des Eingreifens des Engels überlebte er. Da die Römer nicht wussten, wie sie den scheinbar unsterblichen Erasmus loswerden sollten, schlitzten sie seinen Bauch auf, zogen seine Eingeweide heraus und wickelten sie an ein Fass und warteten, bis er schließlich an seinen Verletzungen starb. Die Geschichte von der schlimmsten Folter, die die Christen angeblich durch die Türken erleiden mussten, und die ursprüngliche Erzählung vom Martyrium des Erasmus durch die Römer wiesen große Ähnlichkeiten auf.

Seit den Anfängen des Christentums wurden Pilgerreisen ins Heilige Land von den kirchlichen Behörden gefördert. Seit dem Fall des Heiligen Landes an die Muslime im 7. Jahrhundert waren die Pilger jedoch schwierigen Bedingungen ausgesetzt. Dennoch strömten die Gläubigen in so großer Zahl in den Osten, dass ein unbekannter Deutscher namens Theoderich um 1172 sogar einen Reiseführer für sie verfasste. Das Buch enthielt eine Reiseroute, die alle heiligen Stätten des Christentums umfasste, wie die Grotte der Verkündigung in Nazareth, die Grabeskirche in Jerusalem und die Stadt Jaffa, wo sich die Pilger an die Auferstehung der Tabitha durch den Apostel Petrus erinnern konnten.

Viele Historiker haben sich ausgiebig mit den möglichen Motiven Urbans für seinen folgenschweren Aufruf zu einem Kreuzzug gegen die Muslime im Heiligen Land beschäftigt. Offensichtlich war ihm die Idee mit der Bitte von Alexios um Hilfe bei der Befreiung seines Reiches von den Türken in den Kopf gesetzt worden. Einige Historiker vermuten, dass Urban von dem Wunsch beseelt war, die Ost- und die Westkirche unter seiner alleinigen Führung zu vereinen. Im Jahr 1054 hatten theologische Differenzen und Autoritätsstreitigkeiten zu dem sogenannten *„Großen Schisma"* geführt. Die Spaltung der heutigen römisch-katholischen Kirche und der orthodoxen Ostkirche wurde im Westen als direkter Affront gegen die gottgegebene Autorität des Papstes verstanden; der Osten sah darin natürlich auch einen Affront gegen die Autorität seines Patriarchen.

Einige Historiker haben Urbans Aufruf zum christlichen Kreuzzug als Versuch interpretiert, seinen Rivalen, den Gegenpapst Clemens III. endgültig zu stürzen. Möglicherweise hoffte Urban, dass die begeisterten Kreuzfahrer, bevor sie in den Osten aufbrachen, nach Italien ausschwärmen und sich mit dem in Rom residierenden Clemens III. und seinem wichtigsten Unterstützer Heinrich IV. anlegen würden. Sofern sich also alle großen Krieger der Christenheit dem Kreuzzug anschließen wollten, hätte Urban es auf diese Weise geschafft, alle seine weltlichen Probleme mit einem Schlag für gewisse Zeit zu beseitigen.

Die Chronisten, die in den folgenden Jahren Versionen von Urbans Rede niederschrieben, waren sich alle einig, dass seine Predigt unglaublich wirksam war. Wahrscheinlich haben sie aber die Reaktion der Zuhörer übertrieben. Beispielsweise ist es unwahrscheinlich, dass die Schilderung, dass sich Hunderte von Zuhörern am Ende der Rede Stoffabzeichen mit dem Kreuz auf ihre Tuniken nähten und damit zu verstehen gaben, dass sie sofort das Kreuz nehmen und sich dem Kreuzzug anschließen wollten, tatsächlich der Wahrheit entsprach.

Die gut ausgebildeten Kämpfer, die dem Aufruf Urbans II. zum Kampf gegen die Türken folgten, wurden von den zahlreichen Wanderpredigern, die durch das Land zogen und die Botschaft an die Mitglieder der regionalen Adelsfamilien und an andere Adelige weitergaben, davon überzeugt, im Namen Gottes zu den Waffen zu greifen. Die Taten dreier Einsiedlermönche, die in einem Wald bei Laval südwestlich von Paris lebten, sind typisch für den Aufruf zu den Waffen während der Kreuzzüge. Robert von Arbrissel, Vitalis von Mortain (auch bekannt als Vitalis von Savigny) und Bernhard von Thiron verließen wie viele ihrer geistlichen Kollegen auf Drängen des Papstes ihr Leben in der Abgeschiedenheit und machten sich auf den Weg, um die Herzen und Köpfe all derer zu bewegen, die ihre feurigen Predigten hörten. Urban selbst verbrachte neun Monate damit, seine Botschaft in den großen und kleinen Städten Frankreichs zu verbreiten. Durch Briefe an Bischöfe und Äbte brachte er seinen Aufruf bis nach Flandern und in die italienischen Städte Genua und Bologna. In einigen seiner Briefe machte er genaue Angaben zum Ziel des Kreuzzuges. Demnach sollte die Militärkampagne die Ungläubigen aus Jerusalem vertreiben und die Stadt in eine christliche Gemeinschaft verwandeln.

Einer der ersten Männer, die sich für Urban einsetzten, war Petrus der Einsiedler. Die Geschichte dieses Priesters aus Amiens in Frankreich, wurde in einer Geschichte namens *Alexias* aufgezeichnet. Diese Aufzeichnung wurde Ende der 1140er oder Anfang der 1150er Jahre von der Tochter von Alexios I. Komnenos, namens Anna Komnena, verfasst. Sie schrieb, dass Petrus einst versucht hatte, eine Pilgerreise ins Heilige Land zu unternehmen, aber von den Türken abgewiesen worden war, und dass diese ihn angeblich anschließend misshandelt hatten. Nach dem Vorfall wurde er zu einem charismatische Erweckungsprediger für Bauern, Arme und vielleicht sogar ein paar Ritter. Es gibt kein historisches Dokument, das tatsächlich bestätigt, dass Petrus als Einsiedlermönch anwesend war, als Urban 1095 in Clermont seine Predigt hielt, aber kurz danach fügte Petrus der Einsiedler den Aufruf zum Kreuzzug zu seinen Ansprachen an seine Anhänger hinzu. Er nutzte seine eigenen Erfahrungen mit den Türken, um Tausende dazu zu bewegen, das Kreuz auf sich zu nehmen und ihm in das Heilige Land zu folgen.

Petrus' Anhängerschaft bestand hauptsächlich aus Bauern und wuchs rasend schnell. Bauern und Arme, die unter der jahrelangen Dürre und einer Reihe von Krankheiten infolge von Missernten litten, wurden vom Aufruf der Kirche zum Kreuzzug angezogen. Sie wollten auf diese Weise einem Leben in Armut und Verwahrlosung entkommen. Auch eine Reihe niederer Ritter wurde angeworben, um die Kampagne zu unterstützen, die als Volkskreuzzug oder Kreuzzug der Armen bekannt wurde.

Kontingente von Petrus' Heer aus mittellosen und verarmten Rittern marschierten nach Osten zum Rhein. Angestachelt durch die aufrührerische Rhetorik der Nachahmer Petrus, demonstrierte eine Gruppe unter dem rheinischen Grafen Emicho von Leiningen im Frühjahr 1096 ihre Wut gegen Nichtchristen, indem sie jüdische Gemeinden in Frankreich und Deutschland dem Erdboden gleichmachte und ihre Bewohner massakrierte. Als die Kämpfer in Worms eintrafen, verlangte Emichos Heer, dass die dort ansässigen Juden zum Katholizismus übertreten oder entweder vertrieben oder getötet werden sollten. Etwa 800 Angehörige des jüdischen Glaubens wurden ermordet. Emicho und seine Anhänger behaupteten, sie wollten sich an einer Rasse und einer Religion rächen, die für den Tod Christi verantwortlich war. Damit rechtfertigten sie den Raub des Geldes der judischen Bevölkerung zur Finanzierung ihres Kreuzzuges. Im Mai 1096 tötete Emichos Heer in Mainz über tausend Juden. Kleinere Städte in der Region wurden ebenfalls angegriffen. Nachdem Emicho seinen Raubzug gegen die jüdische Bevölkerung im Rheinland beendet hatte, brachen er und seine Truppen in den Osten auf.

Als Emichos Abenteurer Ungarn erreichten, waren ihre Geldvorräte für den Kauf von Lebensmitteln erschöpft. Also begannen sie zu plündern. Die Ungarn schlugen mit Geschick und Entschlossenheit zurück und töteten einen Großteil von Emichos Gefolgsleuten. Emicho selbst floh in seine Heimat Deutschland zurück, wo er heftig kritisiert wurde, weil er sein Gelübde, Jerusalem zu erobern, nicht erfüllt hatte.

Petrus und seine Kreuzfahrer versammelten sich schließlich am 12. April 1096 in Köln, wo er weiter predigen und weitere Anhänger sammeln wollte. Ungeduldig und von dem Gedanken besessen, ins Heilige Land zu gelangen, eilten einige undisziplinierte französische Bauernkreuzfahrer erst nach Ungarn, dann nach Belgrad und schließlich nach Niš im Byzantinischen Reich. Ihnen folgten schließlich Petrus' 40.000 Kreuzfahrer, die er von Köln aus nach Ungarn führte. In der Stadt Zemun kam es zu einem Streit um die Beute, woraufhin die Kreuzfahrer randalierten und 4.000 Einwohner töteten. Als sie in Niš ankamen, kam es zu einem weiteren Streit, und die Stimmung unter den Kreuzfahrern war erneut angespannt, woraufhin ein Viertel der Truppen getötet wurde. Die verbliebenen Mitglieder von Petrus' Armee drangen weiter in das Byzantinische Reich ein und wurden schließlich nach Konstantinopel eskortiert. Kaiser Alexios I. Komnenos, der nicht dazu in der Lage war, ein Heer von praktisch mittellosen Außenseitern zu ernähren, veranlasste, dass sie über die Meerenge des Bosporus gebracht wurden. Am 6. August 1096 wurden sie in Kleinasien abgesetzt, mit einer freundlichen Warnung des Kaisers, sich von den wilden Türken in Anatolien fernzuhalten.

Die bäuerlichen Kreuzfahrer plünderten und zerstörten die schwächsten seldschukischen Städte. Als sie Nicomedia, etwa 100 Kilometer östlich von Konstantinopel, erreichten, brach ein Streit zwischen den deutschen und italienischen Kreuzfahrern und den französischen Kreuzfahrern aus, und beide Seiten wählten neue Anführer, die ihre Anhänger auf Raubzüge gegen verschiedene türkische Hochburgen anführten. Der Volkskreuzzug stand nun nicht mehr unter der alleinigen Kontrolle von Petrus dem Einsiedler. Er kehrte nach Konstantinopel zurück, in der Hoffnung, vom byzantinischen Kaiser Hilfe gewinnen zu können. Während seiner Abwesenheit brach das verbliebene Kreuzfahrerheer, das etwa 20.000 Mann stark war, am 21. Oktober 1096 auf, um Nizäa anzugreifen. Unterwegs gerieten sie in einen Hinterhalt der Türken und wurden dazu gezwungen, in ihr Lager zurückzukehren, wo sie sich den zurückgelassenen Frauen, Kindern und Behinderten anschlossen. Den Türken gelang es, die meisten Kreuzfahrer abzuschlachten; nur etwa 3.000 konnten sich in Sicherheit bringen und wurden schließlich von der byzantinischen Armee gerettet. Petrus selbst wartete den Winter 1096/1097 in Konstantinopel ab. Als Papst Urbans Kreuzfahrer unter der Führung von Fürsten, Adligen und Rittern die Stadt erreichten, schloss er sich ihnen auf dem Weg nach Osten an.

Während sich der Volkskreuzzug eilig nach Osten bewegte, brach Papst Urbans Heer der Fürsten in Europa auf. Der Papst hatte sich vor seiner Rede in Clermont die Unterstützung von zwei der mächtigsten Herrscher Südfrankreichs gesichert, Adhemar von Le Puy und Raymond IV, Graf von Toulouse hatten sich seiner Sache angeschlossen. Der französische König Philipp I. konnte sich dem Kreuzzug nicht selbst anschließen, da er von Papst Urban auf dem Konzil von Clermont im Jahr 1095 wegen Bigamie exkommuniziert worden war. Er ermutigte jedoch seinen Bruder Hugo, den Grafen von Vermandois, eine Gruppe erfahrener Ritter aus den Ländern östlich von Paris zu rekrutieren. Zu ihnen gesellten sich einige der Überlebenden des gescheiterten Kreuzzugs von Emicho. Im August 1096, dem von Urban festgelegten Datum für die Reise nach Osten, brach das Heer von Hugo vom Hafen von Bari in Süditalien auf. In Bari traf er den normannischen Prinzen von Tarent, Bohemund I., der sich ebenfalls mit einem Kontingent von Soldaten auf den Weg nach Osten machte.

Ungeduldig und von der Idee besessen, endlich in den Kampf gegen die Türken zu ziehen, wartete Hugo nicht auf seinen Kreuzfahrerkollegen. In einem Schreiben an den byzantinischen Kaiser kündigte der hochmütige Mann, der sich als Befehlshaber als Versager erwies, seine baldige Ankunft in Konstantinopel an. Sein Brief wurde von Anna Komnena aufgezeichnet: *„Wisse, Basileus (Kaiser), daß ich der Basileus (König) aller Basileis (Könige) bin und der größte von allen unter dem Himmel. Und es ist angebracht, wenn du mir gleich bei meiner Ankunft entgegenkommst und mich in aller Pracht und meinem Adel entsprechend empfängst."* Trotz seiner Angeberei verlief seine Ankunft im Byzantinischen Reich erbärmlich. Die meisten seiner Schiffe sanken in einem Sturm vor Dyrrhachium, und viele seiner Ritter ertranken. Es gelang ihm, an Land zu schwimmen, wo er vom byzantinischen Kommandanten des Außenpostens festgenommen wurde. Er wurde nach Konstantinopel gebracht, wo er umgehend dazu gezwungen wurde, Alexios Komnenos die Treue zu schwören.

Der Herzog von Niederlothringen, Godfrey von Bouillon, wurde von Cluniazenser Mönchen inspiriert und wählte das Kreuz. Um seine Expedition zu finanzieren, musste er zwei seiner Ländereien verkaufen und den Wert seiner Burg beleihen. In seinem großen

Heer aus Rittern, Bogenschützen und Fußsoldaten befanden sich auch seine beiden Brüder Eustachius und Baldwin, die beide keinen eigenen Grundbesitz besaßen. Vielleicht in der Erwartung, sich im Heiligen Land niederzulassen und dort große Reichtümer zu erlangen, nahm Godfrey seine Frau und Kinder mit. Im August brach er auf dem Landweg nach Konstantinopel auf. Als er Ungarn erreichte, wurde sein Heer von König Coloman aufgehalten, der nach seiner Begegnung mit dem Volkskreuzzug misstrauisch gegenüber möglichen Angriffen durch Fremde auf sein Volk geworden war. In Verhandlungen mit König Coloman erklärte sich Godfrey dazu bereit, Baldwin, sowie dessen Frau und Kinder als Geiseln auszuliefern, um sicherzustellen, dass sich das Chaos nicht wiederholen würde. Godfreys Armee verhielt sich bewundernswert und verzichtete auf einen Kampf gegen die Ungarn. Die Geiseln wurden freigelassen, und die Kreuzfahrer durften weiterziehen. Als sie das Marmarameer erreichten, verlor Godfrey die Kontrolle über sein Heer das einige Tage lang das Gebiet plünderte. Nachdem er die Ordnung wiederhergestellt hatte, führte er seine Truppen nach Konstantinopel. Dort kamen sie am 23. Dezember 1096 an. Kaiser Alexios verlangte Huldigung von Godfrey, die er auch erhielt, nachdem er damit gedroht hatte, das Lager der Kreuzfahrer außerhalb der Stadtmauern anzugreifen. Alexios ließ Godfrey und sein Gefolge in aller Eile über den Bosporus übersetzen, um zu verhindern, dass die Kreuzfahrer Konstantinopel angriffen, anstatt sich weiter in Richtung Osten abzusetzen.

Das nächste Kreuzfahrerheer traf am 9. April 1097 in Konstantinopel ein. Diese Männer waren bei Kaiser Alexios noch weniger willkommen. Sie wurden von dem Normannen Bohemund angeführt, dem Sohn von Robert Guiscard, dem Erzfeind von Byzanz. Bohemund selbst war nach der Abreise seines Vaters in Griechenland geblieben und hatte die Armee von Alexios in zwei Schlachten besiegt. Erst durch die Hilfe der seldschukischen Türken konnte Alexios die Normannen unter Bohemund im Jahr 1083 zum Rückzug zwingen.

Doch Bohemund stand anschließend erneut bei Alexios vor der Tür, nachdem er ein großes Kontingent von Kreuzfahrern zusammengestellt hatte, die von Bari aus zur bulgarischen Küste segelten und dann auf dem Landweg nach Konstantinopel reisten.

Dort angekommen, legte Bohemund einen Treueeid gegenüber Alexios ab, der daraufhin Schiffe bereitstellte, um Bohemunds Truppen über den Bosporus zu bringen, wo sie sich mit Godfreys Truppen vereinigten.

Einer der ersten französischen Adligen, der die Herausforderung Urbans zur Befreiung des Heiligen Landes annahm, war Raymond IV. von Toulouse. Als äußerst frommer Mann hoffte er, in Jerusalem zu sterben. Diese Entscheidung mag mit seinem Alter gelegen haben, denn er war 55 Jahre alt und damit nahezu am Ende der durchschnittlichen Lebenserwartung im Mittelalter. Möglicherweise wünschte er sich auch Vergebung für seine Sünden, da er zweimal Frauen geheiratet hatte, mit denen er eng verwandt war. Für diese Verstöße gegen das kirchliche Gesetz über die Blutsverwandtschaft war er exkommuniziert worden.

Ende Oktober 1096 brach Raymond mit seinem Kreuzfahrerheer auf. Begleitet wurde er dabei von seiner Frau und seinem Kind sowie von Adhemar, dem Bischof von Le Puy. Raymond marschiert über Land nach Dyrrhachium. Von dort aus rückt sein Heer in byzantinisches Gebiet vor. Als die Lebensmittel knapp wurden, plünderten sie die Bauernhöfe und Städte entlang ihres Weges nach Konstantinopel. In Abwesenheit von Raymond, der vorausgezogen war, um mit Alexios zu verhandeln, wurden die französischen Kreuzfahrer von einem großen Kontingent byzantinischer Soldaten besiegt, die für die Aufrechterhaltung der Ordnung unter den widerspenstigen Kreuzfahrern verantwortlich waren. In der Zwischenzeit vermied es Raymond geschickt, Alexios die Treue zu schwören, und zog es stattdessen vor, ihm seine Unterstützung unter der Bedingung zuzusichern, dass Alexios selbst den Kreuzzug anführen würde. Als Raymonds Heer in Konstantinopel eintraf, wurde es eilig über den Bosporus gebracht, um einen erneuten Ausbruch von Gewalt auf byzantinischem Boden zu vermeiden.

Ein weiterer Anführer eines Kreuzfahrerheeres war Robert II., der Herzog aus der Normandie, der älteste Sohn von Wilhelm dem Eroberer. Trotz seiner illustren Herkunft befand sich Robert in einer schwierigen finanziellen Lage, als er Urbans Ruf folgte. Er verpfändete sein Land an seinen Bruder, König Wilhelm II. von England, um seine Expedition zu finanzieren. Zu seinem Gefolge gehörten Ritter aus England, Schottland und der Normandie. Unter ihnen war auch sein Cousin Robert II., der Graf von Flandern, sein Schwager Stephan, Graf von Blois, und ein Priester, Fulcher von Chartres. Letzterer sollte eine Chronik des Ersten Kreuzzugs verfassen, in der er auch die Predigt von Papst Urban in Clermont wiedergab.

Robert führte sein Heer von der Normandie aus nach Süden, überquerte die Alpen und reiste nach Kalabrien in Süditalien. Da er die Winterreise über die Adria nicht riskieren wollte, schlug er dort sein Winterlager auf. Als sich das Wetter im Frühjahr 1097 besserte, kam es zu einem tragischen Unglück. Das erste Schiff, das den Hafen von Brindisi verließ, zerbrach in zwei Teile. Etwa 400 kampfbereite Männer ertranken. Dieses Unglück veranlasste einige von Roberts Männern dazu, zu desertieren. Die verbliebenen Truppen kamen schließlich in Dyrrhachium an und zogen nach Konstantinopel weiter, wo sie schließlich Anfang Mai eintrafen. Robert tat, was seine Kreuzfahrerfreunde vor ihm auch getan hatten. Er schwor Alexios die Treue, und sein Heer wurde über den Bosporus geführt.

Kapitel 2 - Die Armeen des Ersten Kreuzzuges treffen auf den Feind

Moderne Historiker haben ungefähre Zahlen für die Kreuzfahrer ermittelt, die im Ersten Kreuzzug von Europa aus in das Heilige Land aufbrachen. Auf der Grundlage der verfügbaren Daten gehen sie von bis zu 130.000 Menschen aus. Davon waren etwa 13.000 Ritter und 50.000 ausgebildete Fußsoldaten, zu denen auch Armbrustschützen und Speerträger gehörten. Die restlichen 67.000 Personen waren die nicht kämpfenden Bauern, Diener und verschiedenen nicht kämpfenden Familienmitglieder adliger Haushalte, darunter Frauen, Kinder, Geistliche und natürlich eine große Anzahl unternehmungslustiger männlicher und weiblicher Lagerbewohner. Die Teilnahme eines Ritters an einer Schlacht erforderte eine große Anzahl von Hilfskräften - Waffenträger, Abrichter, Männer, die die Pferde fütterten, striegelten und sattelten, und Fuhrleute, die das Zelt des Ritters, Lebensmittel, Kochutensilien, Gepäck und Futter für mehrere Pferde transportierten. Der Ritter und seine Familie, falls sie mitkamen, benötigten Köche und Diener. Die bedeutenderen Ritter und Mitglieder der königlichen Haushalte brachten auch die Schreiber mit, die für die Erledigung der Aufgaben einer kleinen reisenden Bürokratie erforderlich waren, sowie Priester, die das Sakrament der Heiligen Kommunion spendeten, bevor die Ritter in die Schlacht zogen. In der Masse der Kreuzfahrer befanden sich mehrere Kleriker, die die Ritter in politischen und religiösen Fragen berieten. Die Priester, Kleriker und Schreiber benötigten wiederum eine Reihe von Dienern, die ihnen bei ihren Aufgaben halfen und sie mit angemessenen Unterkünften und Lebensmitteln versorgten.

Der zahlenmäßige Verlust durch Hunger, Krankheiten, Desertion und Kämpfe mit einheimischen Völkern auf dem Weg durch Europa führte dazu, dass sich 1097 nur noch etwa 50.000 Kreuzfahrer in der Nähe von Nizäa in Kleinasien versammelten.

Kaiser Alexios, von dem viele erwarteten, dass er den Kreuzzug anführen würde, zog es vor, in seinem Palast in Konstantinopel zu bleiben. Er schickte jedoch einige seiner Truppen, um die Kreuzfahrer durch Anatolien zu begleiten und ihnen bei der Rückeroberung der von den Türken eroberten byzantinischen Staaten zu helfen. Einige der europäischen Abenteurer, die glaubten, dass das zurückgewonnene Land zu haben sei, erhoben stattdessen Anspruch darauf. Als ihnen der Besitz verweigert wurde, kam es zu Streitigkeiten. Diese Episode und die Tatsache, dass Alexios keinerlei Führungsqualitäten an den Tag legte und sich weigerte, den Kreuzfahrern nennenswerte militärische Hilfe zu leisten, brachte die Ritter gegen die Byzantiner auf. Sie betrachteten sie als perfide, habgierige Intriganten, denen es an einem tiefen Bekenntnis zum christlichen Glauben mangelte.

Im Mai 1097 umzingelten die Kreuzritter die Stadt Nizäa. Sie nutzten die Abwesenheit des seldschukischen Herrschers Kilij Arslan I. Er hatte sich vorübergehend aus Nizäa zurückgezogen, weil er glaubte, die versammelten Kreuzfahrer seien so harmlos wie es die Bauern des Volkskreuzzuges waren, die kürzlich durch seine Truppen abgeschlachtet worden waren. Nach seiner Rückkehr führte Arslan sein Heer aus der Stadt heraus, um sich mit dem Kreuzfahrerheer von Raymond IV, Graf von Toulouse, anzulegen. Arslan war jedoch gezwungen, sich hinter die Stadtmauern zurückzuziehen, nachdem er erfahren hatte, dass die Ritter von Raymond äußerst fähige und wilde Kämpfer waren. Sie hackten Arslans Soldaten die Köpfe ab und zogen Katapulte auf, um die Mauern von Nizäa niederzureißen. Die Belagerung wurde abgewehrt, bis Kaiser Alexios, der eine geheime Abmachung mit den Türken getroffen hatte, mit seinem Heer eintraf, in die Stadt einmarschierte und sie für sein Reich beanspruchte. Dies bestätigte die Kreuzfahrer in ihrer Überzeugung, dass den Byzantinern nicht zu trauen war.

Wie bei allen großen Militärexpeditionen gab es auch bei den Kreuzfahrern aufgrund ihrer großen Zahl logistische Probleme bei der Versorgung der Ritter, Fußsoldaten und des riesigen Zugs von Nichtkämpfern. Auf dem Weg nach Osten wurden Lebensmittel und Futter für die Pferde gekauft oder geplündert. Die dünn besiedelten Gebiete Zentralanatoliens, durch die der Hauptteil der Kreuzfahrer zog, waren keinesfalls reich an landwirtschaftlichen Erzeugnissen. Das meiste Ackerland in der Region wurde von Subsistenzbauern bewirtschaftet, die ihre Grundherren mit Getreide und Heu, das sie von ihren trockenen, steinigen Feldern ernteten, sowie mit Wolle und Fleisch von ihrem Vieh, mit mageren Pachten versorgten. Der Mangel an Nahrung und Futter zwang den Hauptteil des Kreuzfahrerheeres dazu, durch Anatolien zu eilen. Ihre Zahl schrumpfte, da dieser Gewaltmarsch viele erschöpfte und sie anfällig für Krankheiten und den Hungertod machte.

Zwei der kleineren Anführer der Kreuzfahrerheere, Baldwin von Boulogne, der Bruder von Godfrey von Bouillon, und Tancred, ein Normanne aus Süditalien, der sich dem Heer seines Onkels Bohemund angeschlossen hatte, wurden in die fruchtbaren Ebenen Kilikiens in der südöstlichen Ecke Anatoliens entsandt, um herauszufinden, ob es dort genügend Nahrung und Futter für die Hauptgruppe der Kreuzfahrer gab. Baldwin und Tancred führten jeweils kleine Kontingente von Rittern an, die zwischen 100 und 300 Mann stark waren. Obwohl Tancred nur wenige Kämpfer zur Verfügung standen, gelang es ihm, den Türken die Stadt Tarsus abzunehmen. Als Baldwin eintraf, überredete er Tancred, weiter nach Osten vorzudringen, während er die Besetzung von Tarsus organisierte. Ein Heer von etwa 300 Italo-Normannen traf vor den Toren von Tarsus ein. Bei diesen Soldaten handelte es sich um ein kleines Kontingent von Tancreds Armee. Baldwin verweigerte ihnen den Einzug in Tarsus, und die Türken nutzten Baldwins geschwächte Kräfte aus und ermordeten so viele Kreuzfahrer, wie sie gefangen nehmen konnten. Einige von Baldwins eigenen Rittern protestierten gegen die Ablehnung eines anderen

Kreuzfahrerheeres durch ihren Anführer. Um ihrer Frustration und Wut Luft zu machen, wendeten sie sich gegen die verbliebenen Türken in Tarsus und metzelten sie nieder.

Als Baldwin Tarsus verließ und Tancred einholte, traten die beiden Rittergruppen gegeneinander an, da Tancreds Männer über Baldwins Behandlung ihrer Landsleute entrüstet waren. Bei der Konfrontation wurden einige Ritter getötet und viele verletzt. Dass sich die Kreuzritter untereinander bekämpften, war lediglich eine Fortsetzung des europäischen ritterlichen Verhaltenskodexes, bei dem die Wahrung der Ehre, gepaart mit übermütigem, oft brutalem Verhalten, die Hauptursache für Streitereien und körperliche Gewalt war. Wie man sieht, waren viele der Kreuzritter eher durch das Versprechen eines Abenteuers motiviert als durch ein tieferes Bedürfnis, den Interessen ihrer christlichen Religion zu dienen. Baldwin und Tancred handelten einen Frieden aus und gingen dann in verschiedene Richtungen ihrer Wege. Baldwin, der sich mit der christlichen armenischen Minderheit in der östlichen Küstenregion Anatoliens verbündet hatte, wurde von diesen als geeigneter Befreier der Seldschuken angesehen.

Antiochia, das erste Ziel der Kreuzfahrer bei ihrer Ankunft im Nahen Osten, wurde von den Türken unglaublich gut verteidigt. Sie verfügte über ausgedehnte, gewaltige Mauern, die von etwa 400 Türmen unterbrochen wurden, von denen aus Bogenschützen auf das belagernde Heer schießen konnten. Am 20. Oktober 1097 belagerten die Kreuzfahrer die befestigte Stadt. Die Hoffnung der Kreuzfahrer auf einen schnellen Sieg schwand mit dem Wintereinbruch, da die Kämpfe mit den Türken kaum Fortschritte machten. Die Vorräte gingen zur Neige, was zu Todesfällen durch Krankheiten und Hunger führte; viele Krieger desertierten auch und verließen das Heer. Die Belagerung zeigte Anzeichen des Scheiterns, als es den Kreuzrittern nicht gelang, die von den Türken in die Stadt gebrachten Vorräte abzufangen. Türkische Verstärkung traf ein. Sogar beide Versuche im Dezember 1097 und Februar 1098 der Einwohner, sich zu retten und doch noch zu triumphieren, sowie ihre Gegenbelagerung im Juni 1098 konnten die Belagerung der Kreuzfahrer nicht aufheben. Bei allen drei Gelegenheiten wurden die Türken von den Kreuzfahrern am Stadtrand von Antiochia angegriffen. In einer Demonstration überlegener militärischer Fähigkeiten dezimierten die Kreuzfahrer die türkischen Entsatzheere mit überwältigendem Vorteil.

Mit Hilfe von Firouz, einem wohlhabenden armenischen Christen, der zum Islam konvertiert war, gelang es den Kreuzfahrern im Mai 1098, in die Stadt Antiochia einzudringen. Firouz half einer kleinen Gruppe von Kreuzfahrern, den von ihm kontrollierten Turm zu erklimmen, bevor sie ein Tor öffneten, durch das das Haupheer der Kreuzfahrer eindringen konnte. Als sie in die Stadt stürmten, erhoben sich gleichzeitig die christlichen Einwohner Antiochias gegen ihre türkischen Oberherren. Es kam zu einem massiven Gemetzel an den Türken, so dass die Stadt unter christliche Kontrolle geriet. Die Kreuzfahrer und die Christen von Antiochia fürchteten, dass bald eine große Zahl türkischer Truppen vor ihrer Haustür stehen würde. Die Vorahnung des Unheils wurde etwas gemildert, als ein örtlicher Priester erzählte, er habe einen Traum gehabt, in dem Christus zu ihm gekommen sei. Der Gottessohn versicherte ihm, dass in fünf Tagen alles wieder gut sein würde. Die Moral der Kreuzritter wurde auch dann gestärkt, als Peter Bartholomäus, ein Pilger aus der Provence, ihnen erzählte, er sei vom Geist des Heiligen Andreas besucht worden. Der gute Heilige hatte Peter Bartholomäus auf die Stelle in der Peterskirche hingewiesen, an der die Lanze, die Christus bei der Kreuzigung in die Seite gestochen hatte, vergraben war. Einige eifrige Ritter betraten die Kirche St. Peter und gruben die Lanze aus. Die heilige Trophäe wurde von einem Kleriker hochgehalten, der zusammen mit einem späteren Chronisten des Ersten Kreuzzugs, Raymond von Aguilers, das christliche Heer aus der Stadt führte, um die Hilfskolonne der Türken anzugreifen. Es wurde damals angenommen, dass die Hilfe dieses heiligen Talismans für den Erfolg der Kreuzfahrer bei der vollständigen Vernichtung der türkischen Streitkräfte verantwortlich war.

Nachdem die Stadt Antiochia fest unter christlicher Kontrolle war, beanspruchte der Fürst von Tarent, Bohemund I., die Stadt einseitig für sich. Dagegen wandte sich Raymond IV., Graf von Toulouse, der ihn daran erinnerte, dass beide einen Lehnseid gegenüber dem byzantinischen Kaiser geleistet hatten. Dies bedeutete, dass Antiochia rechtmäßig im Besitz von Kaiser Alexios war. Bohemund leugnete, dass er dem byzantinischen Kaiser etwas schuldete, denn der Kaiser hatte keine seiner Truppen geschickt, um bei der Einnahme von Antiochia zu helfen. Raymond räumte schließlich ein, dass die Annahme des Titels des Fürsten von Antiochia durch Bohemund rechtmäßig und gerecht war. Zweifellos setzte Raymond damit seine eigene spätere Übernahme eines wichtigeren Ziels der Kreuzfahrer, Jerusalem, voraus.

Während Antiochia belagert wurde, organisierten Baldwin und sein kleines Ritterkontingent in Anatolien eine Expedition, um den armenischen christlichen Herrscher von Edessa, Thoros, im Kampf gegen die Seldschuken dabei zu unterstützen, die Orte in der Nähe der Stadt plünderten. Zwei armenische Anführer, Fer und Nicusus, schlossen sich Baldwin im Februar 1098 an, als er in den Osten aufbrach, um Edessa einzunehmen. Nachdem er sich mit den Türken in der Umgebung von Edessa angelegt und die Stadt eingenommen hatte, nutzte Baldwin einen religiösen Streit unter den Christen von Edessa aus. Thoros wurde in einem Aufstand gestürzt und ermordet, der von Adligen angezettelt worden war, die seinen griechisch-orthodoxen christlichen Glauben ablehnten. Bei dem theologischen Streit ging es um Meinungsverschiedenheiten über die wahre Natur Christi. Die aufständischen Adligen waren Monophysiten, d. h. sie glaubten, dass Christus eine einzige göttliche Natur habe. Die griechisch-orthodoxe Kirche hingegen ist der Ansicht, dass Christus sowohl göttlich als auch menschlich war. Da nun in Edessa ein Führungsvakuum herrschte, akzeptierte die christliche Bevölkerung Baldwin als Herrscher über ihre Stadt und die umliegende Region. Baldwin machte sich daran, seine Herrschaft in dem Gebiet zu festigen, das zum ersten Kreuzfahrerstaat werden sollte. Wann immer es nötig war, setzte er Gewalt, Diplomatie und Täuschung ein. Er festigte sein Bündnis mit den Armeniern, indem er die Tochter eines armenischen Adligen heiratete.

Raymond von Toulouse, der Antiochia an Bohemund abgetreten hatte, verließ die Stadt mit seinem Heer und belagerte Ende 1098 die Stadt Ma'arrat al-Numan, die im heutigen Syrien an der Straße nach Damaskus liegt. Kurz zuvor war Ma'arrat von einem kleinen Kontingent von Kreuzrittern angegriffen worden, die von einer unterlegenen Zahl türkischer Soldaten zurückgeschlagen worden waren. Als Raymonds Truppen eintrafen, waren die

Türken von Ma'arrat siegessicher. Da die Kreuzfahrerarmee Ende November in Ma'arrat eintraf, kam eine langwierige Belagerung nicht in Frage. Man rechnete damit, dass mit dem Einbruch des Winters die Nahrungsmittellieferungen abnehmen würden, was den Rückzug der Kreuzfahrer nach Antiochia erzwingen würde.

Die türkische Miliz in Ma'arrat hielt ihre Stadt zwei Wochen lang, während die Kreuzfahrer einen Belagerungsturm errichteten. Durch den Abschuss des Turms gelang es den Bogenschützen, einen Teil der Mauer zu räumen, und die Infanterie von Raymond konnte am 11. Dezember auf der Mauer Fuß fassen. Um eine Schlacht zu vermeiden, die die Kreuzfahrer eindeutig gewinnen würden, handelten die Bürger von Ma'arrat eine Kapitulation aus, in der ihnen ein sicheres Geleit aus der Stadt zugesichert wurde. Die christlichen Soldaten brachen das Abkommen und die Ideale ihres Glaubens und metzelten die Muslime nieder. Es wurde sogar berichtet, dass die ausgehungerten christlichen Kämpfer Kannibalismus betrieben. Der Chronist Fulcher von Chartres schrieb;

Mich schaudert, es auszusprechen, daß viele der Unseren, die vom Wahnsinn des Hungertodes schrecklich gepeinigt wurden, aus den Gesäßen der Sarazenen (Muslime), die tot herumlagen, Fleischstücke herausschnitten. Diese Stücke kochten und aßen sie, verschlangen roh das Fleisch, noch bevor es ausreichend durchgebraten war.

Während die Türken damit beschäftigt waren, Antiochia, Ma'arrat und andere Städte in Syrien gegen christliche Angriffe zu verteidigen, hatte die Kontrolle über Jerusalem den Besitzer gewechselt. Im heutigen Palästina kämpften zwei Gruppen von Muslimen um die Vorherrschaft. Vor der Ankunft der Seldschuken aus Persien herrschte das Fatimidenkalifat mit Sitz in Ägypten über einen Großteil der Region. Unter der Führung des Wesirs der Fatimiden, al-Afdal Shahanshah, vertrieben die Fatimiden die Seldschuken 1097 aus Tyrus und nahmen 1098 Jerusalem ein. Ein Jahr später, am 13. Juni 1099, starteten die Kreuzfahrer ihren Angriff auf die ägyptisch-muslimischen Truppen, die Jerusalem besetzt hielten. Es gelang ihnen, die Außenmauern zu durchbrechen, doch bei ihrem Angriff auf die Innenmauern scheiterten sie an einem Mangel an Leitern. Der Mangel an

Nachschub für eine umfassende Belagerung wurde behoben, als eine Flottille von Versorgungsschiffen aus Genua im Hafen von Jaffa eintraf. Die mit Nachschub versorgten Kreuzfahrer konstruierten die notwendigen Leitern und bauten Belagerungstürme und Katapulte. Als sie erfuhren, dass al-Afdal Kairo mit einer großen Streitmacht verlassen hatte und auf dem Weg war, die Belagerung Jerusalems aufzulösen, beeilten sich die Kreuzfahrer mit ihrem Angriff. Ihr Erfolg wurde von einem Priester vorausgesagt, der eine Vision hatte, in dem sie in der Schlacht triumphierten. Ihm wurde gesagt, dass Gott wolle, dass seine Truppen drei Tage lang fasten und dann barfuß um Jerusalem herumlaufen sollten. Diese optimistische Botschaft beherzigend, schoben die Kreuzfahrer ihre Katapulte auf die Mauern Jerusalems, von wo aus sie Pfeile auf die Verteidiger niederprasseln ließen. Leitern wurden heraufgebracht, und am 15. Juli strömte das christliche Heer in die Stadt. Schon bald waren die Straßen mit den verwesenden Leichen der toten Muslime verstopft. Am 22. Juli nahm Gottfried von Bouillon den Ehrentitel Verteidiger des Heiligen Grabes an, und Arnulf von Chocques, einer der Kleriker in seinem Gefolge, wurde zum lateinischen Patriarchen von Jerusalem ernannt.

Um sicherzustellen, dass Jerusalem unter christlicher Kontrolle blieb, führte Gottfried von Bouillon am 10. August 10.200 Soldaten aus der Stadt. Mit nackten Füßen marschierten die Kreuzfahrer nach Süden, begleitet von Arnulf von Chocques, der eine Reliquie des Wahren Kreuzes trug, das Kreuz, an dem Jesus gekreuzigt wurde und das Arnulf von Chocques kürzlich entdeckt hatte. In Jerusalem führte der ehemalige Anführer des Volkskreuzzuges, Petrus der Einsiedler, die Christen zum Gebet.

Außerhalb der Stadt Aschkelon, auch bekannt als Askalon, an der Mittelmeerküste des heutigen Israels, starteten die vereinten Kreuzfahrerheere von Gottfried von Bouillon, Raymond IV. von Toulouse und Robert II. von der Normandie einen Überraschungsangriff auf die 20.000 Mann starke Armee von al-Afdal, während diese schlief. Mehr als die Hälfte von al-Afdals Armee kam dabei ums Leben. Al-Afdal gelang es, dem Massaker zu entkommen, indem er ein Schiff bestieg und nach Ägypten zurücksegelte.

Der Fall Jerusalems ermöglichte es Gottfried von Bouillon, das Königreich Jerusalem zu gründen und sich selbst zu dessen Herrscher zu ernennen. Zunächst war das Königreich lediglich ein loser Zusammenschluss von Städten, die während des Kreuzzugs erobert worden waren, doch auf dem Höhepunkt seiner Macht im 12. Jahrhundert umfasste es das Gebiet des heutigen Israel, Palästina und die südlichen Teile des Libanon. Um diese Zeit wurden drei weitere Kreuzfahrerstaaten gegründet, die weiter nördlich lagen: die Grafschaft Tripolis unter Raymond IV. von Toulouse, das Fürstentum Antiochia unter Bohemund und die Grafschaft Edessa unter Baldwin von Boulogne. Godfreys System zur Organisation des Königreichs Jerusalem folgte dem Muster des Feudalismus in Europa. Er schuf Lehen für seine wichtigsten Gefolgsleute, die daraufhin dazu verpflichtet waren, Ritter und Fußsoldaten für die Verteidigung des Königreichs zu stellen. Anders als in Europa handelte es sich bei den Lehen keinesfalls um sich selbst tragende landwirtschaftliche Gemeinschaften. Anstelle von Einkünften aus Naturalien wurden die Lehen in dieser Region direkt aus der Schatzkammer von Jerusalem finanziert. Von Jerusalem aus startete Godfrey im Jahr 1100 Angriffe auf Akkon, Askalon, Jaffa und Cäsarea und zwang diese Städte, tributpflichtig zu werden.

Am 18. Juli 1100 starb Godfrey unerwartet. Die Umstände seines Todes sind unklar. Einem zeitgenössischen arabischen Chronisten, Ibn al-Qalanisi, zufolge soll er in einer Schlacht bei Akkon durch einen Pfeil getötet worden sein. Zwei zeitgenössische christliche Autoren berichten, dass er in Cäsarea krank wurde und starb. Natürlich gab es auch Gerüchte, dass er vergiftet wurde, aber das war zu jener Zeit in den Berichten über den Tod der Mächtigen, die immer reale und eingebildete Feinde hatten, üblich.

Kapitel 3 - Die Folgen des Ersten Kreuzzuges

Nachdem Edessa fest unter seine Kontrolle gebracht worden war, brachen Baldwin von Boulogne und einige seiner Ritter zu einer Pilgerreise in die christliche Stadt Jerusalem auf. Auf dem Weg dorthin erlitten sie Verluste in Kämpfen mit den Muslimen. Die kleine Gruppe von Rittern erreichte ihr Ziel am 21. Dezember 1099. Nachdem sie die heiligen Stätten besucht hatten, kehrte Baldwin nach Edessa zurück. Als Godfrey, der Herrscher des Königreichs Jerusalem, im Jahr 1100 starb, kam es unter seinen Gefolgsleuten zu einem Kampf um den Thron. Der lateinische Patriarch von Jerusalem, Arnulf von Chocques, schickte eine Delegation nach Edessa und bat Godfreys Bruder Baldwin darum, umgehend nach Jerusalem zurückzukehren und dort die Rolle des Herrschers zu übernehmen. Dieser nahm die Einladung an und machte sich am 2. Oktober 1100 mit etwa 200 Rittern und vielleicht doppelt so vielen Fußsoldaten auf den Weg. Er wurde in Jerusalem empfangen, wo er den Titel eines Prinzen annahm und am Weihnachtstag 1100 zum König gekrönt wurde. Er stellte Edessa unter die Kontrolle seines Vetters Baldwin von Le Bourg.

Nach der Eroberung Jerusalems kehrten viele der Kreuzfahrer in ihre Heimat zurück. Man schätzt, dass die Garnison unter König Baldwin aus nur 300 Rittern bestand. Fulcher von Chartres schrieb: *„Wir trauten uns fast nicht, unsere Ritter zusammenzurufen, wenn* *wir eine Heldentat gegen unsere Feinde im Schilde führen wollten."* Dennoch wurde unter Baldwins Führung das Gebiet um Jerusalem befriedet. Die Ankunft von etwa 5.000 norwegischen Kreuzfahrern unter König Sigurd I. Magnusson im Jahr 1100 trug dazu bei, die durch den Mangel an Kämpfern verursachte Krise zu lindern. Die Kreuzfahrer festigten ihre Position durch die Eroberung der Häfen von Akkon 1104, Beirut 1100 und Sidon 1111. Dadurch konnte das Königreich Jerusalem durch den Seehandel mit Genua, Pisa und Venedig unterstützt werden. Den größten Beitrag zur Staatskasse leisteten jedoch die Einnahmen aus den Pilgerfahrten, die Steuern auf die arabischen Karawanen, die durch das Königreich zogen, und die Subventionen aus Europa.

Baldwin war darauf bestrebt, das Gebiet des Königreichs Jerusalem zu erweitern. Zu den zahlreichen Feldzügen gegen die Türken und die ägyptischen Fatimiden gehörte auch einer gegen Damaskus. In der Schlacht von Al-Sannabra wurde Baldwin jedoch von den seldschukischen Türken besiegt. Wie zu jener Zeit üblich, bat Baldwin die Feinde seines Gegners um Hilfe. So schloss er ein Bündnis mit den abtrünnigen Türken. Im Jahr 1115 schloss er sich mit einem türkischen Führer namens Toghtekin, zusammen, um die Seldschuken abzuwehren, die an den nördlichen Grenzen einfielen.

Von den Bedrohungen im Norden befreit, führte Baldwin im Herbst 1115 eine Expedition über den Jordan, um sich mit den Ägyptern auseinanderzusetzen. Er begann mit dem Bau von Burgen, die er in den Gebieten errichtete, die unter seine Kontrolle fielen. Von diesen Burgen oder militärischen Vorposten aus, die sich vom Golf von Akaba fast bis zum Toten Meer erstreckten, überwachte Baldwin die Bewegungen der Ägypter und sicherte sich eine ständige Einnahmequelle aus den Karawanen, die entlang der Seidenstraße Handel zwischen Ägypten und dem Fernen Osten trieben.

Auf einer Expedition in ägyptisches Gebiet, wo er Städte im Nildelta einnahm, erkrankte Baldwin. Er wurde zurück an die Grenze gebracht, wo er am 2. April 1118 starb. Sein Nachfolger als König von Jerusalem, der von den Rittern, die Lehen im Königreich besaßen, gewählt wurde, war Baldwin de Bourg, Graf von Edessa. König Baldwin II. regierte dreizehn Jahre lang in

Jerusalem. Während eines Großteils seiner Regierungszeit war er von Jerusalem abwesend, um sich um die militärischen Belange des Fürstentums Antiochia zu kümmern. Dessen Armee wurde am 29. Juni 1119 von den Muslimen praktisch ausgelöscht. Baldwin hatte einige Erfolge bei der Bewältigung der Krisen im Norden. Im Jahr 1131 erkrankte er in Antiochia. Er wurde nach Jerusalem zurückgebracht, wo er am 21. August starb.

Während der Herrschaft von Baldwin II. fand im Heiligen Land ein Assimilationsprozess statt. Fulcher von Chartres berichtet, dass die wenigen europäischen Bewohner des Heiligen Landes bald Griechisch und Arabisch sprachen und sich selbst eher als Levantiner denn als Europäer betrachteten. Es scheint, dass die christliche Minderheit gegenüber der islamischen Mehrheit tolerant war; diese wiederum war froh, ihre Herden unbehelligt von Räubern hüten zu können und den Christen Steuern zu zahlen, die geringer waren als die Steuern, die andere Muslime in den von den Fatimiden und den Türken kontrollierten Gebieten zu entrichten hatten. Die Christen vermieden Spannungen mit den Muslimen in ihrem Reich, indem sie diese unbehelligt ihre Religion ausüben ließen und keine Anstrengungen unternahmen, sie zu bekehren.

Da die Kreuzfahrer nur spärlich im Königreich verteilt waren, waren die Pilgerrouten oft gefährlich. Ein großes Massaker an Christen ereignete sich an Ostern 1119. Eine Gruppe von Muslimen aus Tyrus überfiel eine große Gruppe von Pilgern, tötete etwa 300 und nahm die anderen als Sklaven mit. Diese und andere Gewalttaten gegen Pilger beunruhigten den französischen Ritter Hugues de Payns, Graf der Champagne, sehr. Er erwirkte den Segen König Baldwins II. und des lateinischen Patriarchen von Jerusalem, um einen militärischen Mönchsorden zu gründen, der sich dem Schutz der Pilger widmete. Der Orden erhielt seinen Namen vom Tempelberg. Auf diesem Berg stand die eroberte Al-Aqsa-Moschee. Man glaubte, dass sich unter der Moschee die Überreste des Tempels von König Salomo befanden. Der neue Orden von Hugues de Payns, der zunächst aus neun Rittern bestand, nahm den Namen *Arme Ritterschaft Christi und des salomonischen Tempels zu Jerusalem* an. Im Volksmund sind sie besser bekannt als die Tempelritter oder einfach als Templer.

Bevor Jerusalem in die Hände der Kreuzfahrer fiel, erhielt ein Benediktinermönch, Gerard Thom, bekannt als der Selige Gerard, von den Arabern die Erlaubnis, ein Hospiz für Pilger zu gründen, die die heiligen Stätten besuchten. Der Bedarf an Betreuung für die Pilger wuchs, und Gerard errichtete in den 1060er Jahren das Hospital St. John. Selbst als Jerusalem von den Kreuzrittern belagert und die Christen vertrieben wurden, durften Gerard und seine wenigen Anhänger in der Stadt bleiben, um die Kranken zu pflegen. Als die Kreuzfahrer unter Godfrey Jerusalem besetzten, wurden Gerards gute Taten anerkannt. Später gewährten König Baldwin I. und sein Nachfolger Baldwin II. der karitativen Gruppe beträchtliche Geldsummen. Als Gerard mehr Unterstützung erhielt, konnte er seine Tätigkeit auf Zweigspitäler entlang der Pilgerrouten in Europa und im Nahen Osten ausweiten. Gerard und seine Mitbrüder kümmerten sich nicht nur um kranke und mittellose Pilger im Heiligen Land und in Europa, sondern begannen auch, Pilger von ihrer Ankunft in den Häfen des heutigen Palästinas, Israels, Syriens und des Libanons bis in die Heilige Stadt militärisch zu eskortieren. Diese Arbeit verlangte von Gerards Männern eine disziplinierte militärische Funktion und Disziplin, die der der Templer ähnelte. Durch eine päpstliche Bulle, die von Papst Paschalis II. im Februar 1113 erlassen wurde, erhielten sie die offizielle Anerkennung und Unabhängigkeit von jeglicher weltlicher Autorität. Unter dem Namen Johanniterorden bekannt, folgten die Johanniter einer klösterlichen Regel, die sich an der Philosophie des heiligen Benedikt und des heiligen Augustinus orientierte. Mit dem Geld, das aus Europa einströmte, erwarben die Johanniter Burgen und errichteten mit Rittern besetzte Garnisonen entlang der großen Pilgerstraßen.

Die Erfolge des Ersten Kreuzzugs sollten den Höhepunkt der christlichen Expeditionen ins Heilige Land darstellen. Die Rückschläge, die auf die Errichtung des Königreichs Jerusalem folgten, sollten zu einer Reihe von Kreuzzügen führen, die durch eine Kombination aus internen Streitigkeiten der christlichen Adligen und allgemeines Führungsversagen gekennzeichnet waren, während sich gleichzeitig die Muslime unter einer stärkeren Führung zu vereinigen begannen, was wiederum zum Verlust der christlichen Kontrolle über die Levante führte.

Kapitel 4 - Der Zweite Kreuzzug (1147-1149) Die Entstehung des Königreichs von Jerusalem

In Jerusalem und anderen Großstädten der Region herrschte zwar eine allgemeine Freundschaft zwischen Muslimen und Christen, aber auf dem Land war das Königreich von ständigen Unruhen geprägt. Muslimische Kämpfer unternahmen Überfälle innerhalb und außerhalb des Königreichs.

Im Herbst 1144 schloss Joscelin II., Graf von Edessa, ein Bündnis mit den Ortoquid-Türken (auch *Artquid-Türken* genannt), einem abtrünnigen Clan, dessen Land zwischen dem Sultanat von Rûm in Anatolien und dem Land der Mosul-Türken im heutigen Irak lag. Die ortoquidischen Soldaten und die christlichen Ritter marschierten aus Edessa aus, um sich mit Imad ad-Din Zengi, dem türkischen Herrscher von Mosul und Aleppo, anzulegen. Zengi überlistete die Truppen aus Edessa, besiegte sie und begann damit, die Stadt zu belagern, nachdem sie keine Armee mehr hatte, die sie hätte verteidigen können. Am Weihnachtsabend durchbrachen Zengis Männer die schwachen Verteidigungsanlagen von Edessa. Seine Armee metzelte die Einwohner nieder, bis Zengi seinen Männern befahl, alle Massaker zu beenden. Später wurden die eingewanderten Gefangenen hingerichtet, aber die einheimischen Christen blieben unversehrt.

Mit dem Fall von Edessa im Jahr 1144 begann der Kampf gegen die Türken und Fatimiden in den Kreuzfahrerkönigreichen zu scheitern. Als die Nachricht von der Katastrophe in Edessa Europa erreichte, rief Papst Eugen III. zum Zweiten Kreuzzug auf. Eugen war der erste Papst, der aus dem Orden der Zisterzienser stammte. Die Zisterzienser waren ein besonders strenger Mönchsorden, der im Jahr 516 n. Chr. der Klosterregel des heiligen Benedikt gefolgt war. Eugen wurde am selben Tag zum Papst gewählt, an dem sein Vorgänger, Papst Lucius II., einer Wunde erlag, die er durch einen Stein erlitten hatte, der von einem unruhigen Mob auf ihn geworfen worden war, der von der aufständischen Kommune von Rom, einer Regierung nach dem Vorbild der alten römischen Republik, angestachelt worden war.

Der einflussreichste Kleriker jener Zeit, der Zisterzienser Bernhard von Clairvaux, war zwar gegen die Wahl Eugens, mischte sich aber im Allgemeinen so sehr in die päpstlichen Angelegenheiten ein, dass er die Kirche geradezu selbst beherrschte.

Verstrickt in einen Konflikt über das Ausmaß der päpstlichen Autorität in weltlichen Angelegenheiten, war Eugen gezwungen, die Stadt Rom zu verlassen, um dem Zorn des Adels zu entgehen, und zog sich in Richtung Norden nach Frankreich zurück. Dort verkündete er im Dezember 1145 in einer päpstlichen Bulle seinen Aufruf zum Zweiten Kreuzzug. Sein Dekret, *Quantum praedecessores*, richtete sich an König Ludwig VII. von Frankreich. Der französische König begann sofort mit den Vorbereitungen für eine Expedition in das Heilige Land. In Deutschland ließen sich der selbsternannte König der Römer, Konrad III. (der allerdings nie zum römischen Kaiser gekrönt wurde), und sein Neffe Friedrich Barbarossa ebenfalls dazu überreden, sich der Sache der Kreuzfahrer anzuschließen, nachdem sie Bernhard von Clairvaux über den Kreuzzug predigen gehört hatten. Der Anfang war schwierig, da die deutschen Kreuzfahrer dem Wahn des Tötens verfielen und die Juden in Mainz und Würzburg massakrierten. Das Oberhaupt des Zisterzienserordens, Bernhard von Clairvaux, eilte nach Deutschland und forderte die undisziplinierten

Kreuzfahrer dazu auf, ihre Angriffe auf die jüdische Gemeinde einzustellen.

Schließlich gelang es Bernhard, das Chaos unter Konrads deutschen Kreuzrittern zu beenden. Auf sein Drängen hin brachen sie von zu Hause aus auf und reisten mehr oder weniger friedlich über den Landweg nach Konstantinopel. Sie kamen dort am 10. September 1147 an. Die Gewalt, die bereits die Ankunft der ersten Kreuzfahrer aus Europa begleitet hatte, wiederholte sich. Das byzantinische Heer besiegte Konrads Truppen in einer Schlacht vor den Mauern von Konstantinopel. Der byzantinische Kaiser Manuel I. Komnenos veranlasste rasch den Transport der Kreuzfahrer über den Bosporus. Falls Konrad und sein Heer erwartet hatten, vom byzantinischen Kaiser Hilfe zu erhalten, wurden sie bitterlich enttäuscht. Manuel hatte bereits einen Krieg mit den Türken, die Anatolien besetzten, verhindert, indem er einen Waffenstillstand mit ihnen aushandelte. Dies bedeutete auch, dass er und sein Heer auf keinen Fall zur Unterstützung der Kreuzfahrer nach Osten ziehen konnten.

Während Konrad seinen Kreuzzug vorbereitete, erweiterte der Papst seinen Aufruf zur Vertreibung der Muslime aus den christlichen Ländern und erklärte die Rückeroberung der iberischen Halbinsel, die immer noch unter der Kontrolle der Mauren stand, zu einem legitimen Etappenziel der Kreuzfahrer. Englische Ritter, die als Reaktion auf die Bulle von Papst Eugen das Kreuz genommen hatten, als sie nach Süden segelten, um das Mittelmeer zu erreichen, wurden in die Stadt Porto in Portugal umgeleitet. Dort wurden sie dazu überredet, sich mit König Alfonso I. von Portugal bei der Belagerung der maurischen Stadt Lissabon zu verbünden. Den englischen Kreuzfahrern wurde die Beute der Eroberung versprochen, und so hatten sie ein besonders starkes Motiv, sich an der geplanten *„Reconquista"* zu beteiligen. Die langwierige Belagerung von Lissabon dauerte vom 1. Juli 1147 bis zur Kapitulation der islamischen Mauren im Oktober desselben Jahres an. Mit ihrem neu erworbenen Reichtum aus der Plünderung ließen sich einige der englischen Kreuzfahrer in Portugal nieder und wurden zu dauerhaften Landbesitzern; einige beteiligten sich sogar an der Befreiung anderer portugiesischer Städte, um ihre Kampfeslust zu stillen und die Siegesbeute zu erhalten. Die Ablenkung durch die Reconquista führte dazu, dass nur wenige der englischen Kreuzfahrer noch dazu bereit waren, an Bord eines Schiffes zu gehen und ins Heilige Land zu segeln.

Ohne die Ankunft der französischen Kreuzfahrer abzuwarten, stieß Konrads Expeditionskorps in das Gebiet der Seldschuken in Anatolien vor. Sein Heer schlug sich nicht so gut wie es die von Gottfried von Bouillon, Baldwin von Boulogne und Raymond IV. von Toulouse befehligten Truppen in der Schlacht von Dorylaeum während des Ersten Kreuzzuges getan hatten. Ein Großteil von Konrads Heer ging in der zweiten Schlacht von Dorylaeum am 25. Oktober 1147 unter. Die katastrophale Dezimierung von Konrads Gefolge setzte sich auch dann noch fort, als sein Heer durch das Eintreffen der französischen Kreuzfahrer verstärkt wurde. Sie trafen zu spät ein, um im Kampf gegen die Türken noch von Nutzen zu sein.

Die französischen Kreuzfahrer, die unter dem Kommando von Ludwig VII. standen, waren am 15. Juni 1147 von Metz aus aufgebrochen. Sie reisten über Land und folgten der Route, die Konrad einige Monate zuvor benutzt hatte. Das versammelte französische Kreuzfahrerheer wurde mit der Fähre über den Bosporus gebracht, ohne dass Kaiser Manuel sie dabei unterstützte. Wie bereits erwähnt, waren die vereinten Heere von Konrad und Ludwig VII. den mächtigen Türken jedoch nicht gewachsen. Nach der zweiten Schlacht von Dorylaeum zog sich Konrad selbst nach Konstantinopel zurück, während ein Teil seiner Truppen in Begleitung der Franzosen nach Antiochia segelte. Nach einem kurzen Aufenthalt in der byzantinischen Hauptstadt, wo es Konrad nicht gelang, die Hilfe von Kaiser Manuel zu erlangen, segelte der König der Römer weiter, um sich seinem Heer in Syrien anzuschließen.

Die französischen Kreuzfahrer unter der Führung von Ludwig VII. erreichten Antiochia, wobei viele Truppen in Gefechten mit den Türken verloren gingen und noch mehr dem Hungertod erlagen. Die vereinten Kreuzfahrertruppen zogen nicht nach Osten, um die Türken aus Edessa zu vertreiben, was das ursprüngliche Ziel von Papst Eugens Kreuzzug gewesen war. Stattdessen zogen sie nach Süden, in Richtung Damaskus, einem vom König von Jerusalem, Baldwin III., und den Tempelrittern bevorzugten Ziel.

Mit Baldwins Heer, unterstützt von Ludwigs Truppen an der Spitze und dem Rest von Konrads Heer im Rücken, griffen die Kreuzfahrer Damaskus von Westen her an. Ihre Annäherung an die Stadt stieß auf heftigen Widerstand des türkischen Heeres, das den Fehler der Kreuzfahrer ausnutzte, eine stark bewaldete Route für die Annäherung zu wählen. Es gelang den Kreuzfahrern, wenn auch unter hohen Kosten, weiter vorzudringen, und am 24. Juli 1148 drängten sie die Türken in die Stadt zurück. Sie griffen erneut an, dieses Mal von Osten her. Doch unter den christlichen Rittern, deren unterschiedliche Loyalitäten einen einheitlichen Angriff unmöglich machten, kam es zu Streitigkeiten. Die Belagerung von Damaskus wurde vor allem deshalb abgebrochen, weil die Kreuzritterfürsten, die um Damaskus herum Lehen erworben hatten, sich weigerten, zusammenzuarbeiten. Da die Türken zu diesem Zeitpunkt Verstärkung aus dem weit entfernten Mosul erwarteten, erschien mehreren Rittern die Fortsetzung der Belagerung als aussichtslose Aufgabe. Die Streitigkeiten über die Strategie zwischen den einzelnen Fraktionen der Kreuzfahrer führten dazu, dass Baldwin III. und seine Truppen verärgert nach Jerusalem zurückzogen. König Ludwig und Konrad folgten nur widerwillig. Keinem von ihnen war es gelungen, auf ihrem Kreuzzug auch nur annähernd Ehre zu gewinnen, und sie hatten nicht einmal mehr versucht, Edessa zu befreien, wie es der Papst erwartet hatte. In Jerusalem setzten die Kreuzfahrer ihre Streitereien fort. Konrad brach nach Konstantinopel auf, um erneut ein privates Bündnis mit Kaiser Manuel zu schließen, und König Ludwig VII., der feststellte, dass ein Verbleib im Heiligen Land keinen Gewinn abwarf, kehrte 1149 mit seinem Heer nach Frankreich zurück. Auch Konrad zog sich mit seinen Truppen nach Deutschland zurück.

Nach dem Fiasko des Zweiten Kreuzzugs konsolidierten die Christen die Kontrolle über die Orden in der Levante - die Templer und die Hospitaliter - und errichteten etwa fünfzig Burgen und Festungen. Diese militärischen Einrichtungen waren im Rahmen des anhaltenden Zermürbungskrieges notwendig, in dem weder die Muslime noch die Christen die Oberhand in den Gebieten um die großen Städte herum gewonnen hatten.

König Baldwin III. von Jerusalem stritt mit seiner Mutter, Königin Melisende, die gemeinsam mit ihrem Sohn als Herrscherin fungiert hatte - beide wurden 1143 gekrönt. Er übernahm 1152 zunächst die alleinige Macht, gab aber angesichts des Widerstands gegen sein einseitiges Vorgehen nach. Er willigte ein, den Streit um die Kontrolle des Königreichs vor ein Gericht zu bringen. Das Gericht entschied, dass Baldwin seine Autorität über Galiläa behalten würde, während Melisende über das reichere Judäa und Samaria, zu dem auch Jerusalem gehörte, herrschen würde. Baldwin, der mit dieser Entscheidung nicht zufrieden war, griff die Anhänger von Melisende im Süden an und zwang Melisende, im Davidsturm in Jerusalem Zuflucht zu suchen. Die beiden versöhnten sich schließlich und Melisende übernahm die Rolle des Hauptberaters von Baldwin und des Regenten, wenn dieser auf seinen häufigen Feldzügen und nicht selbst in Jerusalem war.

Baldwin sah sich im Süden den muslimischen Fatimiden und im Norden den seldschukischen Türken gegenübergestellt. Beides waren feindliche Gruppen, deren Bedrohung der Zweite Kreuzzug nicht entscheidend entgegengewirkt hatte. Im Norden waren Aleppo und Edessa fest in der Hand von Nur ad-Din, dem Sohn von Imad ad-Din Zengi, welcher 1146 gestorben war. Nur ad-Dins Erfolge bei der Abwehr der Kreuzfahrer, insbesondere bei der Belagerung von Damaskus, veranlassten ihn zu einem Angriff auf Antiochia, das sich unter der Kontrolle des Fürsten Raymond von Poitiers befand. Raymond wurde in der Schlacht besiegt und getötet, so dass Nur ad-Din den größten Teil des Territoriums des Fürstentums Antiochia kontrollieren konnte. Nachdem Nur im Norden fest etabliert war, startete Baldwin III. 1153 einen Feldzug gegen die fatimidische Stadt Aschkelon, einen Mittelmeerhafen westlich von Jerusalem. Baldwins Armee belagerte Aschkelon sowohl vom Land als auch von der See aus. Nach einer langen Belagerung siegte sein Heer, und die Stadt wurde unter christliche Kontrolle gebracht. Sie wurde in die Grafschaft Jaffa eingegliedert, in der sich bereits einige der reichsten Lehnsgüter der Kreuzfahrer befanden.

Nach Baldwins Tod im Februar 1163 wurde Amalric I., der zweite Sohn von Melisende, König von Jerusalem. Sein erster Feldzug gegen die Fatimiden in Ägypten begann im Jahr 1163. Er war teilweise erfolgreich gegen einen Feind, der zu dieser Zeit in dynastische Streitigkeiten verwickelt war. Amalric erpresste große Summen an Tribut, bevor er seine Ritter und Fußsoldaten von ihren Plünderungen abzog. Im Jahr 1164 zog Amalric erneut gegen Ägypten, und wie bei seiner früheren Expedition war das Ziel nicht die Befreiung christlicher heiliger Stätten von der Kontrolle der Muslime, sondern die Bereicherung der eigenen Staatskasse und des Reichtums seiner Ritter. Es wurden jedoch keine nennenswerten Gebietsgewinne erzielt. Während seiner Abwesenheit von Jerusalem besiegte Nur ad-Din ein großes christliches Heer in der Schlacht von Harim (12. August 1164). Amalric eilte den Christen im Norden zu Hilfe und konnte Antiochia vor den Türken retten.

Bei seinem letzten Vorstoß nach Ägypten im Jahr 1168 schloss Amalric, der gleichzeitig mit der Einmischung der Byzantiner zu kämpfen hatte, einen Waffenstillstand mit dem neuen Sultan von Ägypten, einem Herrscher namens Salah ad-Din. Salah ad-Din, oder, wie er von den Christen genannt wurde, Saladin, war ein sunnitischer Muslim, der in Tikrit im heutigen Irak geboren wurde. Er war in der Armee von Nur ad-Din aufgestiegen. Im Jahr 1164 wurde er nach Ägypten entsandt, um in einen Machtkampf der Fatimiden einzugreifen. Dort gelang es ihm, in der schiitischen Armee der Ismaeliten und in der ägyptischen Regierung aufzusteigen. Im Jahr 1169 wurde er in einem seltenen Fall von Übereinstimmung zwischen den Parteien zum Wesir ernannt. Er fuhr damit fort, die Autorität der Fatimiden zu untergraben, und nach dem Tod des letzten Fatimidenführers schaffte er das Kalifat ab und schloss Ägypten an das Kalifat der Abbasiden mit Sitz in Bagdad an. In den folgenden Jahren scheiterten Saladins Versuche, die Kreuzfahrer zu erobern, aber er besiegte die Türken in Syrien und nahm 1174 Damaskus, 1175 Edessa und Aleppo ein. 1183 nahm er einen erweiterten Titel an, der besagte, dass er nicht nur Sultan von Ägypten, sondern auch Herrscher von Syrien war. Tatsächlich gelang es ihm, das christliche Königreich Jerusalem zu umzingeln. Er stärkte seine Position, indem er einen Vertrag mit den inzwischen praktisch machtlosen Byzantinern schloss, um gemeinsam gegen die Christen im Heiligen Land zu kämpfen.

Am 4. Juli 1187 schlug Saladin in der Schlacht bei Hattin, in der Nähe von Tiberius im heutigen Israe, mit 20.000 bis 40.000 Mann die Christen, die etwa 18.000 bis 20.000 Mann unter der Führung von 1.200 Rittern aufboten. Tausende von christlichen Soldaten wurden getötet; nur etwa 200 Kreuzritter verließen das Schlachtfeld lebend. Alle gefangenen Templer und Hospitaliter wurden geköpft. Guy von Lusignan, der 1186 zum König von Jerusalem gekrönt worden war, wurde gefangen genommen und eingekerkert. Nach diesem Massaker flohen die entmutigten Kreuzfahrer aus ihren Burgen und versteckten sich hinter den schützenden Mauern Jerusalems. Die Sicherheit dieses Zufluchtsortes endete, als auch diese Stadt Anfang Oktober 1187 von Saladin eingenommen wurde. Obwohl Saladin Tausende von Christen befreite und den Freikauf Tausender anderer Christen ermöglichte, wurden bis zu 15.000 Christen als Sklaven verkauft, ein Ereignis, das für die Sache der Kreuzfahrer einen großen Verlust bedeutete. Die Christen, die vor Saladins Angriffen flohen, strömten zu tausenden in die einzigen Städte, die noch unter christlicher Kontrolle standen - Antiochia, Tyrus und Tripolis. Tyrus wurde das Ziel von Saladins nächstem Feldzug. Dank des strategischen Geschicks von Konrad von Montferrat, der gerade noch rechtzeitig aus Europa eintraf, wurde die Stadt von den Christen gerettet und erfolgreich gegen den Angriff verteidigt. Konrad organisierte die Verteidigung, zerstörte geschickt Saladins Flotte, die den Hafen blockierte und stürmte aus der Stadt um Saladins Armee zu zerschlagen.

Kapitel 5 - Der Dritte Kreuzzug (1189-1192) - Der Königskreuzzug

Der Fall Jerusalems an Saladin löste in Europa Empörung aus. Der neu gewählte Papst Gregor VIII. glaubte, dass der Verlust des Heiligen Landes die Strafe Gottes für die Sünden der Christen sei. Er rief in einer Bulle zu einem Kreuzzug auf, um alle Pilgerstätten wieder unter christliche Kontrolle zu bringen.

Heinrich II. von England und Philipp II. von Frankreich sowie eine Reihe französischer und flämischer Grafen stimmten zu, mit den Vorbereitungen für den dritten Kreuzzug zu beginnen, der als „Königskreuzzug" in die Geschichte einging. Der Papst überzeugte den Nachfolger Konrads III. und dessen Mitstreiter im Zweiten Kreuzzug, Friedrich Barbarossa, der 1155 zum römisch-deutschen Kaiser gekrönt wurde, sich dem Feldzug anzuschließen. Am 27. März 1188 nahm er in Mainz das Kreuz auf sich. Der 67-jährige Friedrich war an sich der mächtigste weltliche Herrscher in Europa. Sein Reich reichte vom Baltikum bis nach Italien und von Ungarn bis nach Frankreich. Als solcher war er in der Lage, eine enorme Anzahl von Rittern zu rekrutieren, die ihm Lehenstreue schuldeten. Moderne Historiker schätzen sein Heer auf eine Größe zwischen der relativ niedrigen Zahl von 14.000 Mann mit etwa 4.000 Rittern, bis hin zu der viel größeren Zahl von 100.000 Mann mit bis zu

20.000 Rittern.

Friedrich Barbarossa führte seine Ritter, die Infanterie und ihre Diener über Land, durch Ungarn und Serbien nach Griechenland und weiter nach Thrakien. Dort traf er auf die Truppen des byzantinischen Kaisers Isaak II. von Angelos. Isaak handelte im Einklang mit einem Vertrag, den er mit Saladin geschlossen hatte, und bekämpfte die Kreuzfahrer, um deren Vormarsch nach Osten zu stoppen. Friedrichs großes Heer besiegte die Byzantiner schnell, so dass sie im Herbst 1189 sicher durch Konstantinopel marschieren und nach Syrien weiterziehen konnten. Friedrich kam jedoch kurz vor seinem Ziel Antiochia bei einem Unfall durch Ertrinken ums Leben. Viele seiner Truppen desertierten daraufhin und machten sich auf den Heimweg nach Deutschland. Die bereits geschwächten deutschen Truppen, die sich zum Weiterziehen entschlossen, wurden von Krankheiten heimgesucht, was ihre Truppen noch mehr schwächte. Als das deutsche Heer in Akkon eintraf, bestand es nur noch aus 5.000 Soldaten. Friedrichs Nachfolger als Anführer der deutschen Truppen, sein Sohn Friedrich VI. von Schwaben, begrub seinen Vater in Syrien und bereitete sich darauf vor, die Angriffe auf die Muslime wieder aufzunehmen.

Am 6. Juli 1189 starb Heinrich II., der König von England, noch vor Beginn des neuen Kreuzzuges. Zusammen mit Philipp II., dem König von Frankreich, hatte er 1188 das Kreuz genommen. Heinrichs Sohn, Richard I., hatte das Kreuz 1187 unabhängig davon in seinem Amt als Graf von Poitou in Frankreich ergriffen. Richard, auch bekannt als Richard Coeur de Lion und besser bekannt als Richard Löwenherz, begann 1173 einen erfolglosen Aufstand gegen seinen Vater. Einige Historiker vermuten, dass seine Mutter, Eleonore von Aquitanien, diesen Aufstand angestiftet haben könnte. Prinz Richard verließ England und begab sich in seine eigenen Ländereien in Frankreich zurück, wo er seine Herrschaft festigte, indem er zunächst ein Bündnis mit König Ludwig VII. von Frankreich und dann mit dessen Nachfolger Philipp II. einging, der auch unter dem Namen Philipp Augustus bekannt war. Der Höhepunkt von Richards Aufstand war die Schlacht von Ballans in der Region Nouvelle-Aquitaine am 4. Juli 1189, bei der sein Heer gegen die Ritter von Heinrich II. antrat.

Richard ging als Sieger hervor. Nach dem Tod seines Vaters zwei Tage später erklärte er sich zum König von England und wurde am 3. September 1189 in der Westminster Abbey in London gekrönt.

Mit dem Geld aus der königlichen Schatzkammer, von dem Heinrich II. nach Saladins Sieg bei Hattin im Heiligen Land zehn Prozent des Zehnten für die Vorbereitung des neuen Kreuzzugs eingezogen hatte, konnte Richard ein umfangreiches Kreuzfahrerheer aufstellen, zu dem auch Ritter gehörten, die er aus seinen englischen Lehen sowie aus seinen Untertanengebieten in Frankreich, zu denen die Normandie, Aquitanien, die Gascogne und die Bretagne gehörten, rekrutierte. Die Abreise von Richards Truppen verzögerte sich jedoch, da er loyale Anhänger einsetzen musste, um seine Autorität in England zu schützen und seine französischen Besitzungen zu verwalten, während er abwesend war. Sowohl Philipp als auch Richard waren sich der Gefahr von Angriffen auf ihre Territorien während ihrer Abwesenheit auf dem Kreuzzug bewusst - beide waren die wichtigsten Oberhäupter über ihre Teile Frankreichs -, so dass sie beide ihre Königreiche gleichzeitig verlassen mussten, um im Falle eines Krieges ein Ungleichgewicht zu vermeiden.

Richard und Philipp, die nur zum Zweck des Kreuzzuges verbündet waren, zogen mit ihren Heeren zuerst nach Sizilien. Die Bürger von Messina, die die Anwesenheit einer großen Zahl fremder Truppen fürchteten, revoltierten. Sie wurden allerdings kurz darauf von Richard niedergeschlagen, der Messina angriff, die Stadt plünderte und anschließend niederbrannte. Die Spannungen zwischen Philipp, Richard und dem Herrscher Siziliens, König Tancred, erreichten einen Siedepunkt, aber es gelang den dreien, einen Friedensvertrag zu unterzeichnen, der einige ihrer Probleme löste. Der größte Streitpunkt war die Gefangenschaft von Richards Schwester Johanna von England. Wie in der mittelalterlichen Diplomatie üblich, war sie 1177 mit König Wilhelm II. von Sizilien verheiratet worden. Als Wilhelm im November 1189 starb, wurde sein Thron von seinem Cousin, dem jetzigen König Tancred, usurpiert. Der Vertrag zwischen Philipp, Richard und Tancred sicherte Johannas Freiheit, die Rückgabe ihrer Mitgift und legte außerdem fest, dass Richards Neffe und Erbe, Arthur von der Bretagne, eine von Tancreds Töchtern heiraten sollte.

Königliche und adlige Verlobungen und Ehen waren während des gesamten Mittelalters der Grund für viele Reibereien, und zwischen Philipp und Richard entbrannte ein Streit über die Verlobung des Letzteren mit Philipps Schwester Alys. Gerüchten zufolge war sie einst die Geliebte von Richards Vater gewesen. Der französische und der englische König, die einander stets misstrauten, einigten sich auf die Auflösung der Verlobung von Alys mit Richard. An ihrer Stelle wurde Berengaria, die Tochter des Königs von Navarra, Richard versprochen. Über ihre Eignung als Ehefrau für Richard wurde natürlich auf der Grundlage der Politik entschieden, die in diesem Fall auf ihren familiären Verbindungen beruhte. Im Jahr 1190 wurde sie von Richards Mutter, Eleonore von Aquitanien, zu Richard nach Sizilien gebracht. Dort wurden Richards Schwester Johanna und Berengaria schnell Freunde. Sie gingen beide an Bord eines Schiffes von Richards Flotte, die von Sizilien aus in Richtung Heiliges Land aufbrach.

Das Schiff mit Johanna und Richards Verlobter, Berengaria von Navarra, lief auf Zypern auf Grund. An Land wurde ihre Sicherheit durch den Gouverneur der Insel, Isaac Komnenos, dem Großneffen des byzantinischen Kaisers Manuel I. Komnenos, bedroht. Um seine Verwandten zu retten, wandte Richard seine Flotte gegen Zypern, eroberte die Insel und setzte Isaak ab. Nachdem er seine Verlobte fast verloren hatte, beeilte sich Richard, ihre Verbindung zu heiligen, und heiratete Berengaria am 12. Mai 1191 in Limassol auf Zypern.

Bevor die englischen und französischen Kreuzfahrer die Küste des Heiligen Landes erreichten, hatte der König von Jerusalem, Guy von Lusignan, der 1188 von Saladin aus der Gefangenschaft entlassen worden war, einen Feldzug gegen Saladins Armee begonnen, um die Teile seines Königreichs wiederzuerlangen, die kurz zuvor an die Muslime verloren worden waren. Er nahm Akkon als Erstes ins Visier, damals eine der wichtigsten Garnisonen Saladins. Da das Kreuzfahrerheer in der Schlacht von Hattin praktisch ausgelöscht worden war, konnte Guy nur ein kleines Heer von etwa 8.000 Infanteristen und 600 Rittern aufstellen. Sein erster Überraschungsangriff im Jahr 1189 schlug fehl. Er schlug sein Lager vor Akkon auf und wartete auf die Ankunft der Kreuzfahrerflotten. Ein Kontingent von Normannen aus Sizilien lief in den Hafen von

Akkon ein, gab aber seine Mission auf, als sie vom Tod ihres Königs Wilhelm II. am 11. November 1189 erfuhren. Sie wurden durch eine Flottille von Kreuzfahrern aus Nordeuropa ersetzt, die den Hafen blockierten. Guys Truppen wehrten einen Angriff Saladins erfolgreich ab, mussten jedoch dabei schwere Verluste hinnehmen.

Saladin, der auf dem See- und Landweg Verstärkung erhielt, kämpfte weiter gegen Guys Armee, die durch die aus Europa eingetroffenen Kreuzfahrer verstärkt wurde. Anfang 1191 versuchte Guy, die teilweise Zerstörung der Mauern von Akkon auszunutzen, und startete einen Angriff. Zu seinem Leidwesen scheiterte er. Im Februar gelang Saladin ein Vorstoß zu Lande. Er durchbrach die Linien der Kreuzfahrer und konnte die Verteidiger von Akkon befreien.

Im April 1191 erreichte die Flotte von König Philipp II. mit gecharterten genuesischen Schiffen den Hafen von Akkon, und seine Armee schloss sich der Belagerung von Saladins Garnison in der Stadt an. Die Truppen von König Richard I. trafen im Juni an Bord von etwa 100 Schiffen ein. König Philipp war als Erster im Heiligen Land angekommen und übernahm entschlossen die Führung. Er baute Belagerungsmaschinen und Trebuchets (Katapulte) und probierte sie an den Mauern von Akkon aus. Wann immer eine Bresche in die Mauern geschlagen wurde, griff Saladins Armee das christliche Lager an. Diese Ablenkung ermöglichte es den Verteidigern von Akkon, die Mauern zu reparieren. Die Pattsituation wurde beendet, als die Garnison den Kreuzfahrern die Kapitulation anbot. Es wurde ein Friedensvertrag ausgehandelt, in dem sich Saladin dazu bereit erklärte, Gefangene mit den Kreuzfahrern auszutauschen und drei beträchtliche Lösegeldzahlungen für die gefangene Garnison zu leisten. Ende Juli stach Philipp in See und kehrte nach Frankreich zurück. Seine Abreise aus dem Heiligen Land war notwendig geworden, da sich eine Krise bei der Nachfolge in einem seiner wichtigsten Gebiete in Frankreich abzeichnete, von dem er befürchtete, dass es von den Engländern angegriffen werden könnte.

Im August 1191 marschierte Richard I., der nun der alleinige Befehlshaber des Dritten Kreuzzugs war, mit bis zu 4.000 Rittern und 14.000 Infanteristen nach Süden. Das Heer Saladins folgte ihm. Seine Bogenschützen bedrängten die Kreuzfahrer von hinten, doch Richards Soldaten hielten stand und kehrten um, um sie als geschlossene Front zu bekämpfen. Die Disziplin von König Richards Männern wurde sogar von den muslimischen Chronisten der Kreuzzüge hervorgehoben. Die Kreuzfahrer folgten dem Befehl ihres Anführers Richard und ließen sich nicht von Saladins Bogenschützen bedrängen. Die muslimischen Bogenschützen waren ohnehin durch die Verwendung des Recurve-Bogens behindert. Die Pfeile, die sie aus der Ferne abfeuerten, verfehlten entweder ihr Ziel, oder wenn sie Richards Männer trafen, konnten sie deren Rüstung meist nicht durchdringen. Im Gegensatz dazu benutzten die Bogenschützen der Kreuzfahrer die wesentlich stärkeren und präziseren Armbrüste. Ihre kürzeren Bolzen waren auf größere Entfernung viel tödlicher und konnten die Panzerung von Saladins Soldaten durchdringen.

Richards Heer zog entlang der Küste des heutigen Palästina nach Süden und lagerte in der Nähe des Waldes von Arsuf. Saladin stellte sein Heer auf der offenen Ebene im Landesinneren der bewaldeten Region auf, seine Streitkräfte umfassten etwa 25.000 Soldaten. Die meisten von ihnen waren berittene Bogenschützen und leichte Kavallerie, nur eine kleine Minderheit waren Fußsoldaten. Moderne Historiker schätzen Richards Armee auf etwa 20.000 Mann. Sie bestand aus englischen, normannischen, französischen und anderen europäischen Kreuzfahrern sowie aus Kämpfern, die aus den Reihen der Ritter des Königreichs Jerusalem stammten. Die gesamte Truppe wurde von den Hospitalrittern bewacht.

Am 7. September 1191 verließ das Heer Richards sein Lager, wobei die Tempelritter die Vorhut bildeten. Ihnen folgten Truppenkontingente, die nach ihren europäischen Herkunftsländern gegliedert waren, und auch hier folgten die Johanniter. Als sie sich dem Wald von Arsuf näherten, stürmten Saladins Krieger, die sich zwischen den Bäumen versteckt hielten, heraus und griffen Richards Armee an. Wie es ihre Gewohnheit war, bahnten Bogenschützen und Speerwerfer der donnernden Horde von berittenen Bogenschützen und Schwertkämpfern den Weg. Der anonyme Verfasser der zeitgenössischen Chronik *Itinerarium Regis Ricardi* drückte es so aus: *„Die Franken dachten,* *ihre Reihen würden aufgebrochen, und sie glaubten nicht mehr daran, dass sie auch nur noch eine Stunde weiterleben und alles überleben würden."*

Die wiederholten Angriffe von Saladins Truppen konnten Richards Vormarsch nicht aufhalten. Die Hospitaliter der Nachhut hielten sich jedoch nicht an ihre Befehle. Ungeduldig, weil sie von hinten bedrängt wurden, drehten sie um und rückten gegen Saladins Männer vor. Richard, dem klar war, dass die Hospitaliter bei diesem Angriff vernichtet werden würden, wendete sein gesamtes Heer und eröffnete eine umfassende Schlacht. Die Kreuzfahrer, die es kaum erwarten konnten, in den Kampf zu ziehen, schlugen Saladins Heer vollständig nieder. Richard hielt seinen Vormarsch an und führte, nachdem er seine Truppen reorganisiert hatte, einen zweiten Angriff an. Seine persönliche Grausamkeit in dieser Schlacht wurde in der Chronik *Itinerarium* festgehalten. *„Er metzelte dieses abscheuliche Volk nieder, als würde er mit der Sichel die Ernte einholen, sodass man im Umkreis von einer halben Meile wegen all der Leichen der Sarazenen, die er getötet hatte, den Boden nicht mehr sehen konnte."* Nachdem er seine Männer ein zweites Mal umgruppiert hatte, startete Richard einen dritten Angriff, woraufhin sich Saladins Truppen zurückzogen.

Die Schlacht von Arsuf bewies die Stärke der Kreuzfahrer. Saladin war doch nicht so unbesiegbar, wie sein Ruf es vermuten ließ. In der Folgezeit nahmen Richards Kreuzfahrer den Hafen von Jaffa ein. Saladin zog seine Truppen aus mehreren seiner Garnisonen entlang der Küste des heutigen Palästinas ab, und die eine, die er behielt war Darum, das heutige Deir al-Balah, im Gazastreifen. Darum wurde später von König Richard gewaltsam eingenommen. Nachdem die Küstenregion gesichert war, waren die Kreuzfahrer endlich bereit, Jerusalem einzunehmen.

Im November 1191 rückten Richards Kreuzfahrer gegen Saladins Truppen in Jerusalem vor. Er bat dabei Konrad von Montferrat, den Herrscher von Tyrus, um Hilfe. Konrad agierte mal mehr, mal weniger als ein Unterstützer Richards. Einer der Gründe dafür war seine Loyalität zum byzantinischen Kaiser Isaak II. von Angelos. Nachdem er Isaak II. bei der Niederschlagung einer Revolte unterstützt hatte, war Konrad 1187 im Heiligen Land angekommen. Er erreichte Tyrus zu einem Zeitpunkt, als der dortige Herrscher kurz davor war, die Stadt an Saladin zu übergeben, der, gestärkt durch seinen Sieg bei Hattin, nach Norden marschierte. Konrad übernahm die Kontrolle und wehrte zwei Belagerungen durch Saladin ab. Bei den Verhandlungen über die Kapitulation von Tyrus bot Saladin an, Konrads Vater, Wilhelm V. von Montferrat, freizulassen und Konrad zu entschädigen. Konrad ließ sich nicht verführen. Probleme entstanden für Konrad erst dann, als Saladin König Guy von Jerusalem freiließ, der 1187 bei Hattin gefangen genommen worden war. Nach seiner Freilassung begaben sich Guy und sein Bruder sowie seine Frau und Mitregentin Sibylla nach Tyrus und verlangten von Konrad, die Kontrolle über die Stadt abzugeben. Dieser weigerte sich mit der Begründung, Guy habe mit seiner Gefangennahme bei Hattin sein Königreich verwirkt. Die Frage, wer über das Königreich Jerusalem herrschen sollte, war nach Ansicht von Guy eine Angelegenheit, die von den europäischen Königen auf ihrem Weg ins Heilige Land entschieden werden sollte. Es kam zu einem erbitterten Kampf um die rechtmäßige Thronfolge. Bei dieser Angelegenheit handelt es sich um ein hervorragendes Beispiel für die komplexe mittelalterliche Kultur der Familienbündnisse und des Kampfes um die Macht, auf denen diese beruhten.

Der König von Jerusalem, Guy von Lusignan, und Königin Sibylla zogen zusammen mit den neu eingetroffenen Kreuzfahrern nach Akkon, wo sie die Stadt belagerten. Inmitten der Pattsituation in Akkon starb Sibylla am 25. Juli 1190. Konrad von Montferrat in Tyrus, der unter den Aggressionen von König Guy und Königin Sibylla sehr gelitten hatte, erhob Einspruch gegen die Erklärung, dass die Thronfolgerin von Jerusalem Isabella, eine Halbschwester von Sibylla, sei. Sie war mit dem Kreuzfahrer Humphrey IV. von Toron verheiratet, der eine Burg im heutigen Libanon besaß. Konrad, der sich mit einigen zerstrittenen Höflingen verbündete, erreichte, dass Isabellas Ehe annulliert wurde. Nachdem er die Ehe offiziell beendet hatte, heiratete er sie selbst. Auf diese Weise konnte Konrad erneut behaupten, er sei der rechtmäßige König von Jerusalem.

Allerdings wurde nach dem Fall von Akkon in weiteren Verhandlungen bestätigt, dass Guy der rechtmäßige König von

Jerusalem war und dass Konrad sein Nachfolger werden sollte. Dies wurde jedoch revidiert, als man beschloss, eine Abstimmung unter den Adligen darüber durchzuführen, wer König werden sollte. Der Streit drehte sich um die Loyalität der beiden Anwärter auf den Thron. Guy war ein Vasall von Richard I., und Konrad wurde von seinem Cousin Leopold V. von Österreich, einem Cousin von König Philipp II. von Frankreich, unterstützt. Schließlich wählten die Barone Konrad im April 1192 aufgrund seiner Unterstützung bei ihren Kämpfen zum König. Um Guy für seinen Verlust zu entschädigen, verkaufte Richard I. ihm die Herrschaft über Zypern. Er wollte damit verhindern, dass Guy nach Poitou in Frankreich zurückkehrte, wo er in Richards französischem Herrschaftsgebiet hätte Unruhe stiften können.

Konrad von Montferrat sollte jedoch den Preis der Verhandlungen, endlich offiziell zum König von Jerusalem gekrönt zu werden, nie erhalten. Als er am 28. April 1192 durch die Straßen von Tyrus ging, wurde er von zwei Haschischin, den Angehörigen eines Ordens von Attentätern, niedergestochen und tödlich verwundet. Es gab zahlreiche Vermutungen darüber, wer die Attentäter angeheuert haben könnte. Einige behaupteten, es sei König Richard höchstpersönlich gewesen, andere vermuteten, die Schuld könnte beim ersten Ehemann von Isabella, Humphrey IV. von Toron, gelegen haben. Manche glaubten sogar, dass Saladin die Attentäter selbst angeheuert haben könnte.

Baldwin IV., der von 1174 bis 1185 König von Jerusalem war, hatte ein Testament hinterlassen, in dem er festlegte, dass der legitimste Erbe als Regent regieren sollte, bis die Nachfolge von den Königen von England, Frankreich und dem Heiligen Römischen Kaiser geregelt war. Nach dem Tod von Baldwin IV., der den Thron von seinem Vater Amalric I. geerbt hatte, ging das Königreich Jerusalem an den minderjährigen Baldwin V. (oder Baldwin von Montferrat), den Neffen von Baldwin IV. Nach einer Regierungszeit von etwas mehr als einem Jahr starb dieser im Jahr 1186. Sybilla agierte daraufhin als Nachfolgerin, denn sie war eines der beiden überlebenden Kinder von Amalric I.

Vor ihrer Thronbesteigung war Sibylla Gegenstand intensiver Verhandlungen über einen geeigneten Ehepartner gewesen, damit sie einen Thronfolger zeugen konnte. Baldwin IV. arrangierte für sie die Heirat mit Wilhelm Langschwert von Montferrat, einem Cousin des französischen Königs und des römischen Kaisers. Weniger als ein Jahr nach dieser Heirat starb Wilhelm. Sibylla gelang es jedoch, vorher einen Sohn zur Welt zu bringen, den sie Baldwin nannte. Philipp von Flandern betrachtete die Witwe und den Thronfolger des Königreichs Jerusalem als ausgezeichnete Beute und verlangte, dass sie einen seiner Vasallen heiratete. Sein Plan wurde vom Hof abgelehnt. Auch andere Heiratsbündnisse wurden vorgeschlagen. Zu den möglichen Gemahlen gehörten die Kreuzritter Baldwin von Ibelin, Guy von Lusignan und Hugo III. von Burgund. Jedes dieser Bündnisse hätte den Vorteil gehabt, dass die militärische Unterstützung Europas für das Königreich Jerusalem gesichert worden wäre. Sibylla heiratete schließlich Guy, mit dem sie gemeinsam regierte, und zeugte mit ihm zwei Töchter.

König Richard I. von England gelang es nicht, Jerusalem zurückzuerobern. Er näherte sich der Heiligen Stadt zwei Mal, musste sich jedoch beide Male wieder zurückziehen. Nachdem er ein zweites Mal von Saladin zurückgeschlagen worden war, beriet sich Richard mit seinen mächtigsten adligen Verbündeten. Der Heeresrat war gespalten. Die meisten wollten Saladins Machtbasis in Ägypten angreifen, aber die französischen Ritter wollten unter der Führung des Herzogs von Burgund Jerusalem angreifen. Ein Angriff im Süden gegen die Ägypter schlug fehl. Dies führte nur zu einer weiteren Spaltung der streitenden Adligen in Bezug auf das weitere Vorgehen. Richard, der inzwischen krank war und nach Hause zurückkehren wollte, schloss am 2. September 1192 einen Waffenstillstand mit Saladin. Saladin versprach den christlichen Pilgern freien Zugang zu Jerusalem und stimmte der Nutzung seiner Befestigungen in Aschkelon als Verkehrsschleife zu.

Wie die meisten Anführer von Kreuzfahrerheeren war sich auch Richard stets der Bedrohung seiner Macht im eigenen Land bewusst. Sein Bruder Johannes und König Philipp II. von Frankreich stellten eine ständige Gefahr für seine Kontrolle über seine englischen und französischen Ländereien dar. Am 9. Oktober 1192 bestieg Richard ein Schiff, das ihn zurück nach Europa bringen sollte. Seine Reise erwies sich jedoch als noch gefährlicher als der Aufenthalt im Heiligen Land. Aufgrund von Stürmen suchte sein Schiff im Hafen der Insel Korfu Schutz. Dadurch geriet

Richard in Gefahr, vom byzantinischen Kaiser Isaak II. Angelos gefangen genommen zu werden, der mit Richards Eroberung Zyperns und dessen Übergabe an einen seiner Vasallen unzufrieden war. Richard entkam als Tempelritter verkleidet aus Korfu, doch das Schiff, mit dem er unterwegs war, erlitt in der Nähe von Aquileia an der Spitze der Adria Schiffbruch. Richard und seine Truppen waren gezwungen, über Land zu reisen, und wurden kurz vor Weihnachten in der Nähe von Wien von Leopold V., Herzog von Österreich, gefangen genommen. Er beschuldigte Richard der Mitschuld an der Ermordung seines Schwagers Konrad von Montferrat. Als er am Kreuzzug teilnahm, musste Leopold die Demütigung hinnehmen, dass seine Rolle bei der Einnahme von Akkon von Richard ignoriert wurde. Leopold hatte nach dem Tod von Friedrich Barbarossa das Kommando über die Truppen des Heiligen Römischen Reiches übernommen und war der Ansicht, dass er sich bei der Belagerung gut gemacht hatte und ihm daher die gleiche Autorität zustand wie den Königen von Frankreich und England. Stattdessen wurde sein Banner von Richard kurzerhand über die Stadtmauern geworfen, so dass nur noch die Banner der Königreiche Jerusalem, England und Frankreich auf den Wällen von Akkon wehten.

Die Gefangennahme von Richard Löwenherz durch Leopold wurde von Papst Coelestin III. mit der Begründung verurteilt, dass Kreuzfahrer, die lediglich ihre göttliche Pflicht erfüllten, gegen die weltliche Autorität immun seien. Der Herzog von Österreich wurde für sein Handeln exkommuniziert. Leopold befreite sich von seinem Gefangenen, indem er ihn dem römischen Kaiser Heinrich VI. auslieferte. Heinrich selbst war seiner Meinung nach ebenfalls von Richard verraten worden. Er beschwerte sich insbesondere darüber, dass der Plantagenet die Familie eines rebellischen Adligen Heinrichs, Heinrichs des Löwen von Sachsen, unterstützte und Süditalien an diesen einstigen Verbündeten Richards verlor. Heinrich hielt Richard gegen Lösegeld fest, in der Hoffnung, damit eine Expedition nach Süditalien finanzieren zu können, um die an dessen Reich verlorenen Ländereien zurückzugewinnen, und verlangte eine enorme Summe für die Freilassung des Königs von England. Als Reaktion darauf wurde er vom Papst beinahe ebenfalls exkommuniziert. Richards Mutter, Eleonore von Aquitanien, bemühte sich jedoch sehr um die Beschaffung des nötigen

Lösegelds. Die Engländer wurden besteuert, und das Gold und Silber der Kirchen wurde beschlagnahmt. Während sie damit beschäftigt war, das Geld zu beschaffen, erhielt Heinrich ein weiteres Angebot. Richards Bruder Johannes und König Philipp von Frankreich versprach eine größere Summe, sollte Heinrich dazu bereit sein, Richard bis zum Herbst 1194 festzuhalten. Heinrich lehnte dieses Angebot ab und ließ Richard am 4. Februar 1194 frei.

Während Richard in Gefangenschaft war, revoltierte sein Bruder Johann, und Philipp von Frankreich fiel in Richards Herzogtum in der Normandie ein. Nach seiner Freilassung eilte Richard in seine normannischen Ländereien und begann mit dem Ausbau der Verteidigungsanlagen. Sein wichtigstes Bauwerk war eine riesige Burg, das Château Gaillard, das 1196 in Angriff genommen wurde. Normalerweise brauchten mittelalterliche Baumeister mindestens zehn Jahre, um ein solches Bauwerk zu errichten, doch die kostspieligen Befestigungsanlagen wurden innerhalb von zwei Jahren fertiggestellt. Dass die Arbeiten an diesem Bauwerk so schnell voranschritten, ist auf Richards sorgfältige Bauaufsicht zurückzuführen. Es ist wahrscheinlich, dass Richard selbst der Gesamtarchitekt von Château Gaillard war. Es war ein innovatives Bauwerk mit drei Umfassungsmauern, die trockene Wassergräben umschlossen. Der innere Bergfried und die konzentrischen Mauern waren mit „Maschikuli" ausgestattet, d. h. mit Öffnungen, die außerhalb der Mauern angebracht waren und aus denen Steine, kochendes Öl oder Wasser auf die feindlichen Truppen am Fuß der Mauern geworfen werden konnten. Dies war eine der ersten Anwendungen von Maschikuli in Europa. Ihr Auftauchen im Château Gaillard wurde auf Richards intensives Studium der muslimischen Festungsbauten im Heiligen Land zurückgeführt.

Richards Krieg gegen König Philipp wurde von mehreren verbündeten Adligen unterstützt, die einen Groll gegen den französischen König hegten. Richard verstand es hervorragend, mit potenziellen Unterstützern zu verhandeln, sowohl während seines Kreuzzuges als auch bei der Sicherung seiner Besitztümer in der Normandie. Bei letzterem Unterfangen wurde er von Rittern aus den Armeen von Baldwin von Flandern und Renaud, Graf von Boulogne, unterstützt. Bis zu seinem Tod im Jahr 1194 half Sancho

VI. von Navarra dabei mit, indem er Philipp dazu zwang, Truppen zum Kampf gegen ihn im Süden zu entsenden. Richard errang mehrere Siege über Philipp. Wie zu jener Zeit üblich, verbrachte der Monarch viel Zeit damit, Aufstände unter seinen abhängigen Adligen zu unterdrücken. Bei einer dieser Expeditionen griff Richard Aimar V., den Vicomte von Limoges, an und belagerte seine Burg, in der große Goldvorräte gelagert sein sollten. Eines Abends wanderte Richard, der bei diesem Spaziergang kein Kettenhemd trug, am Fuße der Burgmauern umher und inspizierte die Arbeit seiner Pioniere. Er wurde von oben mit einer Armbrust beschossen. Die Entfernung des Bolzens verlief nicht erfolgreich, und die Wunde wurde brandig. Richard starb am 6. April 1199. Ihm folgte sein Bruder König Johann als Regent, der fast alle englischen Ländereien in Frankreich an Philipp II. verlor.

Kapitel 6 - Der Vierte Kreuzzug (1202-1204) - Das Lateinische Reich von Konstantinopel und der Kinderkreuzzug (1212)

Das Scheitern des Dritten Kreuzzugs, bei dem Versuch Jerusalem, die heiligste aller christlichen Stätten auf der Erde, wieder unter christliche Kontrolle zu bringen, verärgerte die europäischen Kirchenmänner und -frauen. Allen voran entzürnte es Papst Innozenz III., der im Januar 1198 in das höchste Kirchenamt gewählt worden war. Er betrachtete die Eroberung Jerusalems durch Saladin im Jahr 1187 als eine Folge der moralischen Degeneration der christlichen Fürsten. Da es ihnen an moralischer Autorität mangelte, hielt Innozenz III. die weltlichen Behörden für nicht qualifiziert, kirchliche Ämter zu besetzen, und für völlig unberechtigt, sich in kirchliche Angelegenheiten einzumischen. Um seine Autorität zu unterstreichen, veröffentlichte Innozenz III. kurz nach seiner Wahl eine päpstliche Bulle, *Post Miserabile*, in der er zu einem neuen Kreuzzug aufrief. Er begann mit der Behauptung, dass die Muslime glaubten, sie hätten *„die Speere der Franzosen geschwächt und zerschmettert"* und *„die Bemühungen der Engländer zerschlagen"*. Die Muslime, so der Papst, sonnten sich in ihrer Niederlage gegen die Christen und erklärten, ihr Sieg sei möglich geworden, weil die Kreuzfahrer es vorzögen, sich gegenseitig zu bekämpfen, als noch einmal deren Macht und Stärke zu erfahren. Der Papst forderte die Geistlichen dazu auf, zu einer Erneuerung des Kreuzzugsgeistes aufzurufen, die Christen sollten ihren religiösen Enthusiasmus erneuern und darauf achten, *„wie unsere Feinde uns verfolgen"*. Einer der erfolgreichsten Überbringer der päpstlichen Botschaft war Fulk von Neuilly, ein französischer Geistlicher, der den Grafen Theobald III. von Champagne davon überzeugte, das Kreuz zu nehmen. Theobald wurde zum ersten Anführer des neuen Kreuzzuges gewählt, starb jedoch bereits im Jahr 1201. An seine Stelle trat der Italiener Bonifatius I., Markgraf von Montferrat, dessen Vater am Zweiten Kreuzzug teilgenommen hatte und dessen Brüder Wilhelm „Langschwert", Graf von Jaffa und Askalon (auch bekannt als Aschkelon), und König Konrad von Jerusalem waren, als erster Anführer des Kreuzzuges. Seinem Freund und Hofdichter Raimbaut de Vaqueiras zufolge hatte Bonifatius bereits ritterliche Taten vollbracht, die die Ehre verdienten, in lyrischen Balladen besungen zu werden. Er hatte eine Erbin, Jaopina von Ventimiglia, gerettet, die von ihrem Onkel gefangen gehalten wurde, um ihr Erbe zu stehlen. Er soll außerdem auch zur Seite von Saldina de Mar geeilt sein, einer Tochter eines genuesischen Kaufmanns, die von Bonifatius' Schwager entführt worden war. Bonifatius gab sie freundlicherweise in die Arme ihres Liebhabers zurück. Es war demnach also offensichtlich, dass Bonifatius von Montferrat über die notwendigen Qualitäten für das Anführen eines Kreuzzuges verfügte.

Als er zum Vierten Kreuzzug aufrief, erfuhr Innozenz bedeutende Unterstützung in Frankreich. Er finanzierte den Feldzug, indem er zunächst eine Steuer auf den Klerus erhob, der ein Vierzigstel seines Einkommens abliefern sollte. Er überredete anschließend die englischen Monarchen, König Johann, und König Philipp II. von Frankreich dazu, einen ähnlichen Betrag ihres Einkommens für die Sache zu verpfänden. König Johann beschloss außerdem, dass diese Steuer in seinem gesamten Königreich erhoben werden sollte. Diese Verpflichtung sollte erhebliche Auswirkungen auf das Ausmaß seiner Macht als König haben.

Die erste Herausforderung, der sich der Anführer des Vierten Kreuzzugs stellen musste, war die Sicherstellung des Transports nach Ägypten, wo man der vorherrschenden muslimischen Macht im Osten einen schweren Schlag versetzen wollte. Mit der Stadt Venedig, die von dem blinden Dogen Enrico Dandolo geleitet wurde, wurde eine Vereinbarung über die Bereitstellung einer Schiffsflotte getroffen, die ausreichen sollte, um 4.500 Ritter und ihre Pferde, 9.000 Knappen und 20.000 Fußsoldaten über das Mittelmeer zu transportieren. Der Konvoi sollte von fünfzig Kampfgaleeren geschützt werden. Die Vorbereitungen einer so großen Flotte dauerte ein ganzes Jahr. In den venezianischen Werften wurden neue Schiffe gebaut, und die Besatzungen wurden ausgebildet. Für ihren Dienst sollten die Venezianer im Gegenzug 94.000 Mark erhalten.

Im Juni 1202 war die Flotte zur Abfahrt bereit, und die Kreuzfahrer wurden an Bord genommen. Leider reichte das Heer der kämpfenden Männer, von denen die meisten aus Frankreich und der Lombardei in Norditalien stammten, bei weitem nicht aus, um die an die Venezianer zu zahlende Summe aufzubringen. Die versprochene Zahlung an die Venezianer, die dadurch aufgebracht werden sollte, dass jeder der Ritter eine Gebühr für die Fahrt auf dem Schiff erhob, blieb um 43.000 Mark hinter dem Ziel zurück. Die missliche Lage der Kreuzfahrer wurde in der Chronik *Geschichte der Eroberung Konstantinopels* festgehalten, die von einem der Kreuzfahrer, Geoffrey von Villehardouin, verfasst wurde. *„Jeder Mann des Heeres wurde aufgefordert, die Kosten für seine Überfahrt zu bezahlen. Eine beträchtliche Anzahl sagte, dass sie nicht den vollen Betrag zahlen könnten... Das gesammelte Geld entsprach nicht einmal der Hälfte, geschweige denn der gesamten geforderten Summe."* Da sie ihren Vertrag mit den Venezianern nicht erfüllen konnten, diskutierten die Adligen darüber, ob sie sich Geld leihen oder ihre Einlagen verfallen lassen und nach Hause zurückkehren sollten. Einige der Ritter übergaben den Venezianern, was sie hatten. *„Es war ein Wunder, die vielen feinen Tafelservices aus Gold- und Silberblech zu sehen, die zum Dogenpalast getragen wurden, um die fällige Zahlung zu leisten."* Der Doge von Venedig, Enrico Dandolo, erklärte sich bereit, vorübergehend auf die verbleibenden Schulden zu verzichten, in der Erwartung, dass sie aus der Beute des Kreuzzuges zurückgezahlt würden. Er erklärte sich auch bereit, zusätzliche venezianische Truppen für die Expedition bereitzustellen.

An einem Sonntag versammelten sich die Venezianer in der Kirche San Marco in Venedig, und der Doge wandte sich an die Kreuzfahrer.

Ihr seid mit den besten und mutigsten Menschen der Welt in dem größten Unternehmen verbunden, das je unternommen wurde. Nun bin ich ein alter Mann, schwach und ruhebedürftig, und meine Gesundheit lässt nach. Dennoch bin ich mir bewusst, dass niemand Sie so kontrollieren und leiten kann wie ich, der Ihr Herr ist. Wenn ihr einverstanden seid, dass ich das Kreuz auf mich nehme, um euch zu schützen und zu führen, werde ich mit euch und den Pilgern leben oder sterben.

Die Venezianer und ihr Anführer wollten sich dem Kreuzzug anschließen, weil sie planten, das Heer nach Konstantinopel umzuleiten und Alexios IV Angelos, den Sohn von Kaiser Isaak II Angelos, wieder auf den byzantinischen Thron zu setzen. Die von Dandolo, dem eigentlichen Anführer des Kreuzzugs, geforderte Bedingung für die Unterstützung war, dass die Flotte auf ihrer Reise nach Ägypten einen Umweg macht und sich mit den Feinden Venedigs auseinandersetzt. Das Endziel, Alexios IV. dabei auf den Kaiserthron in Konstantinopel zu setzen, wurde dabei nicht erwähnt.

Am 1. Oktober 1202 brach eine Flotte von mehr als 200 Schiffen von Venedig aus nach Zara an der dalmatinischen Küste im heutigen Kroatien auf, da nicht genug Geld für die Reise nach Ägypten aufgebracht worden war. Zara hatte sich 1183 gegen die Republik Venedig aufgelehnt und war damit ein Ziel, dem Dandolo nur schwer widerstehen konnte. Am 13. November begannen sie mit der Belagerung der Stadt, die am 24. November fiel, wobei sich einige der Kreuzfahrerführer weigerten, an dem Angriff teilzunehmen, da Zara eine christliche Stadt war. Dies war das erste Mal, dass die Kreuzfahrer eine katholische Stadt angriffen. Viele Kreuzfahrer stellten sich jedoch auf die Seite Dandolos, da sie dies als einen kleinen Rückschlag auf dem Weg zum glorreichen Ziel der Einnahme Jerusalems betrachteten. Papst Innozenz III. verurteilte jegliche Angriffe auf Christen und exkommunizierte 1203 das gesamte Kreuzfahrerheer zusammen mit den

Venezianern, obwohl er dem Heer später die Absolution erteilen sollte.

Nach der Belagerung von Zara setzten die Kreuzfahrer die Plünderung der Stadt fort. Es kam zu Streitigkeiten über die Beute der Schlacht, die die Venezianer als rechtmäßige Kostenerstattung für sich beanspruchen wollten.

Bonifatius von Montferrat hatte die Flotte vor dem Auslaufen aus Venedig verlassen, um seinen Cousin Philipp von Schwaben, König von Deutschland, zu besuchen, der mit einer byzantinischen Prinzessin, Irene Angelina, verheiratet war. Unter Philipps Schutz stand der Flüchtling Alexios IV. Angelos, der den Anspruch erhob, der rechtmäßige byzantinische Kaiser zu sein. Bonifatius von Montferrat und Alexios besprachen die Umleitung der venezianischen Flotte nach Konstantinopel. Alexios schickte Boten zu den Kreuzfahrern und versprach ihnen großzügige Unterstützung und Geld, um ihre Schulden bei den Venezianern zu begleichen. Dieses Angebot war gut genug für die verschuldeten Kreuzfahrer. Sie verachteten die Byzantiner noch immer für ihren Verrat, während der drei vorangegangenen Kreuzzüge sowie für ihr Massaker an den lateinischen Christen etwa zwanzig Jahre zuvor, bei dem bis zu sechzigtausend Menschen getötet oder zur Flucht aus Konstantinopel gezwungen worden waren. Die Kreuzfahrer hatten mehr als genug Gründe, um im Namen von Alexios gegen die Byzantiner zu kämpfen.

Während sie in Zara aufgrund von Winterstürmen festsaßen, erfuhren die Anführer der Kreuzfahrer von den Verhandlungen zwischen ihrem Anführer Bonifatius von Montferrat und dem Sohn des abgesetzten Kaisers von Byzanz, Alexios IV. Beide sollen sich während eines Besuches bei Montferrats Cousin Phillip von Schwaben zu Verhandlungen getroffen haben. Dor habe Montferrat das Angebot von Fürst Alexios angenommen, den Kreuzfahrern eine große Summe in Silbermark zu zahlen, ihre Zahl um 10.000 byzantinische Soldaten zu erhöhen, die Ostkirche der Autorität Roms zu unterstellen und ein ständiges Kontingent byzantinischer Soldaten zur Sicherung des Heiligen Landes bereitzustellen. Als Gegenleistung für dieses großzügige Angebot erklärten sich die Venezianer und die Kreuzfahrer dazu bereit, den byzantinischen Kaiser Alexios III. zu stürzen und Alexios stattdessen als Herrscher einzusetzen. Als Papst Innozenz III. davon erfuhr, erließ er einen Erlass, der weitere Angriffe auf Christen verbot, es sei denn, sie könnten die Sache der Kreuzfahrer behindern, aber er verurteilte diesen Angriff auf Konstantinopel nie ausdrücklich. Vielleicht war er der Meinung, dass die Einnahme von Konstantinopel ein Weg sein könnte, die östliche und die westliche Kirche wieder zu vereinen.

Endlich konnte die venezianische Flotte unter dem Kommando des Dogen Enrico Dandolo Ende Juni 1203 in den schlecht verteidigten Hafen von Konstantinopel einlaufen. Die Heere griffen sofort an und wurden aus einigen Vororten der Stadt zurückgeschlagen, so dass die Angreifer schließlich eine allgemeine Belagerung der gesamten Stadt planten. Die Belagerung begann am 11. Juli, doch die ersten Kämpfe begannen erst am 17. Juli. An diesem Tag erklommen die Venezianer die Mauern von Konstantinopel von der Seeseite her, und ein Teil des Kreuzfahrerheeres versammelte sich außerhalb der Mauern auf der Landseite zum Kampf. Das byzantinische Heer marschierte aus der Stadt hinaus, zog sich aber angesichts der Übermacht der Kreuzfahrer schnell wieder zurück. Kaiser Alexios III. verließ die Stadt, die Tore wurden geöffnet und Alexios IV. zum Kaiser ausgerufen.

Alexios IV. konnte angesichts der leeren Staatskasse von Byzanz und der mangelnden Unterstützung seiner Adligen und Geistlichen, die die Eindringlinge aus der römischen Kirche hassten, nicht genügend Mittel aufbringen, um seine Schulden bei den Kreuzfahrern zu begleichen. Seine Untertanen lehnten sein Versprechen ab, die Ostkirche der Westkirche unterzuordnen, und weigerten sich, in dem von europäischen Adligen befehligten Kreuzfahrerheer zu dienen. Im Dezember 1203 brach ein Krieg zwischen den verärgerten Byzantinern und den Kreuzfahrern aus. Bei einem Palastputsch in Konstantinopel Ende Januar 1204 wurde Alexios gestürzt und später, am 8. Februar 1204, auf Befehl des Usurpators Alexios V. Doukas im Gefängnis erdrosselt.

Die Kreuzfahrer saßen nun vor Konstantinopel fest, ohne die nötigen Mittel, um ihr Ziel im Nahen Osten zu erreichen. Die Venezianer waren verärgert darüber, dass sie für ihre Bemühungen im Namen von Alexios IV. nicht wie verspochen belohnt worden waren. Die Adligen von Montferrat und die venezianischen Kaufleute trafen sich, um ihr weiteres Vorgehen zu besprechen. Natürlich kamen sie zu dem Schluss, dass, selbst wenn die byzantinische Schatzkammer erschöpft war, in der Stadt genügend Schätze vorhanden waren, um eine Belagerung zu rechtfertigen. Bei einem Angriff auf Konstantinopel am 12. April fuhren die venezianischen Galeeren nahe genug an die Stadtmauern heran, um die Soldaten über fliegende Brücken an Land zu bringen. Die Männer öffneten daraufhin die Stadttore und ließen eine Schar Ritter zu Pferde eindringen. Am nächsten Tag schwand der Widerstand der Bürger der Stadt mit dem Abzug von Alexios V. Doukas und dem Großteil der byzantinischen Oberschicht. Die Kreuzfahrer und Venezianer plünderten die Stadt. Laut Villehardouin war sie *„eine Stadt, die reicher war als jede andere seit Anbeginn der Zeit"*. Was die Reliquien anbelangte, so waren diese von unbeschreiblichem Wert. Die Plünderer häuften Schätze im Wert von 900.000 Mark an. Dieser Gewinn wurde unter den Rittern und Soldaten je nach ihrem Rang aufgeteilt. Einige Kreuzfahrer waren in der Lage, ihre Schulden für die Kosten ihrer Überfahrt bei den Venezianern zu begleichen, andere schafften dies jedoch nicht.

In den folgenden drei Tagen plünderten die Kreuzfahrer die Stadt und terrorisierten die verbliebenen Einwohner, die von den meisten Adligen im Stich gelassen worden waren. Bei der Plünderung von Konstantinopel wurden auch zahlreiche antike und mittelalterliche Kunstwerke zerstört oder gestohlen. Vier Bronzepferde, die das Hippodrom schmückten, wurden von den Venezianern auf eine ihrer Galeeren verfrachtet. Diese monumentalen Skulpturen aus dem 4. Jahrhundert v. Chr. wurden dann nach Venedig verschifft und über der Vorhalle der Basilika San Marco aufgestellt, wo sie noch heute stehen. Das Schicksal der Bronzepferde war nicht dasselbe wie das einer riesigen Bronzeskulptur des Herkules, die ebenfalls auf das 4. Jahrhundert v. Chr. zurückgeht. Diese wurde von ihrem Sockel gestürzt und eingeschmolzen. Die Kreuzfahrer, denen es an einer wirksamen Führung fehlte, wüteten in der Stadt. Sie zerstörten nicht nur die Bibliothek von Konstantinopel, die rund 100.000 Handschriften enthalten haben könnte, sondern zerschlugen und schmolzen auch die Schätze in Kirchen, Klöstern und Stiften ein. Das venezianische

Heer war disziplinierter, und anstatt die gefundenen Schätze zu zerstören, sammelte es sie ein und verschiffte sie nach Hause. Die bei der Plünderung der Stadt erbeuteten Goldmünzen reichten aus, um die Schulden der Kreuzfahrer bei den Venezianern zu begleichen, und es blieb genug übrig, um unter allen europäischen Rittern aufgeteilt zu werden.

Nur eine kleine Handvoll Ritter schaffte es tatsächlich bis zu ihrem Ziel, dem Heiligen Land. Nachdem Papst Innozenz III. von der Zerstörung Konstantinopels erfahren hatte, tadelte er die Ritter scharf, ohne jedoch eine Strafe auszusprechen. Vielmehr nahm er die gestohlenen Schätze an, die ihm zugesandt wurden, und erkannte die neue Autorität im byzantinischen Reich an.

Konstantinopel stand nun unter der Kontrolle der Lateiner, wie die Kreuzfahrer damals genannt wurden. Die Stadt wurde einem neuen Kaiser unterstellt. Die Wahl der europäischen Invasoren fiel auf Baldwin, den Grafen von Flandern. Baldwins Schwager Philipp hatte Baldwins Schwester, Königin Isabella I. von Frankreich, geheiratet. Baldwin, dessen Schwester 1190 gestorben war, hatte das Kreuz angenommen, nachdem er im Jahre 1200 einen Vertrag mit seinem Erzfeind, dem König von Frankreich Philipp II. unterschrieben hatte. Er zeichnete sich durch seine Frömmigkeit und Tugendhaftigkeit aus, und seine Fähigkeiten als Anführer waren dem nominellen Anführer des Kreuzzugs, Bonifatius von Montferrat, weit überlegen. Baldwin wurde am 16. Mai 1204 zum Kaiser gekrönt.

Baldwins Reich war wie ein europäischer Feudalstaat organisiert. Adlige erhielten Lehen in eroberten byzantinischen Gebieten. Nach der Krönung Baldwins wurde von Papst Innozenz III. ein Bündnis zwischen den Bulgaren und dem Kaiser ausgehandelt. Damit sollten die Grenzen des Lateinischen Reiches von Konstantinopel gesichert werden. Der Frieden währte jedoch nicht lange, da die Kreuzfahrer in die Gebiete eindrangen, die unter der Kontrolle des bulgarischen Königs oder Zaren Kalojan standen. Dieser brach daraufhin sein Bündnis mit Baldwin und verbündete Bulgarien mit den Griechen in Thrakien. Im Frühjahr 1205 lehnten sich die Bürger von Adrianopel gegen ihre lateinischen Oberherren auf. Baldwin führte möglicherweise nur 4.000 seiner Truppen und venezianische Kämpfer aus Konstantinopel heraus in den Kampf und belagerte die Stadt Adrianopel. Als Kalojan von der Belagerung erfuhr, brachte er sein Heer von Bulgarien aus nach Süden. Sein Heer bestand aus 54.000 Mann. Am 14. April 1205 lockte Kalojan Baldwins Heer in einen Hinterhalt, tötete viele der Ritter und nahm Baldwin gefangen. Baldwin starb um 1205 in der mittelalterlichen Hauptstadt Bulgariens, Veliko Tarnovo, im Gefängnis (sein genauer Todeszeitpunkt kann nicht endgültig belegt werden da Kalojan lediglich behauptete er sei verstorben, ohne ausreichende Beweise zu liefern). Nachdem die Venezianer ihren Vertrag zur Verteidigung Baldwins bis zum Jahr 1205 erfüllt hatten, bestiegen sie ihre Schiffe und segelten zurück nach Hause.

Baldwin wurde 1206 von seinem jüngeren Bruder Heinrich von Flandern abgelöst, der sich 1204 bei der Belagerung von Konstantinopel ausgezeichnet hatte. Unter seiner Führung dehnte das Lateinische Reich von Konstantinopel seine Kontrolle über die byzantinischen Territorien aus. Diese wurden von Heinrich an wichtige Adlige der Kreuzfahrer abgetreten. Einer von ihnen war Bonifatius von Montferrat, der seine Ritter in die zweitgrößte byzantinische Stadt, Thessaloniki, führte, wo er trotz der gegenteiligen Anweisung von Papst Innozenz III. als Herrscher agieren wollte. Er nahm den Titel des Königs von Thessalien an. Anschließend setzte Bonifatius seine Aggressionen fort und brachte den größten Teil Griechenlands und Mazedoniens unter seine Kontrolle. Bei seinen feindlichen Handlungen gegen die byzantinischen Christen wurde er von Kaiser Heinrich unterstützt. Der erfolgreichste Gegner der Expansion des Lateinischen Reiches von Konstantinopel war der Zar von Bulgarien, Kalojan. Montferrats Herrschaft als König von Thessalien wurde nach zwei Jahren beendet, als er am 4. September 1207 in einer Schlacht mit den Bulgaren getötet wurde.

Den historischen Aufzeichnungen zufolge war Heinrich ein großmütiger Kaiser, der sogar so weit ging, Berater und Soldaten aus den Reihen des byzantinischen Adels in Konstantinopel zu rekrutieren. Obwohl er eigentlich ein Fremder im Lande war, behandelte er die Menschen in der Stadt, als wären sie seine eigenen Untertanen. In diesem Sinne widersetzte er sich beispielsweise auch den Anordnungen des päpstlichen Legaten, eines persönlichen Vertreters des Papstes, der nach Konstantinopel geschickt worden war, um die orthodoxen Geistlichen zu inhaftieren und ihre Kirchen zu schließen.

Die Herrschaft Heinrichs endete mit seinem Tod am 11. Juni 1216. Es besteht kein Zweifel daran, dass er vergiftet wurde, aber wer ihn ermordet hat oder auf wessen Befehl dies geschah, ist umstritten. Viele glauben, dass seine zweite Frau Maria von Bulgarien, die Tochter des bulgarischen Zaren Kalojan, die Tat begangen haben könnte.

Heinrichs Schwager Peter II. von Courtenay wurde sein Nachfolger, ein Mann, der am Dritten Kreuzzug teilgenommen und gegen die Feinde der Kirche in Frankreich gekämpft hatte. Er verließ seine Heimat in Nordfrankreich und machte sich mit einem Gefolge von Rittern auf den Weg nach Rom, wo ihn Papst Honorius III. am 9. April 1217 zum Kaiser von Konstantinopel krönte. Auf dem Weg nach Konstantinopel, um sein Reich einzufordern, wurde er vom byzantinischen Herrscher von Epirus, Theodore Komnenos Doukas, gefangen genommen. Peter von Courtenay starb nach zwei Jahren der Gefangenschaft.

Als die Nachricht von Peters Tod Frankreich erreichte, wurde sein Sohn, Robert von Courtenay, zum Kaiser von Konstantinopel erklärt. Auf dem Weg zur Übernahme der Herrschaft über die Hauptstadt des Lateinischen Reiches kämpfte er gegen Kaiser Theodore Doukas vom Reich von Thessaloniki, der nur eine schwache Kontrolle über Teile des Reiches in Europa hatte. Roberts Ritter und Fußsoldaten wurden besiegt, und seine Autorität in Griechenland wurde von Theodore Doukas an sich gerissen. Robert musste auch die Kontrolle über Anatolien an den so genannten byzantinischen Kaiser von Nizäa abtreten, der der zweite Anwärter auf den byzantinischen Kaiserthron war, und den Namen Theodore I. Lascaris trug. In einem Streit um seine geplante Heirat und damit um die Nachfolge auf dem Kaiserthron wurde Robert von burgundischen Rittern aus Konstantinopel vertrieben. Er floh nach Rom, um den Papst um Hilfe zu bitten. Auf seiner Rückreise nach Konstantinopel im Jahr 1228 verstarb Robert.

Baldwin II., der damals nur elf Jahre alt war, wurde unter der Regentschaft von Johannes von Brienne zum Kaiser ausgerufen. Während seiner gesamten Regierungszeit von 1228 bis 1273 war Baldwin II. ständig auf der Suche nach Geld, um die Verteidigung seines Reiches zu finanzieren, das aus kaum mehr als der Stadt selbst bestand. Im Jahr 1236 wandte er sich an potenzielle Geldgeber in Europa und hatte damit einen gewissen Erfolg. Um Geld aufzutreiben, bediente er sich der Dornenkrone, die Jesus vor seiner Kreuzigung aufgesetzt worden war. Sie hatte einst den Byzantinern gehört, war aber später an einen venezianischen Kaufmann als Sicherheit für ein Darlehen verpfändet worden. Von dort aus wurde die Krone nach Paris gebracht und 1238 an Ludwig IX. übergeben. Dieser erbaute eines der Juwelen der gotischen Architektur, die elegante Sainte-Chapelle, hauptsächlich um diese Reliquie unterzubringen. (Nach der Französischen Revolution wurde die Dornenkrone in der Kathedrale Notre Dame aufbewahrt. Sie gehörte zu den Schätzen der Kathedrale, die von Feuerwehrleuten während des Brandes am 15. April 2019 gerettet wurden.)

Trotz der Anwerbung einiger Soldaten und der Beschaffung dringend benötigter Geldmittel war Baldwin nicht dazu in der Lage, Konstantinopel zu verteidigen, und so wurde die Stadt am 24. Juli 1261 von den Griechen überrannt, was das Ende des Lateinischen Reichs von Konstantinopel bedeutete, auch wenn der Titel formal noch bis 1383 gehalten wurde. Die Byzantiner setzten Michael VIII. Palaeologus als Kaiser ein. Baldwin II. entkam und lebte anschließend zurückgezogen in Frankreich.

Kinderkreuzzug von 1212

Da die dokumentarischen Belege für den Kinderkreuzzug eher als Mythen und Legenden denn als Tatsachen angesehen werden, wird er üblicherweise nicht mit in die fortlaufende Nummerierung der christlichen Expeditionen in den Osten aufgenommen. Nichtsdestotrotz ist es sinnvoll, auch diesen besonderen Kreuzzug genau zu betrachten, weil er zu einem besseren Verständnis des Ethos des christlichen Europas inmitten der langen und anhaltenden Leidenschaft für die Kreuzzüge beitragen kann.

Der Kinderkreuzzug bestand laut der vorhandenen Aufzeichnungen aus zwei Wellen. Es heißt, dass ein deutscher Hirtenjunge aus Köln namens Nikolaus aufgeschlossenen Kindern von einem Kreuzzug predigte. Diese wiederum überredeten andere, sich ihnen auf ihrem Weg anzuschließen. Nachdem sie sich versammelt hatten, führte Nikolaus eine Gruppe von Jüngern, die einigen Aufzeichnungen zufolge bis zu 21.000 Kinder umfasst haben könnte, über die Alpen nach Italien. In der *Chronica regia Coloniensis*, der königlichen Chronik von Köln, findet sich die folgende Passage.

Viele Tausende von Knaben [multa milia puerorum] im Alter von sechs Jahren bis zum Mannesalter verließen die Pflüge oder Wagen, die sie fuhren, die Herden, die sie hüteten, und alles andere, was sie taten. Dies taten sie gegen den Willen ihrer Eltern, Verwandten und Freunde, die sie zum Umdrehen bewegen wollten. Plötzlich rannte einer nach dem anderen los, um das Kreuz zu ergreifen [crucibus se signaverunt]. In Gruppen aus Zwanzig, Fünfzig oder Hundert zogen sie mit aufgerichteten Bannern nach Jerusalem [Iherosolimam ire ceperunt]. Die Kinder behaupteten, der Wille Gottes habe sie zu diesem Kreuzzug veranlasst. Trotzdem erreichte ihre Expedition am Ende nicht ihr Ziel.

Auf der Reise nach Süden, insbesondere auf den tückischen Wegen durch die Alpen, starben zwei Drittel der Kreuzfahrer. Ihr Ziel war Genua, wo sich, laut Nikolaus, durch Gott das Meer teilen würde, sodass die Kreuzfahrer dann zu Fuß bis ins Heilige Land ziehen konnten. Als dies nicht geschah, wendeten sich einige von den Reisenden gegen Nikolaus, während andere auf das Wunder einer trockenen Passage in den Osten warteten. Die Genueser hatten Mitleid mit den gestrandeten jungen Kreuzfahrern, die vor ihrer Haustür lagerten, boten ihnen eine sichere Zuflucht an und nahmen sie mit in die Stadtbevölkerung auf. Nikolaus, der sich durch das Versagen Gottes, einen trockenen Weg ins Heilige Land zu ermöglichen, nicht entmutigen ließ, führte einige seiner verbliebenen Anhänger nach Rom, wo sie mit Papst Innozenz III. zusammentrafen, der ihnen mitteilte, dass sie zu jung seien, um weiter in Richtung Osten zu ziehen. Nach diesem Zusammentreffen verschwindet Nikolaus aus den historischen Aufzeichnungen. Man betrachtet es daher als wahrscheinlich, dass er bei der Rücküberquerung der Alpen ums Leben kam.

Eine zweite Welle junger Kreuzfahrer formierte sich in Frankreich unter der Führung des charismatischen zwölfjährigen Stephan von Cloyes. Er sagte, dass er in einem Traum einen Brief von Christus erhalten habe, der an den König von Frankreich gerichtet worden sei. Stephen versammelte 30.000 Jünger, darunter auch einige Erwachsene, die von der Frömmigkeit der Gruppe und der mystischen Kommunikation, die viele der Kinder mit Gott zu haben behaupteten, beeindruckt waren. Die Kreuzfahrer begaben sich nach Saint-Denis, um sich mit dem französischen König Philipp II. zu treffen. Der zeigte sich von ihrem Anliegen unbeeindruckt und forderte sie alle vermutlich dazu auf, in ihre Heimat zurückzukehren. Unerschrocken begab sich Stephan in eine nahe gelegene Abtei und predigte weiter zum Aufbruch zu seinem heiligen Kreuzzug. Auf dem Weg nach Süden verringerte sich die Zahl der Kreuzfahrer, und als sie Marseille erreichten, war höchstens noch die Hälfte übrig. Da sie keine Transportmöglichkeit ins Heilige Land finden konnten, löste sich die Gruppe auf, und diejenigen, die nicht nach Hause zurückkehrten, wurden von skrupellosen Kaufleuten gefangen genommen und in die Sklaverei verkauft.

Seitdem haben viele Historiker der modernen Zeit versucht, die Bedeutung der Geschichte der Kinderkreuzzüge zu ergründen. Einer sagte, sie stehe für eine Warnung vor „krankem religiösem Emotionalismus". Eine andere Einschätzung hält sie für eine archetypische moralische Geschichte von einer Gruppe von Unschuldigen, die sich für ihren Glauben opferten. Wieder andere halten die Geschichte für ein Beispiel ritterlicher Frömmigkeit mit einem Antikriegsmotiv. Einige Kommentatoren schrieben, es handele sich um einen Lobgesang auf die Armen und Besitzlosen, die sich aus ihrem Elend befreien wollen. Eine genaue Lektüre der Texte über den Kinderkreuzzug legt nahe, dass die Teilnehmer nicht alle Kinder waren, sondern einfach nur eine Gruppe von denjenigen, die unter der harten Arbeit in der Landwirtschaft litten, wie die *Chronica regia Coloniensis* aus dem Jahr 1213 in der oben zitierten Passage es andeutet.

Kapitel 7 - Der Fünfte Kreuzzug (1217-1221)

Die Abzweigung des Vierten Kreuzzugs nach Konstantinopel wurde von vielen im Westen als Beweis für den venezianischen Verrat gewertet, der durch die Gier der Kaufleute motiviert war, mit dem Ziel, den Seehandel im Osten zu monopolisieren. Papst Innozenz III. war vom Vierten Kreuzzug enttäuscht worden, weil dieser nur Kämpfe unter Christen zur Folge gehabt hatte. Die Kreuzfahrer hatten nichts für die Vertreibung der Muslime aus dem Heiligen Land getan.

Nach dem Ende des Vierten Kreuzzugs hatte Papst Innozenz III. nicht nur muslimische Feinde im Sinn. In Südfrankreich hatte eine ketzerische Sekte von Christen, die Katharer, auch bekannt als Albigenser (benannt nach der Stadt Albi), wo die Bewegung zuerst Fuß fasste, die kirchliche Macht an sich gerissen und die katholische Kirche so hintergangen. Die Katharer, die an zwei Gottheiten glaubten, die eine gut, die andere böse, erklärten sich für unabhängig von der Autorität der Kirche, da sie diese für durch und durch korrupt hielten. Des Weiteren bemängelten sie die ihrer Ansicht nach zahlreichen Irrlehren, die die katholische Kirche verbreitete. Die Katharer waren außerdem auch Quasi-Feministen. Nach ihrem Glauben vertraten sie die Auffassung, dass sowohl Frauen als auch Männer die heiligen Sakramente spenden konnten. Dies war der patriarchalischen katholischen Kirche ein Dorn im

Auge. Die Ermordung seines Gesandten am Hof des Grafen Raymond VI. von Toulouse im Jahr 1208 beendete den bis dahin friedlichen Versuch von Innozenz III., die Katharer von den Irrtümern ihres Glaubens zu überzeugen. Er exkommunizierte den Grafen Raymond, der selbst gar kein Katharer war, da er im Umgang mit der ketzerischen Sekte zu nachsichtig gewesen sei. Um die Ketzer mit dem Schwert zu vernichten, forderte Innozenz den französischen König Philipp II. dazu auf, einen Kreuzzug gegen die Ketzer in Südfrankreich zu beginnen. Weder Philipp noch sein Sohn Ludwig schlossen sich dem Kreuzzug an, aber zahlreiche Adlige aus dem Norden ritten ins Languedoc, da man ihnen versprochen hatte, dass sie alle Ländereien, die sie dort eroberten, behalten konnten.

Die Kreuzfahrer, die unter dem Kommando des päpstlichen Legaten, dem Abt von Cîteaux, standen, griffen in ihrem ersten Gefecht mit den Katharern am 22. Juli 1209 die Stadt Béziers an. Bei dieser Schlacht massakrierten sie etwa 7.000 Einwohner, wobei sie sich wenig Mühe dabei gaben, zwischen Katharern und Katholiken zu unterscheiden. Es folgte eine lange Reihe von Belagerungen und Massakern, bei denen die so genannten Albigenser-Kreuzfahrer die abtrünnige Sekte besiegten. Die Katharer wurden anschließend von der im Jahre 1233 gegründeten Inquisition gejagt und hingerichtet.

Der Kreuzzug gegen die Katharer war nicht der einzige Kreuzzug, der auf europäischem Boden stattfand. Auch auf der iberischen Halbinsel wurde der Gedanke an einen Kreuzzug heraufbeschworen, diesmal um die Vertreibung der Mauren aus den spanischen und portugiesischen Gebieten zu beschleunigen. Der als Reconquista bezeichnete Kampf gegen die Muslime oder Mauren wendete sich im Sinne eines von Papst Innozenz III. ausgerufenen Kreuzzuges zugunsten der Christen. Die Koalition aus Monarchen und Adligen aus Spanien und Frankreich schloss sich mit Alfons VIII., dem König von Kastilien, zusammen, um sich den Anführern des Almohaden-Kalifats im Süden der Iberischen Halbinsel geschlossen entgegenzustellen. Unter Kalif al-Nasir überquerte eine Armee nordafrikanischer Muslime die Straße von Gibraltar, um die muslimische Kontrolle über Al-Andalus (das heutige Andalusien) zu festigen. Die riesige muslimische

Streitmacht drohte nach Norden vorzustoßen und die christlichen Streitkräfte zu verdrängen, die zu dieser Zeit etwa die Hälfte Spaniens fest im Griff hatten. Die Koalition von Alfons VIII. aus französischen und spanischen Adligen und Monarchen griff die Muslime an. In der Schlacht von Las Navas de Tolosa überraschten die Christen die Mauren und schlugen sie am 16. Juli 1212 vernichtend. Alfonso drang daraufhin nach Süden in Richtung Andalusien vor, wo seine Armee eine große Zahl von Muslimen massakrierte und versklavte. Einer zeitgenössischen Chronik über den Feldzug zufolge wurden in dieser Schlacht möglicherweise bis zu 100.000 Muslime gefangen genommen. Nach der Schlacht von Las Navas de Tolosa begannen die Spanier und ihre Verbündeten damit, die Mauren langsam von der Iberischen Halbinsel zu vertreiben. Die Reconquista, die 781 Jahre lang andauerte, wurde mit der Kapitulation Granadas im Jahr 1492 abgeschlossen.

Während sich der Kreuzzug gegen die albigensischen Ketzer weiter entwickelte und die Mauren in Spanien an Boden verloren, erließ Innozenz 1213 eine päpstliche Bulle und fügte dieser 1215 eine weitere hinzu, in der er die gesamte Christenheit dazu aufrief, einen neuen Kreuzzug zu unterstützen, um das Heilige Land von den Muslimen zu befreien. Da die weltliche Führung des Vierten Kreuzzugs nichts zur Förderung dieser Sache beitragen konnte, beabsichtigte Papst Innozenz III. ein neues Kreuzfahrerheer unter die direkte Führung der Kirche zu stellen. Der offizielle Kreuzzug sollte im Jahr 1217 beginnen.

Dem Sprachrohr des Papstes in Frankreich, Kardinal Robert von Courçon, gelang es allerdings nicht, die französischen Adligen vom Ergreifen des Kreuzes zu überzeugen. Viele der Adligen waren damit beschäftigt, den mit den Albigensern sympathisierenden Adligen die Ländereien des Languedoc im Süden gewaltsam zu entreißen. Als Papst Innozenz III. im Juli 1216 plötzlich starb, übernahm sein Nachfolger Honorius III. die Leitung der Kreuzzugsvorbereitungen. Er stellte Gelder aus der päpstlichen Schatzkammer für das gewaltige Unterfangen bereit und erhob von den Kirchenbeamten und allen Geistlichen eine Steuer zur Finanzierung der Expedition in die Levante. Honorius sah die wichtigste Machtquelle für Kreuzfahrer im Heiligen Römischen Reich. Trotz des ständigen Drucks des Papstes zögerte der deutsche

König Friedrich II. mit der Aufstellung eines Heeres und der Einschiffung in das Heilige Land. Er schickte zwar einige Kontingente, doch waren diese nicht annähernd so groß, wie er es ursprünglich versprochen hatte.

Die einzigen Adligen, die die Frist für den Aufbruch des Kreuzzugs einhielten, waren Herzog Leopold VI. von Österreich, Herzog Otto I. von Meranien und König Andreas II. von Ungarn. Ihre Heere trafen sich in Spalato (Split) in Dalmatien und gingen an Bord der venezianischen Schiffe, um nach Akkon zu gelangen. Die Zahl der kämpfenden Männer, betrug vielleicht bis zu 10.000 Ritter und war so groß, dass sie in Wellen die Adria hinunter und nach Osten über das Mittelmeer transportiert werden mussten. Der Plan, von Akkon aus nach Ägypten weiterzusegeln, verzögerte sich, weil König Andreas, der krank war, im Januar 1218 beschloss, nach Ungarn zurückzukehren. Dadurch wurde das Kreuzfahrerheer so stark dezimiert, dass beschlossen wurde, man müsse auf Verstärkung aus Europa warten. Als diese schließlich eintraf, segelten die Kreuzfahrer nach Damiette an der Nilmündung.

Die Kreuzfahrer lagerten auf der anderen Seite des Nils gegenüber von Damiette und starteten mehrere Angriffe auf den Turm von Damiette. Sie wurden jedes Mal von den Verteidigern unter dem Kommando von Sultan Al-Kamil, dem vierten Herrscher der von Saladin gegründeten Ayyubiden-Dynastie in Ägypten, zurückgeschlagen. Die Kreuzfahrer entwickelten daraufhin eine raffinierte Lösung, um die Verteidigungsanlagen von Damiette zu durchbrechen, die aus drei Mauern, 28 Türmen und einem Graben bestanden. Nach einem Entwurf des Kirchenbeamten Oliver von Paderborn, der auch als Chronist des Kreuzzugs fungierte, banden die christlichen Soldaten zwei Schiffe aneinander und errichteten darauf eine burgähnliche Struktur mit einer hohen fliegenden Brücke. Die Konstruktion wurde neben den Turm von Damiette manövriert. Die Belagerung des Turms war fast zwei Monate lang gescheitert, doch an einem einzigen Tag gelang es der Belagerungsmaschine, den Turm auf diese Weise einzunehmen. Ende September 1218 traf die Verstärkung der Kreuzfahrer ein. Mit ihnen kam der spanische Kardinal Pelagius von Albano, der anschließend auch das Militärkommando über die Operation übernahm.

Im Februar 1219 ritt Sultan Al-Kāmil aus Furcht vor dem bevorstehenden Erfolg der Kreuzfahrer bei der Belagerung von Damiette in Richtung des heutigen Al Manṣūra weiter nilaufwärts. Er ließ seine Truppen im Stich, die ihm bald folgten und sich aus der Stadt stahlen. Die Kreuzfahrer zögerten und spielten ihren Vorteil nicht aus, sondern zogen es vor, die Stadt erst einmal zu umzingeln und dann abzuwarten. Sultan Al-Kāmil versuchte, Frieden zu schließen, und bot an, Jerusalem und das umliegende Gebiet zu übergeben, solange die Kreuzfahrer versprachen, aus Ägypten abzuziehen. Kardinal Pelagius lehnte dieses Angebot ab und blieb sogar dann bei dieser Entscheidung, als die Muslime anboten, den Deal mit einer beträchtlichen Geldzahlung zu versüßen. Pelagius' Unnachgiebigkeit war töricht, denn das Lager der Kreuzfahrer schrumpfte, weil einige Adlige und ihr Gefolge nach Hause abreisten. Er weigerte sich auch zu verstehen, dass die muslimischen Truppen kurz davorstanden, Verstärkung von Truppen aus dem fernen Syrien zu erhalten.

Inmitten der langwierigen Verhandlungen in Damiette traf ein italienischer Mönch, Franz von Assisi, der Gründer des Franziskanerordens, im Lager der Kreuzfahrer ein. Seine Reise vom Hauptquartier seines rasch expandierenden Ordens war eine von mehreren, die er unternahm, um das Evangelium zu verkünden. Als er in Damiette erschien, hatte er die Absicht, den Sultan von Ägypten zu bekehren oder bei diesem Versuch zum Märtyrer zu werden. In einer Zwischenphase der Auseinandersetzungen zwischen den Christen und Muslimen gelangte Franziskus zusammen mit einem Mitbruder in das Lager des Sultans. Den frühesten Biografien über Franziskus zufolge wurde er dort gut aufgenommen, konnte aber weder den Glauben des Sultans an den Koran noch den seiner Berater erschüttern. Daraufhin verließ Franziskus das Lager der Kreuzfahrer und segelte nach Akkon und dann weiter nach Italien.

Im April 1219 wurde das Lager der Kreuzfahrer von verstärkten muslimischen Truppen angegriffen. Die Kreuzfahrer hielten sie zurück, und Pelagius beschloss daraufhin, die Belagerung von Damiette wieder aufzunehmen. Der entschlossene Angriff scheiterte, und es folgte ein muslimischer Hinterhalt auf die Kreuzfahrer, bei dem bis zu 4 300 Menschen getötet wurden. Zu diesem Zeitpunkt versuchten die Ägypter, einen weiteren Friedensvertrag auszuhandeln. Während im Lager der Kreuzfahrer darüber verhandelt wurde, entdeckte man zufällig eine Schwachstelle in den Mauern von Damiette. Die Kreuzfahrer schwärmten über Leitern aus und nahmen die Stadt ohne Widerstand ein. Bei der Belagerung von Damiette starben mindestens 50.000 Menschen aufgrund von Versorgungsmangel und Krankheiten. Pelagius, ein anspruchsvoller und durch und durch unsympathischer Anführer, entfremdete die Anführer seines eigenen Heeres, denen sein Kampfstil missfiel und die seine Taktik ablehnten. Im Frühjahr 1220 verließ Johannes von Brienne, der König von Jerusalem, mit seinen Truppen Damiette in Richtung Akkon, und mehrere Kreuzfahrer zogen es vor, nach Europa zurückzukehren. Die Schwächung der Kreuzfahrertruppen wurde durch die Ankunft italienischer Truppenkontingente ausgeglichen, die von Bischöfen und Erzbischöfen angeführt wurden, welche allesamt als unfähige Befehlshaber galten.

Den Rest des Jahres überlebten die Kreuzfahrer in Damiette, während die Ägypter ihre Befestigungen in Al Manṣūra verstärkten. Nach der Rückkehr von König Johann von Jerusalem und der Ankunft der deutschen Kreuzfahrer befahl Pelagius den Kreuzfahrern, Al Manṣūra anzugreifen. Seine Truppen marschierten entlang des Nilufers nach Süden und wurden von einer Flotte von etwa 600 Schiffen und Galeeren flussaufwärts begleitet. In Vorbereitung auf eine Belagerung der gut befestigten Stadt schlugen die Kreuzfahrer ihr Lager auf. Pelagius, dem es völlig an taktischen Fähigkeiten mangelte, blockierte Al Manṣūra nicht, und die muslimischen Truppen in der Festung wurden im Wesentlichen durch muslimische Truppen aus Syrien verstärkt, die an einem Ort lagerten, der den Kreuzfahrern jede Möglichkeit des Rückzugs auf dem Landweg versperrte. Die Ägypter stellten Fallen auf dem Nil auf und zerstörten die Versorgungsschiffe der Kreuzfahrer. Als Pelagius schließlich erkannte, in welch großer Gefahr sich die Kreuzfahrer befanden, befahl er den sofortigen Rückzug nach Damiette. Es war ein völliges Fiasko. Die Muslime zerstörten die Deiche und überfluteten den einzigen Landweg nach Norden. Da die Kreuzfahrer in der Falle saßen und es ihnen an Vorräten mangelte, waren sie schließlich gezwungen, am 28. August 1221 einen Waffenstillstand auszuhandeln. Die muslimische

Kontrolle über Jerusalem wurde trotzdem nicht aufgegeben, so dass sich Innozenz' Idee, einen Kreuzzug unter das Kommando von Männern der Kirche zu stellen, endgültig als völliges Desaster erwies.

Kapitel 8 - Der Sechste Kreuzzug (1228-1229) - Friedrich II, der Herrscher des Heiligen Römischen Reiches trägt das Kreuz

Friedrich II war der mächtigste Herrscher Europas in der ersten Hälfte des 13. Jahrhunderts. Er war der Kaiser des Heiligen Römischen Reiches. Der Sohn von Kaiser Heinrich VI. wurde 1196 im Alter von zwei Jahren zum König der Deutschen gewählt und im Alter von drei Jahren zum König von Sizilien ernannt. Seine Mutter Konstanze regierte Sizilien als Regentin, und nach ihrem Tod im Jahre 1198 wurde Friedrich unter die Vormundschaft von Papst Innozenz III. gestellt. Bevor er die Volljährigkeit erreichte, hatte sich Friedrichs Königreich Sizilien in eine Reihe unabhängiger Fürstentümer aufgelöst, deren Barone und Abenteurer die kaiserliche Autorität an sich gerissen hatten. Ein ähnliches Problem hatte Friedrich in Deutschland, wo er selbst nach seiner Krönung zum König im Jahr 1212 die Macht mit einem rivalisierenden deutschen König, Otto IV. teilen musste. Nach Ottos Tod im Jahr 1218 bemühte sich Friedrich, die Unterstützung des deutschen Adels zu gewinnen, und 1220 wurde er endlich von Papst Honorius

III. zum römischen Kaiser gekrönt. Friedrich verbrachte den ersten Teil seiner Regierungszeit in Sizilien, wo er seine Macht über den Staat durch die Verkündung der Konstitutionen von Melfi im Jahr 1231 festigte. Diese Gesetze gewährleisteten den Vorrang des geschriebenen Rechts über lokale Traditionen und stellten sicher, dass Friedrich als absoluter Monarch herrschen konnte.

Im Jahr 1225 heiratete Friedrich II. Isabella II., die Tochter von Johann von Brienne, dem König von Jerusalem. Nun war der Kaiser nicht mehr damit beschäftigt, seine Macht über seine Ländereien in Deutschland und Italien zu festigen. Er verfügte endlich über ein bedeutendes Ehebündnis, das ihm einen gewissen Anspruch auf die Macht im Heiligen Land verschaffte. Angesichts dieser Tatsache versammelte er sein Heer umgehend im italienischen Brindisi. Aber kurz nachdem sich seine Kämpfer im August 1227 an Bord ihrer Schiffe begeben hatten, starben Friedrichs Truppen an einer Epidemie. Die Flottille kehrte nach Brindisi zurück, woraufhin Papst Gregor IX. Friedrich II exkommunizierte, weil er sein Kreuzzugsgelübde nicht erfüllt hatte. Der Papst hatte insgeheim noch andere Gründe für die Bestrafung Friedrichs, da der Kaiser viele Jahre lang seine Pflichten gegenüber der Kirche vernachlässigt hatte, indem er mit Gewalt versuchte, päpstliche Ländereien in Italien zu enteignen.

Friedrich ignorierte seine Exkommunikation und brach 1228 erneut nach Akkon auf. Auf dem Weg dorthin lenkte er seine Flotte nach Zypern um. Er beanspruchte die Insel als Lehen, die eigentlich seit der Eroberung durch Richard Löwenherz während des Dritten Kreuzzugs dem Heiligen Römischen Kaiser unterstellt war. Er verlangte, dass der Regent von Zypern, Johannes Ibelin, der auch der alte Herr von Beirut genannt wurde, seine Autorität über Zypern und Beirut aufgab.

Nachdem Friedrich seine Herrschaft über Zypern gesichert hatte, segelte er nach Akkon. Bei seiner Ankunft stellte er fest, dass die Bewohner der Stadt, die nun die nominelle Hauptstadt des Königreichs Jerusalem war, seiner Anwesenheit feindlich gegenüberstanden. Der Patriarch, das Oberhaupt der Ostkirche, und der Klerus, der wusste, dass er exkommuniziert worden war, weigerten sich entschlossen, seinen Kreuzzug zu unterstützen. Die Adligen zögerten, seinen Befehlen zu folgen, da sie befürchteten, dass sie ihre Lehen in Syrien in die Abhängigkeit des römischen Kaisers hätten bringen müssen. Sie hielten Friedrich außerdem vor, dass er von Johannes Ibelin den Verzicht auf seine Oberhoheit über Beirut, die Hauptstadt des heutigen Libanon, verlangt hatte.

Der Verlust der lokalen Autorität, d. h. die Huldigung eines Königs, Fürsten oder anderen Adligen, war für die Kreuzfahrer, die sich im Nahen Osten niedergelassen hatten, eine ernste Angelegenheit. Für sie stand viel mehr auf dem Spiel als bloße Macht. Sie hatten sich ein Leben eingerichtet, das dem eines Adligen in Europa entsprach, und profitierten von den Einkünften aus den von ihnen angeeigneten Ländereien im Ausland. John Ibelin zum Beispiel ließ beim Wiederaufbau von Beirut nach der Eroberung der Stadt durch Saladin einen grandiosen Familienpalast errichten, in dem er in einer märchenhaften Umgebung schwelgen konnte. Der Palast wurde von einem Besucher im Jahr 1212 beschrieben. Der zentrale Saal hatte ein Pflaster *„aus Marmor, dass das Wasser imitiert, das von einer leichten Brise bewegt wird. Und zwar so geschickt, dass derjenige, der darauf tritt, das Gefühl hat, zu waten, und sich wundert, dass er keinen Abdruck im abgebildeten Sande hinterlässt."* In der zentralen Halle stand *„ein Marmorbrunnen mit einem Drachen als Mittelstück"* dessen *„Düsen die Luft kühlten und dessen Rauschen des Wassers insgesamt beruhigend wirkte".* Die Decke war mit einem Fresko bemalt, das den Himmel darstellte, *„mit so lebensechten Farben, dass die Wolken vorbeiziehen, der Westwind weht und da die Sonne durch ihre Bewegung das Jahr und die Monate, die Tage und die Wochen, die Stunden und die Augenblicke im Tierkreis zu markieren scheint."* Es ist nicht verwunderlich, dass Johannes Ibelin, der sich und seinen Hof in einer solch prächtigen Umgebung angesiedelt hatte, Friedrichs Pläne zur Angliederung des Heiligen Landes an das Heilige Römische Reich fürchtete. Falls er gezwungen wurde, Friedrich zu huldigen und sich seiner untertan zu machen, müsste er einen Teil seiner Einkünfte an seinen Lehnsherren abtreten.

Friedrichs Heer, das zu klein war, um gegen die Truppen des ägyptischen Sultans Al-Kāmil anzutreten, konnte nur auf dem Verhandlungsweg auf einen Erfolg seiner Mission hoffen. Glücklicherweise war der Sultan mit der Niederschlagung von

Rebellen in Syrien beschäftigt, so dass er in einem am 18. Februar 1229 unterzeichneten Vertrag Friedrichs Bedingungen zustimmte. In diesem Vertrag erklärte er sich dazu bereit, Jerusalem sowie die wichtigen Pilgerstädte Nazareth und Bethlehem und die Städte Sidon und Jaffa an die Christen abzutreten. Die Kontrolle über den Tempelberg, die Al-Aqsa-Moschee und den Felsendom in Jerusalem gaben die Muslime dabei nicht ab. Der Waffenstillstand, den der Vertrag vorsah, sollte zehn Jahre lang andauern.

Friedrich, der sich im Ruhm seines diplomatischen Coups sonnte, zog am 17. März 1229 triumphal in Jerusalem ein. Anschließend ließ er sich zum König von Jerusalem krönen. In Wirklichkeit erhielt er nur die Macht als Regent anstelle seines Sohnes Konrad, der durch seine Mutter Isabella II. der eigentliche Thronfolger von Jerusalem war. Der lateinische Patriarch von Jerusalem, Gerold von Lausanne, der sich beharrlich weigerte, sich der Autorität Friedrichs zu beugen, nahm an der so genannten Krönung nicht teil. Am nächsten Tag stellte der lateinische Patriarch die Stadt unter ein Interdikt, ein Verbot, das die Teilnahme an bestimmten Riten untersagt.

Im Mai 1229 verließ Friedrich Jerusalem und segelte zurück nach Europa. Obwohl sein Kreuzzug keine Schlachten beinhaltete, hatte er den europäischen Monarchen, die in seine Fußstapfen treten sollten, bewiesen, dass Abenteuer im Heiligen Land keiner päpstlichen Autorität bedurften. Sein Kreuzzug war eine rein weltliche Mission gewesen.

Der Adel und der Klerus des Königreichs Jerusalem weigerten sich, der Aufnahme des Königreichs durch den bereits verstorbenen Friedrich in sein Reich zuzustimmen. Die Barone, unter denen sich auch Johannes Ibelin befand, der noch immer unter seiner Behandlung auf Zypern litt, gehörten zu denjenigen, die sich den Vertretern des inzwischen verstorbenen römischen Kaisers widersetzten. Friedrichs Vizekönig wurde dementsprechend innerhalb weniger Monate aus Akkon vertrieben.

Nach seiner Rückkehr nach Europa wurde Friedrichs Exkommunikation im Vertrag von Ceprano, der im August 1230 unterzeichnet wurde, offiziell wieder aufgehoben. Noch wichtiger war aber die Vereinbarung zwischen Friedrich II. und Papst Gregor IX. über die Einstellung der Feindseligkeiten wegen der vom

Papsttum beanspruchten Gebiete, die noch vor dem Tode Friedrichs geschlossen worden war.

Kapitel 9 - Der Siebte Kreuzzug (1248-1254)

Der von Friedrich vermittelte Frieden im Heiligen Land endete, als Jerusalem von einem Heer der Khwarezmier angegriffen wurde. Diese sunnitisch-muslimischen Türken waren von den einfallenden Mongolen aus ihren Lebensräumen in Zentralasien und im Iran vertrieben worden. Angesichts des Zusammenbruchs ihres Reiches zogen die Khwarezmier nun nach Süden und ersuchten ein Bündnis mit den ägyptischen Mamelucken. Auf dem Weg dorthin belagerten sie Jerusalem und nahmen es im August 1244 ein. Sie töteten alle bis auf 2.000 Einwohner, die in der Stadt verblieben waren, und machten deren Verteidigungsanlagen und Gebäude dem Erdboden gleich.

Während die europäischen Christen gleichzeitig Spanien zurückeroberten und das Heilige Land verloren, entstand im Osten eine neue Geißel der Sicherheit. Das riesige Reich, das der Mongole Dschingis Khan gegründet hatte und das seine Söhne und Enkel nach seinem Tod im Jahr 1227 weiter ausbauten, erstreckte sich vom Pazifischen Ozean bis zu den Küsten des Schwarzen Meeres. Zu ihren westlichsten Eroberungen gehörten Georgien, die Krim und die Kiewer Rus. Diese Gebiete waren die Beute von Batu Khan, einem Mongolenherrscher und Begründer der Goldenen Horde. Die Mongolen besiegten die Adligen der Kiewer Rus einen nach dem anderen, darunter auch den Herrscher des Fürstentums

Wladimir-Suzdal, zu dem auch Moskau gehörte. Die Sicherheit des Territoriums wurde durch die Übergabe eines jungen Prinzen, Alexander Jaroslawitsch, als Geisel an Batu, gewährleistet. Der junge Alexander nahm die Kultur des Hofes der Goldenen Horde auf, heiratete eine Tochter von Batu Khan und wurde als Mongolenfürst in Nowgorod eingesetzt, wo er die Mongolen gegen die Schweden und die Deutschen verteidigte. In der Schlacht an der Newa im Juli 1240 besiegte er die Schweden und erhielt wegen seiner militärischen Fähigkeiten den Beinamen „Newski" (was so viel wie „der vom Fluss Newa" bedeutete). Weniger als zwei Jahre später zerschlug er eine weitere Invasion, diesmal handelte es sich um eine kombinierte deutsch-lettische Streitmacht, die in der Schlacht auf dem Eis vernichtend geschlagen wurde. Während Newski als mongolischer Ersatzkrieger gedieh, belagerte Batu im Dezember 1240 Kiew. Anschließend zog er weiter nach Polen, Ungarn und Transsylvanien und dann in den Süden in Richtung Kroatien. Die Mongolen planten, an ihre Erfolge anzuknüpfen und einen Großangriff auf Deutschland, Österreich und Italien zu starten. In Erwartung seiner künftigen militärischen Erfolge in Europa forderte Batu den Rücktritt des römischen Kaisers Friedrich II. Die Bedrohung durch die Mongolen reichte Papst Gregor IX. aus, um zu einem Kreuzzug gegen ihre Heere aufzurufen. Mitteleuropa blieb hauptsächlich deshalb von der mongolischen Invasion verschont, da sich die Geißel aus dem Osten 1242 zurückzog, um die Nachfolgefrage zu regeln.

Die Kreuzfahrer hatten eine komplizierte Beziehung zu den Mongolen in der Levante. Zunächst erlaubten sie den Mamelucken, ungehindert durch ihr Gebiet zu ziehen, um die Mongolen 1260 in der Schlacht von Ain Jalut zu besiegen. Doch schon bald änderten die Europäer ihre Taktik und verpflichteten die Mongolen als Verbündete in ihrem Kampf gegen die Muslime. Im Zuge der Bündnisbildung schrieb der Papst an die mongolischen Anführer und forderte sie dazu auf, zum westlichen Christentum überzutreten. Diese Idee war nicht völlig unrealistisch, denn einige Mongolen am Hof waren nestorianische Christen, Mitglieder einer häretischen frühchristlichen Sekte, die im Perserreich und in den verschiedenen muslimischen Dynastien, die das persische Hochland beherrschten, das sich nun vollständig in der Hand der Mongolen befand, überlebt hatte. Ein Bürgerkrieg im

Mongolenreich setzte ihrer Fähigkeit, als Verbündete der Christen zu kämpfen, ein Ende.

Im Mittelalter waren die Europäer von ihren Glaubensgenossen, den Nestorianern, und von den Mongolen, so häretisch sie gewesen sein mögen, sehr fasziniert. Das geht aus einem gefälschten Brief, der angeblich im 12. Jahrhundert von Priester Johannes, einem legendären Ältesten einer frühchristlichen Gruppe namens Nestorianer, der in Indien verschwunden sein soll, an den byzantinischen Kaiser Manuel I. Komnenos geschrieben wurde, hervor. Der Brief erzählte von den Wundern des Ostens und dem nestorianischen Christentum. Die Legende von Priester Johannes war so tief in den Köpfen der Europäer verwurzelt, dass man glaubte, ein Nachkomme von Priester Johannes, König David von Indien, sei auf dem Weg zum Königreich Jerusalem und würde es von der muslimischen Bedrohung befreien. Es kam zu einer Verwechslung zwischen einer angeblichen christlichen Nation in Asien und dem sehr realen Reich der Mongolen. Priester Johannes wurde mit dem Ziehvater von Dschingis Khan, Toghrul, gleichgesetzt, und auch ihm wurden außergewöhnliche Kräfte zugeschrieben. Der Mythos wurde größtenteils durch die Augenzeugenberichte europäischer Reisender bekräftigt, darunter die Franziskanerbrüder Giovanni da Pian del Carpine und Wilhelm von Rubruck, die beide den Hof des Großkhans in Karakorum besuchten. Carpines Buch *Ystoria Mongalorum* aus den 1240er Jahren, der älteste europäische Bericht über die Mongolen, wurde von Rubrucks Bericht gefolgt, den er Ludwig IX. im Jahr 1253 vorlegte. Eine noch detailliertere Beschreibung der Wunder des Ostens stammt von Marco Polo, der 24 Jahre lang mit seinem Vater und seinem Onkel durch Asien reiste. Nach seiner Rückkehr wurde Marco Polo, während er im Dienst der Venezianer in deren Konflikt mit Genua stand, auf See gefangen genommen und eingekerkert. Den Bericht über seine Abenteuer im Osten diktierte er seinem Mithäftling Rustichello da Pisa, einem italienischen Verfasser einer Reihe von Liebesromanen. Marco Polos Reisen wurden immer wieder als Manuskript kopiert und ab dem 14. Jahrhundert in ganz Europa gelesen.

Da sich ungenaue Informationen über die Mongolen in den Ländern verbreiteten, begannen die Europäer damit, dieses Volk ebenso zu fürchten wie die Muslime in der Levante. Aus den wenigen verbliebenen christlichen Städten im Heiligen Land gingen Bittgesuche um Verstärkung ein. Der Verlust Jerusalems an die Khwarezmier im Jahr 1244 und die mögliche Eroberung des Heiligen Landes durch die Mongolen zeigten, dass die christliche Präsenz im Heiligen Land ohne sofortige Hilfe aus Europa in großer Gefahr war. Glücklicherweise hatte König Ludwig IX. von Frankreich, allgemein bekannt als der Heilige Ludwig, bereits das Kreuz genommen. Im Oktober 1245 berief Ludwig eine Gruppe seiner Adligen in Paris ein. Die meisten stimmten seinem Plan zu, und erklärten sich dazu bereit, ihm auf die Reise nach Übersee zu folgen. Ludwig erhob eine hohe Steuer, um den Kreuzzug zu finanzieren.

Ludwig erkannte, dass die einzige Möglichkeit, das Heilige Land zu retten, darin bestand, die Ägypter ganz zu vernichten. 1248 stachen Ludwig, seine Ritter und Kämpfer in See und überwinterten auf Zypern. Nachdem er ein verzweifeltes Hilfegesuch von Bohemund V., dem Fürsten von Antiochia, erhalten hatte, sandte Ludwig 500 Ritter aus, um das christliche Fürstentum zu verteidigen.

Im Mai segelten Ludwig und seine verbliebenen Truppen, die aus etwa 2.700 Rittern, 5.000 Armbrustschützen und 7.300 Fußsoldaten bestanden, von Zypern nach Damiette. Bei der Landung am Strand wurden die Kreuzfahrer von den Muslimen angegriffen, aber ihre Disziplin führte dazu, dass sie dem Angriff standhalten konnten. So zwangen sie die Ägypter zum Rückzug und zur Aufgabe ihres Vorpostens in Damiette. Ludwig hatte vor, den Sommer damit zu verbringen, die befestigte Stadt einzunehmen, doch der schnelle Sieg zwang ihn, seine Invasion zu verschieben, da er nun nicht den Nil hinaufziehen wollte, bevor die Hochwasserzeit vorbei war. Ludwig war jemand, der aus den Fehlern anderer lernte, und er wusste sehr wohl, dass Pelagius vor ihm durch das Hochwasser des Nils gestrandet war. Um das gleiche Schicksal zu vermeiden, ließ er sich nieder und wartete das Ende des Sommers ab. Schon das war ein riskantes Unterfangen. Kämpfende Männer neigten dazu, sich gegeneinander aufzulehnen, wenn es keine

Feinde gab. Außerdem grassierten in den überfüllten Lagern Krankheiten, und die Kreuzfahrer verloren immer wieder Männer, weil sie entmutigt waren, Heimweh hatten oder krank wurden.

Im November führte Ludwig seine Truppen nach Süden und zog am Nilufer gegenüber der Festung des heutigen Al Manṣūra vor. Als es an der Zeit war, den Nil zu überqueren, waren die Kreuzfahrer nicht dazu in der Lage, eine geeignete Brücke zu bauen. Nachdem ihnen ein koptischer Christ eine Stelle mit einer Furt gezeigt hatte, stiegen sie in den Fluss. Viele Ritter ertranken bei der Überquerung. Die Truppen der Vorhut unter dem Kommando des Bruders von Ludwig IX., Robert von Artois, griffen zusammen mit einem Kontingent von Tempelrittern und Soldaten aus England unter Sir William Longespée (einem unehelichen Enkel von König Heinrich II.) das ägyptische Lager einige Kilometer von Al Manṣūra entfernt an. Die Befehlshaber der Mamelucken, die an der Seite der Truppen des ägyptischen Ayyubiden-Sultans kämpften, übernahmen das Kommando über die gesamte Armee, die das Nildelta verteidigte. Unter ihren Anführern, Faris ad-Din Aktai und Baibars al-Bunduqdari, hielten die Kämpfer die Kreuzfahrer erfolgreich auf.

Jean de Joinville vermittelt in seiner Beschreibung des Kreuzzugs in seinem *Leben des Heiligen Ludwig* ein Bild von der Art der Kämpfe, die sich um Al Manṣūra abspielten. Der Kreuzfahreradlige schrieb, dass etwa 6.000 Türken ihn und seine Ritter angriffen.

Sobald sie uns sahen, stürmten sie auf uns zu und töteten Hugues de Trichâtel, den Herrn von Conflans, der mit mir ein Banner trug. Ich und meine Ritter sprangen auf unsere Pferde und eilten Raoul de Wanou, einem anderen meiner Begleiter, zu Hilfe, den sie zu Boden gestoßen hatten. Als ich zurückkam, stachen die Türken mit ihren Lanzen auf mich ein. Unter der Wucht ihres Angriffs wurde mein Pferd in die Knie gezwungen, und ich flog vorwärts über seine Ohren. Ich erhob mich, so schnell ich konnte, mit meinem Schild am Hals und dem Schwert in der Hand.

Joinville berichtet weiter, dass seine Truppen, die sich in eine Hausruine zurückzogen, um auf Verstärkung zu warten, einfach überrannt wurden. *„Eine große Menge Türken stürzte sich auf uns, riss mich zu Boden und ritt über meinen Körper, so dass mein*

Schild von meinem Hals flog." Nachdem sich die Kreuzfahrer in das Haus geflüchtet hatten, schlugen die Türken erneut zu.

Einige von ihnen drangen in das Haus ein und stachen von oben mit ihren Lanzen auf uns ein. Meine Ritter baten mich darum, das Zaumzeug ihrer Pferde festzuhalten, was ich auch tat, aus Angst, die Tiere könnten weglaufen. Dann verteidigten sie sich energisch gegen die Türken, wofür sie, wie ich sagen darf, später sehr gelobt wurden.

Bei diesem Vorfall erlitten einige der Kreuzfahrer schwere Verwundungen, die Joinville detailliert beschreibt. Frédérick de Loupe wurde eine Lanze zwischen die Schultern gestoßen, die *„eine so große Wunde verursachte, dass das Blut aus seinem Körper strömte wie aus dem Spundloch eines Fasses."* Ein Hieb eines feindlichen Schwertes traf Érard de Siverey mitten ins Gesicht und durchtrennte seine Nase, so dass sie ihm über die Lippen hing.

Die wenigen verbliebenen Kreuzfahrer der Vorhut entkamen und schlossen sich Ludwig an, der in der Nähe lagerte. Dort gelang es den Kreuzfahrern, mehrere muslimische Angriffe abzuwehren. In dieser ausweglosen Situation nahm Ludwig schließlich Verhandlungen mit seinem Feind auf und bot an, Damiette gegen Jerusalem einzutauschen. Während sich die Verhandlungen hinzogen, verschlechterte sich die Lage im Lager der Christen. Wie schon in der Vergangenheit verhinderten die Muslime, dass Versorgungsschiffe von Damiette herauffahren konnten. Krankheiten und die schwindende Moral zwangen die Kreuzfahrer zur Evakuierung. Die Gefahren des Nilabwärtssegelns, -reitens oder -laufens durch muslimisches Gebiet erwiesen sich als tödlich. Die Schiffe der Kreuzfahrer wurden angegriffen, und die Nachzügler an Land wurden ebenso getötet wie die Kranken und Verletzten auf den Transportschiffen. In der letzten Schlacht des Siebten Kreuzzuges, der Schlacht von Fariskur am 6. April 1250, wurden die Franzosen überwältigt. Viele der Gefangenen, die zu schwach waren, um zu gehen, wurden auf der Stelle getötet, und einige der besiegten Ritter, die gesund waren, wurden vor die fast schon klischeehafte Wahl gestellt, entweder zu sterben oder zum Islam überzutreten. Ludwig IX. selbst wurde zusammen mit seinen beiden Brüdern, Graf Karl von Anjou und Graf Alphonse von Poitiers, gefangen genommen. Sie wurden im Haus des königlichen ägyptischen Kanzlers in Al Manṣūra gefangen gehalten. Die Brüder Ludwigs IX. wurden schließlich freigelassen und nach Frankreich geschickt, um die Mittel für das von den Ägyptern geforderte hohe Lösegeld für den König zu beschaffen. Ludwig IX. selbst wurde in Ketten gelegt und seiner Haare beraubt.

In Frankreich gab es nach Ansicht einiger, die Ludwig IX. besonders zugetan waren, kein ausreichendes Interesse an der Beschaffung des Lösegelds. Eine der enthusiastischsten Unterstützungsbekundungen kam von einer Gruppe von Bauern, die Anhänger eines alten ungarischen Mönchs waren, den sie den Meister nannten. Er behauptete, von der Jungfrau Maria den Auftrag erhalten zu haben, Hirten anzuwerben, die sich ihm bei der Rettung des Königs anschließen sollten. An seinem Hirtenkreuzzug von 1251 sollen 60.000 junge Männer und Frauen aus Flandern und Nordfrankreich teilgenommen haben. Die riesige Schar zog nach Paris, wo sie die Regentin Königin Blanche von Kastilien, die Mutter von Ludwig IX. trafen. Ein zeitgenössischer kirchlicher Schriftsteller, Matthäus Paris, hielt den Meister für einen Hochstapler, der in Wirklichkeit einer der Anführer des Kinderkreuzzugs von 1212 war. Die Hirten, die dem Königshaus nichts anhaben konnten, zogen durch Nordfrankreich und richteten dabei großen Schaden an, griffen Priester und Klöster an, vertrieben sogar den Erzbischof von Rouen und griffen Juden in Amiens und Bourges an. Mit der Zeit wurden sie dabei gefasst und exkommuniziert, und der Meister wurde bei einem Kampf in der Nähe von Bourges getötet.

Während des Hirtenkreuzzugs veranlassten die Tempelritter den Transport von 400.000 Dinar nach Ägypten und bezahlten damit das Lösegeld für Ludwig IX. Der französische König segelte nach seiner Freilassung nach Akkon. Seine Ankunft dort wurde von Joinville beschrieben. *„Der gesamte Klerus und das Volk der Stadt zogen in einer Prozession zum Meeresufer hinunter, um ihn mit großem Jubel zu empfangen."* König Ludwig verbrachte dort vier Jahre und verwendete Gelder aus seiner Schatzkammer, um die Verteidigungsanlagen von Akkon, Cäsarea und Jaffa wieder aufzubauen. Im Frühjahr 1254 kehrte er mit seiner Armee nach Frankreich zurück. Als er 1254 nach Hause zurückkehrte, ließ er gut bemannte Garnisonen zurück, die er selbst aus den jährlichen königlichen Einnahmen weiter finanzierte.

Die Niederlage der französischen Kreuzfahrer bei Al Manṣūra war in erster Linie dem militärischen Geschick von Baibars al-Bunduqdari zu verdanken. Er war ein mamlukischer Türke im Dienst des ägyptischen Sultans Turanshah, dem Großneffen Saladins. Nach der Niederlage der Franzosen misshandelte der ayyubidische Sultan, der aus Kairo gekommen war, seine treuen mamlukischen Soldaten und deren Anführer. Die Mamelucken revoltierten und töteten den Sultan.

Baibars, der sich in Ägypten als vorbildlicher militärischer Führer erwiesen hatte, marschierte mit seiner Armee nach Norden, um sich mit einem rivalisierenden Mamelukenkrieger, Saif ad-Din Qutuz, gegen die Mongolen zu stellen. Die Mongolen, die in ihrem Expansionsdrang Bagdad geplündert hatten und nun nach Westen vorrückten, hatten Aleppo und Damaskus erobert und drohten mittlerweile sogar, Ägypten anzugreifen. In der Schlacht von Ain Jalut im September 1260 in der Ebene südlich von Nazareth besiegten Qutuz und Baibars die Mongolen. Anschließend eroberten die Mamelucken Damaskus und andere syrische Städte zurück. Qutuz konnte seinen Sieg nicht auskosten, denn bei seiner Rückkehr nach Kairo wurde er ermordet. Baibars wurde der vierte Sultan der ägyptischen Mamluken-Dynastie.

Nachdem Baibars einen Versuch zur Wiederherstellung der ayyubidischen Herrschaft in Kairo niedergeschlagen hatte, legte er sich mit einem anderen Mamluken, Emir Sinjar al-Halabi, an, der Damaskus besetzt hatte. Nachdem er ihn besiegt hatte, wandte sich Sultan Baibars der Wiederherstellung der ägyptischen Kontrolle über Syrien zu.

Im Jahr 1263 griff Baibars die Stadt Akkon an, die nominelle Hauptstadt des Königreichs von Jerusalem. Da er damit keinen Erfolg hatte, wandte er sich Nazareth zu. Mit Hilfe von Belagerungsmaschinen, dem bevorzugten Kriegsgerät der Kreuzfahrer, durchbrach sein Heer die Mauern. Er ließ die Zitadelle von Nazareth einnehmen, und als er Haifa einnahm, tat er dort dasselbe. Danach belagerte Baibars Arsuf. Dort bot Baibars den gefangenen Johannitern an, sie freizulassen, wenn sie sich dazu bereit erklärten, die Stadt zu verlassen. Sie nahmen das Angebot an, doch Baibars brach die Abmachung schließlich und nahm sie stattdessen gefangen. Baibars setzte seine erfolgreiche Invasion in der Levante fort. Er erzwang die Kapitulation von Antiochia, zerstörte die Stadt, massakrierte einen Großteil der Bevölkerung und verkaufte die verbleibenden Menschen in die Sklaverei. In Jaffa wiederholte er diesen Vorgang ebenso wie später in Aschkelon und Cäsarea auch.

Kapitel 10 - Der Achte Kreuzzug (1270)

Die Erfolge Baibars in den 1260er Jahren im Heiligen Land beunruhigten die Europäer (zu Recht) so sehr, dass der französische König Ludwig IX. in seinen Fünfzigern beschloss, einen weiteren Kreuzzug zu unternehmen. Am 24. März 1267 nahm er offiziell das Kreuz. Im Sommer 1270 brach Ludwig mit seinem Heer von der provenzalischen Hafenstadt Aigues-Mortes aus auf. Seiner Abreise war ein spanisches Kontingent vorausgegangen, das im Herbst 1269 unter der Führung von König Jakob I. von Aragonien von Barcelona aus aufgebrochen war. Die aragonesische Flottille wurde durch einen Sturm beschädigt, und die meisten der Überlebenden kehrten nach Spanien zurück, aber ein kleines Kontingent kämpfte sich weiter bis Akkon durch, wo es schließlich zu Gefechten mit Baibars' Truppen kam. Da es ihnen aber nicht gelang, den ägyptischen Sultan zu vertreiben, kehrten sie nach Hause zurück.

Ludwig IX. gab seinen ursprünglichen Plan auf, erst nach Zypern und dann weiter ins Heilige Land zu segeln. Stattdessen entschied er sich dazu, nach Tunis in Nordafrika zu segeln, wo er hoffte, die Stadt durch die Bekehrung des Kalifen dem Christentum zu unterwerfen und so die Nachschublieferungen nach Ägypten zu unterbrechen und Baibars' Sultanat zu schwächen.

Ludwigs Streitkräfte wurden durch eine vom König von Navarra zur Verfügung gestellte Truppe verstärkt, die von Marseille aus segelte. Beide trafen sich vor Sardinien und zogen dann weiter zur tunesischen Küste. Die Ankunft der englischen Flotte mit den Kreuzfahrern verzögerte sich, da Heinrich III. von England, der seine Teilnahme ursprünglich zugesagt hatte, einen Rückzieher machte und stattdessen seinen Sohn Prinz Edward schickte.

Nachdem sie Nordafrika erreicht hatten, schlugen die Kreuzfahrer ihr Lager in der Nähe von Karthago auf. Während sie auf Verstärkung warteten, wurden sie von einer heftigen Ruhr-Epidemie heimgesucht. Sogar Ludwig selbst verstarb am 25. August 1270 an der Krankheit. Nachdem die Kreuzfahrer einen Vertrag mit dem Kalifen von Tunis geschlossen hatten, bereiteten sie sich auf den Abzug aus Nordafrika vor. Während die meisten französischen Truppen nach Hause zurückkehrten, führte Prinz Edward von England sein Heer von etwa 1.000 Mann, darunter 225 Ritter, nach Akkon, wo er am 9. Mai 1271 an Land ging.

Der Neunte Kreuzzug (1271-1272)

Dieser Kreuzzug wird manchmal als Teil des Achten Kreuzzugs betrachtet (weshalb er hier kein eigenes Kapitel hat), und er wird allgemein als der letzte Kreuzzug angesehen, der das Heilige Land vor dem Fall von Akkon im Jahr 1291 erreichte.

Als der Mamluken-Sultan Baibars vom Scheitern des Kreuzzugs von Ludwig IX. in Nordafrika und vom Tod des Königs erfuhr, widerrief er den Befehl an seine Generäle in Kairo, nach Westen zu marschieren, um Tunis zu befreien. In dieser Zeit belagerte er weiterhin die Kreuzritterburgen in Syrien. In dem scheinbar uneinnehmbaren Ort Krak des Chevaliers durchbrach Baibars Armee die Außenmauern in zwei Tagen. Dazu benutzten sie Belagerungsmaschinen, die Mangonellen genannt wurden, und denen der Kreuzfahrer nachempfunden waren. Anschließend dachte sich Baibars einen raffinierten Plan aus, um die Verteidiger mit einem gefälschten Brief zur Kapitulation zu zwingen. Das Schreiben, das angeblich vom Großmeister der Johanniter verfasst worden war, forderte die dort stationierten Johanniter dazu auf, sich zu ergeben. Nach einer zehntägigen Kampfpause verhandelten die Johanniter Anfang April 1271 über ihren Abzug aus Krak des Chevaliers, und ihr Leben blieb verschont.

Der Verlust von Krak des Chevaliers war ein schwerer Schlag für die Johanniter. Die riesige Burg galt bis dahin als uneinnehmbar und war die schönste und größte Burg der Hospitaliter an der Grenze der Grafschaft von Tripolis. Mitte des 13. Jahrhunderts wurde dieser Außenposten von etwa 2.000 Soldaten verteidigt. Die Burg war von zwei konzentrischen Mauern umgeben, und die drei Meter dicke innere Mauer hatte sieben Schutztürme mit einem Durchmesser von je zehn Metern. Die Burg verfügte über einen riesigen Vorrat an Lebensmitteln, der ausreichte, um die Verteidiger während einer fünfjährigen Belagerung zu versorgen. Der Pferdestall konnte bis zu 1.000 Pferde beherbergen.

Im Jahre 1271 beurteilte Prinz Edward die Lage von Akkon aus, der letzten verbliebenen christlichen Festung im Heiligen Land. Da seine Streitkräfte nicht ausreichten, um einen Angriff von Baibars abzuwehren, entsandte er eine Botschaft an die Mongolen, um sie um Hilfe zu bitten. Die Mongolen griffen daraufhin Baibars Stadt Aleppo an und lenkten ihn für eine Weile ab. Während Baibars in Aleppo beschäftigt war, versuchte Edward, eine Route nach Jerusalem zu eröffnen. Er scheiterte jedoch mit diesem Vorhaben. Im Mai 1272 unterzeichnete Hugo III. von Zypern, der König von Jerusalem, einen zehnjährigen Waffenstillstand mit Baibars, um den Druck auf Akkon zu verringern und so den Neunten Kreuzzug zu beenden.

Prinz Edwards Kreuzfahrerkarriere endete, als er von einem muslimischen Attentäter angegriffen wurde. Der englische Thronfolger tötete seinen Angreifer, erlitt dabei aber eine schwere Stichwunde am Arm. Dank der Fürsorge seiner Frau, Eleonore von Kastilien, die ihn auf seinem Kreuzzug begleitet hatte, überlebte er. In schlechtem Gesundheitszustand verließ Edward am 24. September 1272 Akkon und segelte nach Sizilien, wo er erfuhr, dass sein Vater Heinrich III. im November 1272 gestorben war. Edward zögerte seine Rückkehr nach England hinaus und zog schließlich mit seinem höfischen Gefolge nach Norden, wo er in Italien und Frankreich Halt machte und im Sommer 1274 mit Papst Gregor X. zusammentraf. Er kam am 2. August 1274 in England an und wurde zwei Wochen später gekrönt. Papst Gregor X., der über die katastrophale Lage im Heiligen Land informiert war, versuchte, Europa für einen weiteren Kreuzzug zu begeistern, stieß aber auf taube Ohren, möglicherweise weil das Papsttum den Ruf nach einem Kreuzzug viele Jahre lang dazu benutzt hatte, sich mit den europäischen Feinden - sowohl weltlichen als auch religiösen - auseinanderzusetzen und nicht mit den Muslimen im Heiligen Land. Da keine Verstärkung in Sicht war, verlegte der König von Jerusalem, Hugo III., seinen Hof im Jahr 1276 nach Zypern. Obwohl Baibars im Juli 1277 in Damaskus starb, übten seine Nachfolger weiterhin extremen Druck auf die verbliebenen christlichen Besitztümer im Nahen Osten aus.

Als sich die Lage im Heiligen Land immer mehr zuspitzte, versuchte Papst Nikolaus IV. 1289 vergeblich, die europäischen Könige und Adligen zum Kreuz zu bewegen. Seine Bitten blieben erfolglos, da innenpolitische Konflikte die potenziellen Anführer eines Kreuzzugs ablenkten.

Im Jahr 1291 kochten die Spannungen um Akkon, die letzte Kreuzfahrerstadt im Heiligen Land, endgültig hoch. Eine Flottille venezianischer Galeeren traf mit etwa 1.600 Mann ein. Einigen Quellen zufolge handelte es sich dabei um schlecht ausgebildete Bauern und arbeitslose Männer aus der Toskana und der Lombardei. Nachdem sie an Land gegangen waren, griffen sie die Muslime in der Nähe von Akkon an. Der mamlukische Sultan Al-Mansur Qalawun beschuldigte die Kreuzfahrer, den Vertrag gebrochen zu haben. Er mobilisierte seine Truppen für eine umfassende Belagerung von Akkon. Die nach Kairo entsandten Friedensvermittler der Kreuzfahrer wurden ignoriert und inhaftiert. Qalawuns Sohn, der die Nachfolge seines Vaters als Mamluken-Sultan von Ägypten und Syrien angetreten hatte, marschierte gegen die Kreuzfahrer. Verstärkt wurde er durch Kämpfer aus Damaskus und anderen Städten in der Levante sowie durch ein großes Kontingent von Soldaten aus Kairo, die am 6. April 1291 in Akkon eintrafen. Über mehrere Tage hinweg gelang es den Muslimen, die Mauern der Stadt zu untergraben, während sie die Versuche der Kreuzfahrer, einen Frieden auszuhandeln, zurückwiesen. Am 18. Mai starteten die Muslime einen Großangriff gegen die nun durchbrechbaren Mauern. In Straßenkämpfen wurde die Zahl der christlichen Verteidiger reduziert, und schließlich verließen die Überlebenden die Stadt und flohen auf Galeeren nach Zypern.

Der Fall von Akkon im Jahr 1291 bedeutete das Ende der christlichen Kreuzzugsaktivitäten im Heiligen Land.

Fazit

Das Nachspiel: Der Aufruf zum Kreuzzug dauert an

Im August 1308 rief Papst Clemens V. die gläubigen Christen dazu auf, sich dem Kreuz für einen weiteren Kreuzzug zu verschreiben, der im folgenden Jahr beginnen sollte. Der Plan des Papstes sah vor, dass die Johanniter eine begrenzte Expedition in den Osten anführen sollten. Er bat diejenigen, die von dem Kreuzzug predigten, um Gebete der Laien und um Geldspenden zur Unterstützung der Johanniter zu bitten. Als Gegenleistung für die Finanzierung des Kreuzzugs bot der Papst den Spendern, wie es schon seine Vorgänger getan hatten; Ablässe oder den Vorablass für ihre Sünden an.

Den Kreuzzugspredigern gelang es tatsächlich auf bemerkenswert erfolgreiche Weise, die Bauernschaft aufzurütteln. Obwohl die unteren Schichten nicht dazu aufgefordert wurden, selbst auf die Reise zu gehen, nähten sich viele von ihnen in Nordeuropa ein rotes Kreuz auf ihr Gewand, versammelten sich in Massen und eilten zum päpstlichen Palast in Avignon, um ihm dort ihre Dienste anzubieten. Diese armen Kreuzfahrer, die sich selbst als „Kreuzbrüder" bezeichneten, finanzierten ihr Reise nach Süden selbst, indem sie jüdische Gemeinden, auf die sie unterwegs trafen, überfielen und deren Eigentum plünderten. In Brabant suchten die Juden Zuflucht in der Burg von Herzog Johann II. Sie wurden gerettet, als er sein Heer ausschickte, um die mittellosen Kreuzfahrer zu vertreiben.

Im Juli 1309 trafen die Kreuzfahrer, möglicherweise mit bis zu 40.000 Teilnehmern, in Avignon ein und baten den Papst um die Genehmigung eines umfassenden Kreuzzugs. Er weigerte sich, ihnen diese zu erteilen und die Johanniter weigerten sich ebenfalls, die Menschen auf die Schiffe zu bringen, von denen die Bauern glaubten, sie würden sie ins Heilige Land bringen. Ohne päpstliche Genehmigung und ohne Transportmittel zerstreute sich der Kreuzzug der Armen und sie kehrten schließlich in ihre Heimat zurück.

Im Frühjahr 1311 wurde in Brindisi eine Flotte von Galeeren für die Hospitaliter vorbereitet. Sie brachen zu einer Expedition in den Osten auf, die sie Kreuzzug nannten. Die Schiffe landeten mit 200 bis 300 Rittern und 3.000 Fußsoldaten an Bord auf der griechischen Insel Rhodos. Es war nie die Absicht der Johanniter, ins Heilige Land zu ziehen. Ihr Ziel war es vielmehr, die Eroberung der Insel abzuschließen und die letzten byzantinischen Soldaten aus der Stadt Rhodos zu verscheuchen. Der Kreuzzug richtete sich also nicht gegen Muslime, sondern gegen ihre Mitchristen. Am 15. August 1311 nahmen die Hospitaliter die Stadt Rhodos ein. Der Orden verlegte daraufhin sein Kloster und sein Krankenhaus von Zypern nach Rhodos und begann mit Operationen gegen die venezianischen Handelsposten in der Ägäis sowie mit der Auseinandersetzung mit der türkischen Flotte. In einer Seeschlacht im Jahr 1319 in der Nähe der Insel Chios besiegten die Hospitaliter die Türken und setzten damit einen Vorstoß zur Beendigung der muslimischen Seeräuberei in der Ägäis in Gang.

Die Idee, Militärexpeditionen unter dem Deckmantel des Wortes „Kreuzzug" zu starten, starb nur langsam aus. Der König von Zypern, Peter I., der nominell auch König von Jerusalem war - ein Königreich ohne eigenes Territorium im Heiligen Land -, verbrachte drei Jahre zwischen 1362 und 1365 damit, eine Armee aufzustellen und um finanzielle Unterstützung für einen Kreuzzug zu werben. Sein Vorhaben, das unter dem Vorwand einer religiösen Aktion durchgeführt wurde, scheint eher durch wirtschaftliche Erwägungen motiviert gewesen zu sein, insbesondere durch die Beendigung der Vorrangstellung Alexandrias als Handelshafen, als durch religiösen Eifer.

Im Oktober 1365 segelten Peters Truppen nach Rhodos, wo sie einige Hospitaliter aufnahmen. Mit 165 Schiffen segelte er dann nach Alexandria, wo er am 9. Oktober 1365 einen brutalen Angriff auf die Stadt startete. Nach einem Massaker an der Bevölkerung und der Zerstörung von Gebäuden zog sich Peter zurück, um weiter nach Ägypten vorzudringen. Sein Plan wurde jedoch abgebrochen, als sich die Ritter seiner Armee weigerten, die Invasion fortzusetzen, und es vorzogen, mit ihrer Beute nach Hause zurückzukehren.

Die allmähliche Korrumpierung des Begriffs „Kreuzzug" zeigt sich in den verschiedenen so genannten Kreuzzügen, die im Laufe der Jahrhunderte nach dem Fall von Akkon im Jahr 1291 in Europa durchgeführt wurden. Ein Beispiel dafür ist der Kreuzzug, den Papst Urban VI. gegen die Anhänger des von französischen Kardinälen gewählten Gegenpapstes Clemens VII. in Avignon führte. Dabei handelte es sich um eine rein europäische Auseinandersetzung, die nichts mehr mit dem Heiligen Land zu tun hatte. Der Anführer dieses so genannten Kreuzzuges war der englische Bischof von Norwich, Henry le Despenser. Sein Heer überquerte den Kanal und belagerte 1383 Ypern. Ein Chronist schrieb, dass *„mit dem Banner des Heiligen Kreuzes vor sich… Jene, die den Tod erlitten, würden Märtyrer sein … und so wurde der Segen des Kreuzes erreicht"*. Despensers Kreuzzug brachte nichts als den Tod und die Zerstörung seiner Mitchristen. Er brach die Expedition schließlich ab und wurde anschließend wegen seines Verhaltens angeklagt.

Dies war aber nicht das Ende der kirchlichen Aufrufe zu Kreuzzügen gegen Andersdenkende. Am 17. März 1420 erließ Papst Martin V. eine Bulle, in der er die Gläubigen dazu aufforderte, sich an der Vernichtung abtrünniger Christen oder Ketzer zu beteiligen, die den Sekten der Wycliffiten und Hussiten in Böhmen angehörten. Die Hussiten waren Anhänger des Theologen Jan Hus, der von den Schriften John Wycliffs beeinflusst war und von der katholischen Kirche exkommuniziert und 1415 auf dem Scheiterhaufen verbrannt wurde, weil er ketzerische Ansichten über die Gegenwart des Leibes Christi im Abendmahl vertrat. Der König von Ungarn, Deutschland und Böhmen, Sigismund von Luxemburg, reagierte auf den Aufruf von

Papst Martin zum Kreuzzug, stellte ein großes Heer europäischer Ritter zusammen und belagerte die Stadt Prag, die damals das Zentrum des Hussitenaufstandes gegen den kanonischen Katholizismus war. Der Kreuzzug Sigismunds wurde durch eine Reihe von Siegen der Hussiten auf dem Schlachtfeld ab 1420 gestoppt. Vier weitere Aufrufe des Papsttums zu Kreuzzügen gegen die Hussiten führten nicht zu einem Sieg der katholischen Kirche über die böhmischen Ketzer. Während einige derjenigen, die im Kampf gegen die Hussiten das Kreuz auf sich nahmen, wirklich von dem Wunsch beseelt gewesen sein mögen, die kanonischen Lehren der Kirche zu schützen, wurden die meisten Ritter und sogar Sigismund selbst von rein weltlichen Absichten angetrieben - Sigismund, um seine Macht auszuweiten, und die Ritter, um ihren Reichtum durch Plünderung zu vergrößern.

Die nachlassende Begeisterung der europäischen Staatsoberhäupter für die Kreuzzüge war eine Folge der Entwicklung der mittelalterlichen Gesellschaft nach dem Fall von Akkon im Jahr 1291, der nach dem Neunten Kreuzzug stattfand. Kreuzzüge waren ein teures Unterfangen, und es wurde immer schwieriger, die nötigen Mittel für Abenteuer im Nahen Osten aufzubringen. Die Gelder, die für den Krieg aufgebracht werden konnten, konnten effektiver für die territoriale Expansion vor Ort in Europa verwendet werden.

Mit dem Aufstieg unabhängiger Stadtstaaten in Italien und proto-demokratischer urbaner Zentren in Nordeuropa kam es zu einer allmählichen Übertragung der Macht von aristokratischen Adelsfamilien, deren Reichtum aus der Landwirtschaft stammte. Die städtischen Kaufmannsfamilien gewannen während dieser Zeit an finanzieller Macht. Die Vorstellung von ritterlicher Ehre veraltete allmählich, so dass sie fast ausschließlich in Turnieren ausgelebt wurde, die weit weniger gefährlich waren als der Kampf in einem fernen Land gegen unberechenbare Feinde mit unvorhersehbaren Taktiken und immer wirksameren Waffen. In Europa kam es zu zahlreichen Kriegen, bei denen es sich in der Regel um interne Kämpfe oder um Bürgerkriege handelte. Auch die Autorität des Papsttums nahm allmählich ab, als die Kirche in Kampfe gegen häretische Sekten und schließlich in verschiedene Formen des Protestantismus verwickelt wurde.

Alles in allem boten die Kreuzzüge ein religiös begründbares Abenteuer für europäische Ritter und das einfache Volk, sowie die vermeintliche Vergebung ihrer Sünden. Die von den Kreuzrittern im Nahen Osten erworbenen Ländereien reichten jedoch nicht aus, um ein stabiles adeliges Leben zu führen. Die Einkünfte aus den Ländereien im Osten waren nicht nur im Vergleich zu dem, was man auf europäischem Boden erwarten konnte, zu vernachlässigen, sondern ihre Verteidigung war außerordentlich auch kostspielig in Bezug auf den Verlust von Leben und Geld. Ohne eine langfristige Garantie für Subventionen aus Europa waren die Kreuzritter nicht in der Lage, ihre Ländereien zu halten und das Königreich Jerusalem zu verteidigen. Die Ankunft der Mongolen in Europa führte zur Ausdehnung ihres Reiches, das von 1236 bis 1242 den größten Teil Osteuropas, und dann einen Großteil des Balkans und später Anatolien umfasste, was bedeutete, dass im Osten eine weitere Gefahr lauerte. Der Aufruf zu Kreuzzügen im Heiligen Land wurde immer unattraktiver, was die Siegeschancen der europäischen Soldaten auf dem Schlachtfeld betraf. Wenn überhaupt, dann bewiesen die Kreuzzüge, dass in der Levante kein Platz mehr für Europäer war.

Teil 2: Die Seidenstraße

Ein fesselnder Führer zum alten Handelsstraßennetz, das während der chinesischen Han-Dynastie entstand, und wie es den Osten und den Westen verband

Einführung

Der Warenhandel bringt notwendigerweise auch den Austausch von Ideen mit sich. Mit anderen Worten: Die Ideen reisen auf dem Buckel der Handelsgüter mit. Auf diese Weise werden Religionen, Organisationsformen von Gesellschaften, Kunst und materielle Kultur von einer Gesellschaft auf eine andere übertragen.

Die Entwicklung von Zivilisationen und die Bereicherung verschiedener Kulturen hängt vom gegenseitigen Handel ab. Ohne Handel und die Übermittlung von Ideen, ohne pulsierende Kulturen, die sich durch Religion und Technologie auszeichnen und sich auf dem Markt treffen, versteinern Kulturen und gehen schließlich unter. In einigen Fällen verschwinden sie sogar. Es ist der Anstoß durch das Neue, das zur stetigen Weiterentwicklung von Zivilisationen und Kulturen führt. Ohne die Einwirkung neuer Ideen sind Kulturen nicht in der Lage, sich dem Wandel anzupassen und verlieren ihre Vitalität in einer sich ständig wandelnden Welt.

Europäische und asiatische Kulturen, insbesondere die chinesische, von etwa 100 vor unserer Zeitrechnung (v. u. Z.) bis 1450 unserer Zeitrechnung (u. Z.), hingen von Handelsverbindungen ab, um sich zu entwickeln. Dieser Handel fand entlang der Seidenstraße statt.

Die Seidenstraße, die sowohl asiatische als auch europäische Kulturen umgestaltet hat, verdankt ihren Namen und ihre Identität modernen Gelehrten, darunter Archäologen, Linguisten,

Ökonomen, Geographen und Historikern. Was wir heute Seidenstraße nennen, wurde 1877 vom deutschen Entdecker Ferdinand von Richthofen erstmals so benannt. Er identifizierte die Seidenstraße als durchgehenden Landweg, auf dem seit der römischen Kaiserzeit und der Han-Dynastie in China (206 v. u. Z. - 220 u. Z.) Handel getrieben wurde. Von Richthofens Reisen und Entdeckungen sowie seine Lektüre der Texte des griechischen Geographen Ptolemäus aus dem 2. Jahrhundert und der Schriften des Römers Plinius des Älteren aus dem 1. Jahrhundert überzeugten ihn, dass es einst eine festgelegte Straße vom Nahen Osten nach Zentralchina gab, auf der Seide transportiert wurde. Seide war laut von Richthofen das wichtigste Luxusgut.

Von Richthofens Schüler, der schwedische Geograph Sven Hedin, unternahm Ende des 19. und Anfang des 20. Jahrhunderts vier Expeditionen nach Zentralasien, betrachtete die Kulturen der verschiedenen Völker entlang seiner Route und zeichnete sie auf. Seine Entdeckungen bestätigten weitgehend die Vorstellung, dass es eine Seidenstraße gab und dass zwischen Ost und West schon seit Jahrhunderten Handel getrieben wurde. In mehrbändigen Fachberichten berichtete Hedin von seinen Reisen durch Zentralasien. Er fasste seine Forschungen in einem populären Buch zusammen, das sein Werk der breiten Öffentlichkeit zugänglich machte. Dieses Buch, das 1936 erstmals auf Schwedisch erschien und 1936 unter dem Titel „Die Seidenstraße" ins Deutsche übersetzt wurde, entfachte eine weltweite Faszination für das Thema, die bis heute fortbesteht. Sven Hedin identifizierte Chang'an (das heutige Xi'an), die Hauptstadt der Han-Dynastie, als östliches Ende der Seidenstraße, die nach seinen Angaben rund 7.000 Kilometer weiter westlich in Antiochia in Syrien endete.

Die Idee einer Seidenstraße hat seit den Tagen von Richthofen und Hedin die Fantasie der Öffentlichkeit gefesselt. Ab den 1960er Jahren gab es eine Flut von wissenschaftlichen und populären Büchern, die zu diesem Thema veröffentlicht wurden. Die Öffnung Chinas für archäologische Forschungen durch nicht-chinesische Wissenschaftler Ende der 1970er Jahre steigerte auch im Westen die Begeisterung der Öffentlichkeit. Mit der Einführung von Verboten gegen die Plünderung archäologischer Stätten, die in der Vergangenheit dazu geführt hatten, dass Kunst- und Kulturschätze aus China und Zentralasien in europäischen und amerikanischen Museen landeten, begannen diejenigen, die von der Idee der Seidenstraße verzaubert waren, in bisher nicht zugängliche Städte und Orte entlang der sogenannten Seidenstraße zu reisen. Das Interesse an der Handelsroute zwischen Ost und West wuchs mit der Auflösung der Sowjetunion im Jahr 1991, als weitere Abschnitte der Seidenstraße in Zentralasien für Studien und die Erforschung durch Touristen und Gelehrte erschlossen wurden. Das gesamte Unterfangen der Erforschung und Ausbeutung von Stätten entlang der Seidenstraße ist seither in die Politik des Brückenschlags zwischen der Geschichte der östlichen und der westlichen Zivilisationen verstrickt. Die Idee der Verbindung der Kulturen des Ostens und des Westens ist zu einem gängigen Thema der zeitgenössischen Seidenstraßenforschung geworden. In den letzten Jahren hat die eurozentrische Annäherung an die Weltgeschichte zu bröckeln begonnen, da mehr und mehr Gelehrte aus allen Regionen Asiens ein breiteres, nicht-eurozentrisches Verständnis der Geschichte von Nationen und Kulturen gefördert haben, die einst von geringem Interesse im Westen waren.

Die Vorstellung, dass exotische Güter aus dem Osten, vor allem Seide, mit langen Kamelkarawanen, so malerisch und romantisch sie auch sein mögen, Tausende von Kilometern durch Wüsten und Berge transportiert wurden, hat sich als falsch erwiesen. Mit den Fortschritten der Archäologie und der Interpretation alter Texte durch östliche und westliche Gelehrte hat sich ein viel komplizierteres Bild der Seidenstraße herausgebildet. Heute ist klar, dass die Seidenstraße keine einzelne Handelsstraße war, sondern eine komplexe Reihe von Wegen, die kleine Gemeinden und größere urbane Siedlungen in Zentralasien miteinander verbanden. Auf diesen Wegen wurden die Handelswaren von kleinen Karawanen transportiert. Entgegen der landläufigen Meinung legten die Händler also keine großen Entfernungen zurück. Objekte aus Ost und West wurden von einem Mittelsmann zum anderen weitergegeben. Einige Waren wurden von Zentralchina bis nach Rom und später ins mittelalterliche Europa transportiert, aber der größte Teil des Handels war lokal und fand zwischen benachbarten Kulturen oder Völkern statt. Die Vielfalt der Waren, die sich über kurze und lange Strecken vom Osten nach Westen oder umgekehrt bewegten, war viel alltäglicher als die

Seide, von der man glaubte, sie sei im Westen so hochgeschätzt. Nicht so alltäglich war jedoch die Weitergabe von Ideen entlang der Handelswege, die die Seidenstraße bildeten. Entlang dieses Wegnetzes hielten Religionen wie der Buddhismus, der Islam und das Christentum Einzug in Zentralasien und schließlich China.

Das enorme Interesse an der Seidenstraße hat eine lebhafte Debatte unter den Forschern ausgelöst, deren Zahl mit Beiträgen von chinesischen Wissenschaftlern und Forschern moderner Nationen entlang der Ost-West-Handelsrouten exponentiell angestiegen ist. Beispielhaft für die Globalisierung der akademischen Arbeit an der Seidenstraße ist die Etablierung internationaler Kooperationsforschungszentren wie das 1990 gegründete *Institute of Silk Road Studies* im japanischen Kamakura, das 1996 gegründete *Central Asia-Caucasus Institute and Silk Road Studies Program* in Washington sowie das 2017 gegründete *Tang Centre for Silk Road Studies* an der University of California. Unter den Forschungsarbeiten, die derzeit von diesen und anderen Forschungszentren zu diesem Thema veröffentlicht werden, gibt es eine bemerkenswerte Fülle von wissenschaftlichen Artikeln, die die Frage stellen, ob es überhaupt eine Seidenstraße gab. Sie wurde sogar „eine romantische Täuschung" und die „Straße, die nie existierte" genannt.

Das Konzept einer einzigen Seidenstraße ist revidiert worden und es stellt sich nun die Frage, ob der Ost-West-Handel von der Römerzeit bis ins 15. Jahrhundert überhaupt einen großen Anteil an Seide beinhaltete. Außerdem wurde die Vorstellung einer einzigen Straße durch die Identifikation einer Vielzahl von Routen ersetzt, die präziser als Wege bezeichnet werden denn als Straßen. Es gibt eine große Debatte darüber, welche Handelswege unter dem Begriff „Seidenstraße" aufgenommen werden. Einige Gelehrte befürworten die Hinzufügung von Seewegen zwischen Südasien und dem Westen, andere schließen daraus, dass die Handelsroute von Indien durch das Karakorum-Gebirge an der Grenze zu Pakistan, Indien und China nicht aus den Studien zur Seidenstraße ausgeschlossen werden kann. Mehrere zeitgenössische Gelehrte haben auch angeregt, dass See- und Landwege, die Afrika mit dem Osten verbinden, in den Bereich der Seidenstraßen-Studien gehören.

Die Seidenstraße, die als allgemeine Handelsroute zwischen Ost und West verstanden wurde, unterscheidet sich von den europäischen, nordafrikanischen und nahöstlichen Handelsrouten, da sie bis vor kurzem ausschließlich als Landroute verstanden wurde, sogar als die längste Landroute der Menschheitsgeschichte. Von der vorrömischen Zeit bis zum Zeitalter der Eisenbahn in Europa wurde der größte Teil des Handels innerhalb Europas über Meere oder Flüsse abgewickelt. Der Nord-Süd-Handel wurde durch die langen schiffbaren Flüsse Europas wie der Donau, dem Rhein und der Wolga oder auf dem Seeweg vom Mittelmeer über den Atlantik bis zur Nordsee und dann zur Ostsee ermöglicht. Der europäische Handel mit Nordafrika und dem Nahen Osten war fast ausschließlich von den Mittelmeerrouten abhängig. Der Handel mit Indien und darüber hinaus nach Südostasien hinein bezog kurze Überlandtransporte zu Zentren mit ein, wo Waren auf Schiffe verladen wurden, die den Indischen Ozean befuhren. Im Gegensatz dazu stand die Seidenstraße, wo weite Strecken oft unwirtlichen Landes zwischen den Handelsniederlassungen lagen. Aus diesem Grund hat sie die Fantasie von Studierenden der Geschichte, der Geographie und der Kulturwissenschaften beflügelt.

Da die Seidenstraße keine durchgehende Verbindung von China in den Nahen Osten war, sondern aus einem Netz kürzerer Verbindungswege bestand, erschwert die Komplexität des Terrains und der Kulturen entlang der Routen das Verständnis ihrer Geschichte mehr, als es bei langen Seehandelsrouten der Fall ist. Die Häfen des Nahen Ostens und des Mittelmeers sind auf direkter Linie 8.500 Kilometer von Xi'an, der alten Hauptstadt Chinas, entfernt. Die komplizierte Topographie Zentralasiens verlangte von den Händlern Umwege über nahezu unpassierbare Gebirgszüge und Wüsten von einer Oase zur anderen, und sie mussten mit Störungen durch Kriege zwischen Stämmen und Proto-Nationen fertig werden. All das machte die Entfernung zwischen Ost und West erheblich größer.

Die Wege des Ost-West-Handels waren so beschaffen, dass sie ein breites Spektrum von Völkern und Kulturen Zentralasiens umfassten. Diese Völker lebten in den heutigen Staaten China, Kirgisistan, Tadschikistan, Kasachstan, Usbekistan, Turkmenistan, Afghanistan, Iran und Irak. Im Laufe der Geschichte der

Seidenstraße änderten sich die Kulturen, die am Warenverkehr durch Zentralasien beteiligt waren, da sie unter Invasionen vertriebener Nomadenstämme litten und von überlegenen Mächten erobert wurden. Die komplizierte Geschichte der Seidenstraße beinhaltet also die Geschichte von Völkern und Geographie, die von den lokalen Gelehrten besser verstanden wird, die aber oft außerhalb der Region unbekannt sind. Tatsächlich ist das Verständnis der Seidenstraße unter den Europäern fast so verschwommen wie das Verständnis der Römer für das, was jenseits der Grenzen ihres Reichs im Osten lag.

Für die Europäer von der Römerzeit bis ins 15. Jahrhundert und darüber hinaus bestand eine Faszination für die exotischen, unbekannten Kulturen und Produkte des Ostens. Nach den vorliegenden Indizien scheint es, als hegten die Chinesen keine entsprechende Faszination für die westliche Kultur. Für die Chinesen waren der Westen, Zentralasien und später auch der Nahe Osten und Europa einfach ein Warenmarkt, kurz gesagt, eine Quelle des Reichtums.

Das europäische Interesse am Osten geht auf die bemerkenswerte Expansion des Hellenistischen Reichs unter Alexander dem Großen zurück. Seine militärischen Einfälle nach Asien, über Persien und das heutige Afghanistan bis zu den Ufern des Indus, wurden legendär und trieben die Europäer dazu, sich die Pracht geheimnisvoller östlicher Kulturen vorzustellen. Als er sein Reich nach Osten ausdehnte, errichtete Alexander Vorposten der griechischen Kultur. Diese Außenposten oder Garnisonen wurden Zentren des Austausches von Ideen und Gütern der östlichen Kulturen und der antiken griechischen und römischen Welt. Die Bedeutung dieser Außenposten für die Kulturvermittlung wird durch das Vorhandensein von lokal angefertigten antiken Kunstwerken dokumentiert, die im Iran, Irak und Afghanistan ausgegraben wurden und stilistisch auf die hellenistische Kunst der mazedonischen Welt Alexanders des Großen zurückgehen.

Die Geschichte der Seidenstraße ist äußerst komplex. Sie kann nicht als singulärer chronologischer Bericht erzählt werden. Entlang der Seidenstraße entstanden und verschwanden verschiedene Kulturen und Gesellschaften, und Völker wanderten von einer Region zur anderen. Kurz gesagt, für den größten Teil ihrer

Geschichte wechselten sich die dominierenden Kulturen entlang der Route oder Routen ab. Um den Aufstieg und Fall oder das Verschwinden dieser Kulturen zu erklären, muss man auf dem Weg innehalten, um die Chronologie ihrer Geschichte zu betrachten.

Kapitel 1 – Rom, Seide und die antike Geographie

Die Festlegung des frühesten westlichen Endpunktes der Seidenstraße basiert auf der Annahme, dass chinesische Seide zu den wichtigsten Luxusgütern der reichen Römer gehörte. Man nahm an, dass in der Ära der späten Römischen Republik, die 27 v. u. Z. endete, chinesische Seide über parthische Händler zu den römischen Patriziern kam. Es ist jedoch überzeugend belegt, dass die auf den römischen Märkten erhältliche Seide bis weit in die Kaiserzeit in Westasien, insbesondere in Damaskus und Mossul, gewebt wurde. Das wurde durch die Analyse der Stoffe nachgewiesen. Er stammt eindeutig von der Art Seidenraupen, die in West- und Zentralasien gezüchtet wurde.

Seide kann auf unterschiedliche Weise hergestellt werden und da sie als das beliebteste Produkt auf der Seidenstraße galt, lohnt es sich, die verschiedenen Arten der Seidenherstellung genauer zu betrachten. Auch auf dem indischen Subkontinent wurde der Stoff seit etwa 2500 v. u. Z. hergestellt. Die Seide, die in Indien und auf der ägäischen Insel Kos im 1. Jahrhundert und davor hergestellt wurde, wurde aus Kokons gewonnen, die auf natürliche Weise von Motten hinterlassen wurden. Der Seidenfaden wurde dann von den Kokons abgeschabt. In China hingegen war das Herstellungsverfahren des Garns anders. Bereits um 4000 v. u. Z. wurde der Seidenspinner in China gezüchtet. Hier wurden die

Kokons mit den Puppen darin gekocht. Lange Seidenfäden wurden aus den feuchten Kokons gezogen und dann zu Stoffen gewebt.

Die Römer nannten die Seidenproduzenten das Volk von *Seres*, eine Bezeichnung, die von dem antiken Namen *Serica* abgeleitet ist, einem der am östlichsten gelegenen Länder, die den alten Griechen und Römern bekannt waren. Das bedeutet nicht, wie frühe Autoren der Seidenstraße angenommen haben, dass es sich um das heutige China handelt. Der Name bezog sich lediglich auf die Herkunft der Seide, die in Rom verwendet wurde. Der *Periplus Maris Erythraei*, eine auf Griechisch verfasste Navigationshilfe, der im 1. Jahrhundert geschrieben wurde, beschreibt Häfen am Roten Meer, Afrika, am Persischen Golf und Indien sowie Länder außerhalb der bekannten Welt. „Irgendwo am äußeren Rand gibt es eine sehr große Stadt im Landesinneren, die Thina [oder Sinae] genannt wird, von der Seide, Garn und Tuch auf dem Landweg verschifft werden ... und über den Ganges." Der anonyme Autor schrieb: „Es ist nicht einfach, zu diesem Thina zu kommen, denn nur selten kommen Menschen dorther." Diese Darstellung von Thina basierte auf Informationen, die der Schriftsteller von indischen Händlern erhielt.

Mehr Informationen über den Seidenkonsum der Römer finden sich in den Schriften von Plinius dem Älteren, der von 23 bis 70 u. Z. lebte. Er war im Unklaren über die Methode, mit der Seide hergestellt wurde. Er dachte, sie sei aus den weißen Daunen gemacht, die an den Blättern hafteten. Diese Daune, dachte er fälschlicherweise, wurde abgeschabt, um Seidenfäden herzustellen. Diese Beschreibung kommt jedoch der Baumwollproduktion näher als der Seidenproduktion. Plinius bemerkte an anderer Stelle, dass die Seide, die von römischen Frauen getragen wurde, schwierig herzustellen war und aus einem fernen Land stammte. Er wandte sich dagegen, weil es „älteren römischen Damen erlaubte, in der Öffentlichkeit durchsichtige Kleidung zur Schau zu stellen."

Da es schwierig ist, die Herkunft von Seidenfäden zu bestimmen, ist nicht ganz klar, woher die erhaltenen Fragmente römischer Seidengewänder stammen. Die in den Stoff eingewebten dekorativen Motive können, selbst wenn sie chinesischer Herkunft zu sein scheinen, auch indische Kopien chinesischer Muster sein. Der sicherste Beweis, dass ein im Westen gefundener Stoff aus

China stammte, ist das Vorhandensein von chinesischen Schriftzeichen, die in das Tuch eingewebt waren. Textilien, die in Palmyra in Syrien ausgegraben wurden, waren die ersten chinesischen Stoffe, komplett mit dekorativen chinesischen Schriftzeichen, die im Westen gefunden wurden. Sie stammen aus dem 1. bis 3. Jahrhundert u. Z. Aus dem Byzantinischen Reich sind mehr Seidenstoffe vom 5. bis zum 15. Jahrhundert erhalten geblieben. Die Analyse von etwa eintausend Mustern ergab nur ein einziges, das als chinesisch identifiziert werden konnte, obwohl es Hinweise darauf gibt, dass die Byzantiner während der Herrschaft von Kaiser Justinian I. (527 bis 565 u. Z.) chinesische Seide durch den Handel mit Angehörigen einer alt-iranischen Kultur, den *Sogdern*, erwarben.

Es war ein byzantinischer Gelehrter, Kosmas Indikopleustes, der als Erster im Westen über China schrieb. In seiner *Christlichen Weltbeschreibung (christianiké topographía)* aus dem Jahr 550 u. Z. benutzte er den Namen *Tzinista*, um ein ostasiatisches Land zu bezeichnen, das von seinen Bewohnern *Zhōngguó* (*zhōng* bedeutet Mitte und *guó* bedeutet Staat) genannt wurde. Später benutzten die Römer *Taugast* (*Tabgatsch*) als Name für China. Das war der Name, der häufig unter den Turkvölkern Zentralasiens verwendet wurde, um das Land im Osten zu bezeichnen. Ein Historiker, der während der Herrschaft des byzantinischen Kaisers Herakleios (reg. 610-641) schrieb, nahm diesen Namen in seiner Schrift auf.

Die Chinesen ihrerseits hatten nur unklare Vorstellungen von dem, was jenseits Zentralasiens lag. Im *Weilüe*, einem historischen chinesischen Text, der zwischen 239 und 265 u. Z. entstand, finden sich Hinweise auf Ägypten, aber nicht auf Rom. Im *Hou Hanshu* (*Schriften der späteren Han*), das irgendwann zwischen 398 und 445 u. Z. zusammengestellt wurde, scheinen die Beschreibungen der Länder im äußersten Westen denen des Nahen Ostens zu entsprechen, insbesondere dem Iran und Syrien. Spätere chinesische Texte aus dem 8. Jahrhundert erwähnen wieder den Nahen Osten und beziehen sich auf Konstantinopel, schweigen aber über alle Orte Europas.

Die erste Begegnung zwischen den Chinesen und den Römern dürfte im frühen 1. Jahrhundert stattgefunden haben. Der Historiker Florus aus dem 2. Jahrhundert berichtet, dass während der Regierungszeit des Augustus (reg. 27 v. u. Z. - 14 u. Z.) unter den vielen Delegationen aus dem Osten Leute namens *Seres* waren. Da dieses Ereignis in keiner anderen Geschichte aufgezeichnet ist, hat es wahrscheinlich nicht stattgefunden. Nach chinesischen Aufzeichnungen ist es wahrscheinlich, dass der Gesandte Gan Ying der Erste war, der auf einer Mission in das Römische Reich nach Westen reiste. Im Jahr 97 u. Z. gelangte er bis nach Mesopotamien, von wo aus er nach Westen segeln wollte. Er wurde darauf hingewiesen, dass die Reise gefährlich und lang sei, so dass er nach China zurückkehrte, ohne das Mittelmeer oder Rom selbst gesehen zu haben.

Hätte ein Handel in der Zeit des Römischen Reichs vor der Plünderung Roms im Jahre 410 bereits stattgefunden, würde man erwarten, dass römische Münzen an archäologischen Stätten im Osten aufgetaucht wären. Bis heute wurden in China keine antiken römischen Münzen gefunden. Die frühesten gefundenen westlichen Münzen wurden alle in Byzanz geprägt und stammen aus der ersten Hälfte des 6. Jahrhunderts u. Z. Entlang der Südwestküste Indiens sind bei archäologischen Ausgrabungen Tausende römischer Gold- und Silbermünzen aufgetaucht. Dies deutet darauf hin, dass zwischen Rom und Indien ein erheblicher See- und Landverkehr bestand. Auch im heutigen Vietnam sind römische Münzen gefunden worden, was darauf hindeutet, dass der Seehandel zwischen Rom und Südostasien früher als der Handel über Land zwischen Europa und dem Fernen Osten stattfand.

Zusammenfassend lässt sich sagen, dass die Quellen im Westen darauf hindeuten, dass es frühestens nach dem 1. Jahrhundert u. Z. einen Handel zwischen Gebieten in den östlichen Provinzen des Römischen Reichs, wie z. B. Syrien, und dem Fernen Osten gab. Offensichtlich wussten die Römer erst viel später von der Existenz Chinas.

In Bezug auf westliche Namen für das große Land des Fernen Ostens, übernahmen die Engländer den Begriff China im 16. Jahrhundert von den Portugiesen. Gelehrte haben seinen Ursprung auf das Persische oder möglicherweise Sanskrit zurückverfolgt. Er ist wahrscheinlich von dem Wort *Qin* abgeleitet, dem chinesischen Namen der Qin-Dynastie, die von 221 bis 206 u. Z. dauerte. Während der Qin-Dynastie wurden die verschiedenen Völker

Chinas erstmals unter einer Zentralregierung vereinigt.

Kapitel 2 – Die Seidenproduktion und der Handel der Han Dynastie

Chinas erste kaiserliche Dynastie, die Qin, wurde durch die Han-Dynastie abgelöst, die in einer Zeit, als verschiedene ethnische Gruppierungen um die Herrschaft kämpften, an die Macht kam. Dem ersten Han-Kaiser, Liu Bang, der von 202 bis 195 v. u. Z. regierte, gelang es, 18 Feudalstaaten zu befrieden und ein Herrschaftsgebiet zu errichten, das einen Teil des heutigen Chinas umfasste. Er gründete die Hauptstadt des han-chinesischen Staates in Chang'an, dem heutigen Xi'an. In den frühen Jahren der Han-Dynastie wurden Soldaten an die Grenzen geschickt, um das Reich vor barbarischen Einfällen zu schützen. Um die Häufigkeit von Überfällen durch Völker von außerhalb Han-Chinas zu verringern, wurden Grenzmärkte eröffnet, damit außerhalb des Han-Reichs, d.h. jenseits der Mauern lebende Völker, einen geregelten Handel mit den Han-Händlern treiben konnten. Diese Befriedungsmethode wurde zum üblichen Vorgehen der Han, um ihren Einfluss auszuweiten und den Handel anzuregen. Im Zuge des organisierten Handels konnten die Han mit Gewalt Völker an der Grenze assimilieren und schließlich die kaiserliche Staatskasse mit Steuereinnahmen versorgen.

Die Han-Politik, einen geregelten Handel mit Völkern jenseits ihrer Reichsgrenzen zu etablieren, erforderte Kenntnisse über diese zahlreichen Völker, z. B. darüber, welche überschüssigen Waren sie besaßen und welche Güter sie von den Chinesen erwerben wollten. Der siebte Kaiser der Han-Dynastie, Kaiser Wu (reg. 141 - 87 v. u. Z.) sandte 138 v. u. Z. einen Gesandten namens Zhang Qian aus, um ein Bündnis mit nomadischen Hirten, den Yuezhi, einzugehen, die im 2. Jahrhundert v. u. Z. nach Sogdien gekommen waren, und eine lose Konföderation indigener Völker im heutigen Kasachstan, Tadschikistan und Usbekistan bildeten.

Vor der Ankunft der Yuezhi besaßen die Sogder eine jahrhundertealte Kultur, die dadurch geprägt war, dass sie im Laufe ihrer Geschichte immer wieder durch nahöstliche und mediterrane Reiche erobert worden waren. Die Sogder wurden zunächst von dem Perser Kyros dem Großen (reg. 559 - 530 v. u. Z.) regiert, später wurde ihr Gebiet 328 v. u. Z. von Alexander dem Großen annektiert. Die Sogdische Konföderation der Stämme hatte ihr Zentrum in der Stadt Samarkand. Nach dem Tod Alexanders des Großen wurde Sogdien Teil des griechischen Seleukidenreichs und dann Teil des griechisch-baktrischen Königreichs, das sich vom nördlichen Iran bis zum Hindukusch-Gebirge und bis zum Fluss Oxus erstreckte.

Die Anbahnung des Handels mit den Yuezhi war nicht das einzige Motiv für die Mission von Wus Abgesandtem Zhang Qian. Er beabsichtigte, die Yuezhi als Verbündete der Han für eine Schlacht gegen die Xiongnu in der Mongolei und der mandschurischen Steppe zu gewinnen, die eine Bedrohung für die Nordgrenze des Han-Reichs darstellten. Die Xiongnu waren ein Zusammenschluss nomadischer Stämme, die unter Modu (reg. 209 bis 174 v. u. Z.) zum Xiongnu-Reich vereinigt wurden. Modus Krieger lagen ständig mit Völkern im Osten und im Westen des Han-Reichs, einschließlich der Yuezhi, im Krieg. Wie immer bei Wanderungen und Spannungen unter barbarischen Stämmen führte dies dazu, dass schwächere Stämme in neue Gebiete vertrieben wurden. Der Druck auf die schwächeren Stämme führte dazu, dass sie in Gebiete zogen, die bereits von anderen Stämmen besetzt waren und diese verdrängten. Die ständige Stammeswanderungen störten den Handel und übten Druck auf sesshafte Völker wie die Han aus. Die Kriege zwischen den Xiongnu und den benachbarten Völkern setzten sich nach Modus Tod fort. Somit reiste Zhang Qian in ein Gebiet ungeklärter Stammesherrschaft.

Unglücklicherweise wurde der Diplomat 138 v. u. Z. von den Xiongnu gefangen genommen und zehn Jahre lang versklavt. Nach seiner Flucht nahm Zhang Qian schließlich Kontakt zu den Yuezhi auf, die ihr Vieh westlich der Siedlung der Xiongnu weideten. Schließlich musste Zhang dem Han-Kaiser berichten, dass es keine Allianz mit den Yuezhi geben würde, da die Yuezhi kein Interesse zeigten, gegen ihre de facto Herrscher, die Xiongnu, zu kämpfen.

Zhang Qian war als Entdecker erfolgreicher denn als Diplomat. Seine Berichte über seine Reisen zu den Völkern Zentralasiens überzeugten die Machthaber der Han, dass sich jenseits der Grenzen ihres Reichs Gelegenheiten für die Ausweitung des Handels und vielleicht auch für Tributzahlungen befanden. Auf seinen Reisen traf Zhang die Einwohner von Dayuan, eines urbanen Zentrums im Ferghanatal in Zentralasien, das sich vom östlichen Teil des heutigen Usbekistans über das südliche Kirgisistan und das nördliche Tadschikistan erstreckt. Dayuan lag etwa 1.500 Kilometer von Chang'an, der Hauptstadt der Han, entfernt. Zhang Qian berichtete, dass die Bewohner Dayuans über kaukasische Gesichtszüge verfügten, in ummauerten Städten lebten, Wein tranken und bemerkenswert robuste Pferde züchteten. Zhang versuchte vergebens, die Bewohner Dayuans davon zu überzeugen, Kaiser Wu einige ihrer außergewöhnlichen Pferde zu schicken.

Die Kultur der Dayuan unterschied sich stark von der der Nomadenvölker, die sie umgaben, und zu denen auch die Yuezhi gehörten. Das Ferghanatal war 329 v. u. Z. von Alexander dem Großen erobert worden, wo er am Ufer des Syr Darja an der Stelle der heutigen Stadt Chudschand (Tadschikistan) die Stadt Alexandria Eschate („das entfernteste Alexandria") gründete. Nach dem Tod Alexanders fiel seine ummauerte Stadt unter die Kontrolle des Seleukidenreichs und wurde dann ein Teil des griechisch-baktrischen Königreichs. Nach dem griechischen Historiker Strabo (63 v. u. Z. - 24 u. Z.) erweiterten die Griechen ihr Reich „bis zu den Seres [Chinesen] und den Phryni", ein Oberbegriff für die Völker des Fernen Ostens. Es gibt archäologische Zeugnisse von späthellenistisch inspirierten Statuetten griechischer Soldaten, die darauf hindeuten, dass die griechisch-baktrischen Völker bis ins heutige Ürümqi in der chinesischen Region Xinjiang vorgedrungen sein könnten.

Das griechisch-baktrische Königreich wurde 250 v. u. Z. gegründet, als ein sezessionistischer Seleukidenführer sich zu König Diodot I. Soter von Baktrien proklamierte. Sein Nachfolger, Diodot II., wurde von dem Griechen Euthydemos gestürzt, der zwischen 210 und 220 v. u. Z. das griechisch-baktrische Königreich bis nach Xinjiang (heutiges Nordwestchina) ausdehnte. Der griechische Historiker Strabo schrieb: „Sie [die Graeco-Baktrier] dehnten ihr Reich sogar bis zu den Seres [die Chinesen] aus." Unter König Demetrios I. (reg. ca. 200 - 180 v. u. Z.), der erfolgreich das heutige Afghanistan, Pakistan, Punjab und Teile des indischen Subkontinents annektierte, weiteten die Graeco-Baktrier ihren Einfluss nach Süden aus.

Als der Diplomat Zhang Qian um 128 v. u. Z. in Dayuan ankam, sah er Krieger, die vorführten, wie sie auf dem Pferd sitzend Pfeile verschossen. Dies deutet darauf hin, dass die Bewohner zu dieser Zeit nomadische Hirten waren, die in die Stadt eingewandert waren, um den Schutz des griechisch-baktrischen Königreichs zu suchen, das damals von den Yuezhi überfallen wurde. Die Yuezhi wurden ihrerseits durch expandierende Stämme von ihrem Weideland nomadischer Hirten verdrängt. Die migrierenden Yuezhi umgingen Dayuan und führten ihr Nomadenleben im Südwesten weiter, wo sie sich gegen die Autorität des untergehenden griechisch-baktrischen Königreichs wehrten.

Auf seiner Rückkehr nach China wurde Zhang Qian erneut von den Xiongnu gefangen genommen. Er entkam inmitten eines Bürgerkriegs im Xiongnu-Reich und machte sich auf den Heimweg nach Chang'an.

Noch komplizierter ist die Geschichte von Sogdien, wo die Yuezhi schließlich „siedelten", soweit man das Wort auf traditionelle Nomaden anwenden kann. Seine geographische Lage machte es anfällig für das Eindringen anderer Nomadenstämme, die den Spuren der Yuezhi aus Ost und West folgten. Im 1. Jahrhundert u. Z. wurde Sogdien zum Zentrum eines neuen Reichs, das von den Yuezhi gebildet wurde, die in Baktrien gelebt hatten.

Das Kuschan-Reich erstreckte sich von Sogdien im Norden über Afghanistan bis nach Nordindien. Der Kuschan-Kaiser Kanischka der Große (reg. ca. 127 - 150 u. Z.), der wahrscheinlich der Yuezhi-Volksgruppe angehörte, reformierte und erweiterte das Reich, indem er Hauptstädte in Purusapura im Peshawar-Becken (im heutigen Pakistan und Afghanistan) und Kapisi (im heutigen Bagram, Afghanistan) errichtete. Kanischka erweiterte sein Reich auch Richtung Süden und eroberte den größten Teil von Indien. Durch die Verbindung Indiens mit Zentralasien bis zum Ferghanatal im Norden und nach Furfan im Osten, das an die Grenze zu Han-China grenzte, war das Kuschan-Reich in der Lage, effizienten Handel in Nord-Süd-Richtung zu treiben und den Handel von Sogdien nach China zu fördern. Entlang dieser Handelsrouten an der Seidenstraße gelangte der Buddhismus aus Indien, wo Siddhartha Gautama, sein Begründer, um 563 v. u. Z. geboren wurde. Seine Lehren verbreiteten sich langsam nach Zentralasien und die Religion erreichte China im zweiten Jahrhundert u. Z., als buddhistische Mönche erstmals ihre Texte ins Chinesische übersetzten.

Kapitel 3 – Das Königreich Loulan

Die ersten erfolgreichen Bemühungen der Han-Kaiser, einen verstärkten Handel nach Westen auszudehnen, begannen im 1. Jahrhundert v. u. Z. Dieses Handelsunternehmen konzentrierte sich auf die Oasenstadt Loulan, wo im 2. Jahrhundert v. u. Z. ein hochentwickeltes Königreich die Region beherrschte.

Im chinesischen Turkestan (das einen Teil des heutigen Xinjiang umfasste) haben Forscher und Archäologen in einem heute dünn besiedelten Ödland eine bis dahin unbekannte antike Kultur im heutigen Shanshan-Becken entdeckt. Am Südrand der Taklamakan-Wüste gelegen, hat das Shanshan-Becken spektakuläre archäologische Funde hervorgebracht. In der nun trostlosen Region, an den Stätten der antiken Städte Niya und Loulan, haben Archäologen die Überreste einer hochentwickelten Kultur entdeckt, die für die Verbindung Zentralasiens mit den Kulturen des Südens bis nach Indien von großer Bedeutung war.

Archäologische Funde belegen, dass die Bewohner der Städte Niya und Loulan in regelmäßigem Kontakt mit Händlern aus dem Süden standen. Diese südlichen Kaufleute zogen nach Norden durch die Gebirgsketten des Karakorum, Hindukusch, Pamir, Kunlun und Himalaya. Entlang der Route, die von der Gandhara-Region des indischen Subkontinents in die Taklamakan-Wüste führte, wurden in Stein gemeißelte Graffiti entdeckt. Einige der

Steine zeigen Bilder von Siddhartha Gautama, auch bekannt als Gautama Buddha, und Texte in zwei indischen Schriften, Kharosthi und der späteren Brahmi-Schrift.

Archäologische Funde aus Niya und Loulan zeichnen ein komplexes Bild der kulturellen Herkunft der Bevölkerung beider Städte. Einige Artefakte weisen stilistische Merkmale auf, die darauf hindeuten, dass ihre Schöpfer aus der Region Gandhara (Nordwestpakistan und Nordost-Afghanistan) stammten. Die Leichen, die in Niya und Loulan ausgegraben wurden, sind keine Chinesen oder Inder. Sie sind stattdessen kaukasoid mit hellem Haar, heller Haut und etwa ein Meter achtzig groß. Dies führt zu Spekulationen, dass die Niyans und Loulans Nachkommen von Migranten aus dem iranischen Plateau waren. Die Textilien, die diese Leichen aus dem 2. bis 4. Jahrhundert u. Z. umhüllten, bestehen aus Baumwolle und Seide. Erstere kamen aus dem Westen und letztere aus dem Osten.

Beschreibungen der Völker dieser Region der Taklamakan-Wüste liegen in zwei antiken Texten vor, die den Titel *Geschichte der Han-Dynastie* (82 u. Z.) und *Spätere Geschichte der Han-Dynastie* (445 u. Z.) tragen. Die Region wird von den chinesischen Schriftstellern als das Königreich Shanshan bezeichnet. Die beiden Städte im Königreich Shanshan, Niya und Loulan, scheinen bei der Verbreitung des Buddhismus und der indischen Sprache Kharosti miteinander im Wettstreit gelegen zu haben, welche von beiden bedeutender ist.

Es war Zhang Qians Bericht, der Kaiser Wu dazu ermutigte, Loulan im Jahre 108 v. u. Z. anzugreifen. Der König von Loulan wurde gefangen genommen, und der Han-Kaiser forderte Tribut. Indem Loulan abwechselnde Bündnisse mit den Han und den Xiongnu einging, gelang es der Stadt, der Eroberung zu entgehen. Im Jahre 77 v. u. Z. spitzten sich die Dinge jedoch zu. Nachdem der König von Loulan eine Reihe von Han-Gesandten getötet hatte, sandte Kaiser Zhao (reg. 87– 74 v. u. Z.) einen Gesandten namens Fu Jiezi nach Loulan. Er überbrachte dem König von Loulan ein Geschenk aus chinesischer Seide. Der König, erfreut über das Geschenk, soll betäubt worden sein, und Fus Wache tötete ihn. Laut den chinesischen Aufzeichnungen verkündete Fus Mörder: „Der Sohn des Himmels [der Han-Kaiser] hat mich geschickt, um den König zu bestrafen, weil er sich gegen Han gewandt hat... Han-Truppen werden bald hier ankommen; wagt es nicht, irgendetwas zu unternehmen, was zur Zerstörung eures Staates führen würde." Die Chinesen besetzten daraufhin das Königreich Loulan und versuchten, es unter der Bezeichnung Shanshan in das Han-Reich einzugliedern. In Zeiten, in denen die Chinesen Anzeichen von Schwäche zeigten, wurde die Region jedoch wieder zu einem unabhängigen Königreich oder fiel unter die Kontrolle der Xiongnu. Han-Aufzeichnungen besagen, dass Loulan im Jahr 25 u. Z. mit den Xiongnu verbündet war. Die Chinesen reagierten, indem sie einen Armeeoffizier, Ban Chao, schickten, um Loulan zu zwingen, wieder unter die Kontrolle der Han zurückzukehren. Als Ban Chao mit einem kleinen Kontingent Soldaten in Loulan eintraf, entdeckte er eine Delegation der Xiongnu, die mit dem König von Loulan verhandelte. Ban tötete die Gesandten der Xiongnu und übergab ihre Köpfe König Guang, dem Herrscher von Loulan, der sich daraufhin den Han unterwarf. Damit war die erste Etappe der Seidenstraße von China in Richtung Westen für Händler und Kaufleute sicher.

Nachdem die Völker des Shanshan-Beckens befriedet worden waren, wurden sie gezwungen, sich der Kontrolle der Han zu unterwerfen, und Ban Chao beschloss, Kontakt mit dem weit entfernten Römischen Reich aufzunehmen. Er schickte einen Botschafter, Gan Ying, in den Westen. Was Ban Chao genau über die Römer wusste, deren Reich sich damals bis nach Mesopotamien erstreckte, ist nicht bekannt. Vermutlich besaß er durch die Händler in Loulan einige Kenntnisse über das, was jenseits Persiens lag. Botschafter Gan Ying, dessen Ziel es war, das „westliche Meer" zu erreichen, könnte bis zum Mittelmeer oder zum Schwarze Meer gekommen sein. Wahrscheinlicher ist jedoch, dass er nur bis zum Persischen Golf gelangte. Als er erfuhr, dass die Überquerung des Meeres, das vor ihm lag, eine dreimonatige Hin- und Rückreise bedeutete, brach er seine Expedition ab. Seine Beschreibung des Römischen Reichs, die sicherlich auf Berichten aus zweiter Hand basierte, enthielt Informationen über die dort hergestellten Güter, darunter Gold, Silber, Münzen, Jade, Nashornhörner, Korallen, Bernstein, Glas und Seidenteppiche mit eingewebtem Goldfaden. Aus Gan Yings Mission geht eindeutig hervor, dass die Behörden und Händler in Loulan glaubten, dass der Handel mit den Han-

Chinesen durch Missionen in den unbekannten Westen erweitert werden könnte.

Es wird vermutet, dass Gan Yings Reise nach Westen von den Parthern sabotiert wurde, deren Reich sich von Mesopotamien bis zum Kaspischen Meer im Norden und bis Zentralasien im Osten erstreckte, fast bis an die Grenzen des chinesischen Shanshan. Die Parther, die ihre Rolle als Mittelsmänner im Handel zwischen Rom und Indien schützen und ihr Potenzial für den Handel mit China weiter östlich ausbauen wollten, mögen Gan Ying entmutigt haben, indem sie die Schwierigkeiten übertrieben darstellten, welche die lange Seereise ins Römische Reich mit sich bringen würde.

Nach Gan Yings Reise in den Westen strebte der Han-Kaiser danach, seine Kontrolle über Shanshan zu festigen und die nachfolgenden Könige von Loulan daran zu hindern, Unabhängigkeitsbestrebungen zu entwickeln. Soldaten wurden nach Loulan geschickt, wo sie sich als Kolonisten niederließen. 222 u. Z. war Shanshan gegenüber den Chinesen offiziell tributpflichtig. Dass sich Shanshan in einem Abhängigkeitsverhältnis befand, wird durch die Tatsache bestätigt, dass der König während der Regierungszeit des ersten Kaisers der Jin-Dynastie, Kaiser Wu (reg. 266-290) als Geisel an den chinesischen Hof geschickt wurde. Der Aufwand, den die Chinesen treiben mussten, um mit Shanshan zu verhandeln, deutet darauf hin, dass der Handel entlang der Seidenstraße für den Han-Kaiser finanziell vorteilhaft war.

In den *Schriften der spateren Han*, die im 5. Jahrhundert aus existierenden Texten zusammengestellt wurden, wird berichtet, dass die ersten Gesandten der Römer während der Herrschaft des Kaisers Huan (reg. 146-168) in der Hauptstadt des Han-Reichs eintrafen. Es ist unklar, ob die Abgesandten von Antoninus Pius (reg. 138-161) oder seinem Nachfolger Marcus Aurelius (reg. 161-180) geschickt wurden. Die römische Gesandtschaft kam auf dem Seeweg an, vielleicht über den Golf von Tonkin, der vor der Küste von Nordvietnam und Südchina liegt. Diese erste Gruppe von Römern, die den Han-Hof besuchten, wurde misstrauisch beäugt, weil die Geschenke, die sie mitbrachten, Objekte waren, die aus Südostasien stammten und keine echten Objekte aus Rom selbst waren. Historiker vermuten, dass es sich bei den Besuchern des Han-Hofes nicht um eine Gruppe offizieller Gesandten handelte, sondern um Kaufleute, die Schiffbruch erlitten hatten und somit die römischen Güter verloren hatten, die sie den Chinesen überbringen wollten. Die These, dass der erste Kontakt zwischen den Römern und den Chinesen über Südostasien stattfand, wird durch weitere Texte und archäologische Funde über Handelsbeziehungen zwischen Rom und dem heutigen Kambodscha und Vietnam bestätigt. Im Jahr 226 u.Z erschien am Hof des Kaisers Sun Quan in Nanjing ein Händler namens Qin Lun – eine chinesische Version eines unbekannten römischen Namens. Nach der Beschreibung seiner römischen Heimat wurde Qin Lun in den Westen zurückgeschickt. Wahrscheinlich war Qin Lun, wie frühere Kaufleute, ein römischer Händler, der in Südostasien landete.

Kapitel 4 – Buddhisten entlang der Seidenstraße

In der Frühgeschichte der Handelsroute, die in der Neuzeit als Seidenstraße bekannt wurde, deutet nichts darauf hin, dass der Seidenhandel der Hauptgrund war, um die Expansion des Handels Richtung Westen bzw. Osten voranzutreiben. Die Griechen und Römer waren vor allem an der Expansion interessiert, als sie nach Kleinasien vordrangen, und die Han-Chinesen waren geneigt, nach Westen zu expandieren, um Lebensmittel, Pferde und eine begrenzte Auswahl an Luxusgütern mit den sesshaften und halbnomadischen Völkern zu handeln.

Die Städte entlang der alten Handelswege, von denen einige nur kleine Oasen und andere hochentwickelte urbane Zentren waren, waren nicht nur für den Warenaustausch wichtig, sondern auch für die Vermittlung von Kultur in all ihren Formen, einschließlich der Sprache und der Religion.

Um die Verbreitung der Kultur über die Seidenstraße zu verstehen, muss man sich der wohlhabenden Oasenstadt Kutscha zuwenden. Sie war das Tor zur chinesischen Handelsroute, die die Taklamakan-Wüste im Norden umging. Wie Loulan wurde sie zum Knotenpunkt für die Weitergabe von Kultur. Die Sprache von Kutscha, Kutschan, stammte aus der gleichen indoeuropäischen Sprachgruppe wie Sanskrit, die ursprüngliche Sprache für die Verbreitung buddhistischer Lehren.

Die Chinesen interagierten erstmals im späten zweiten Jahrhundert v. u. Z. mit den Völkern von Kutscha. Der Han-Kaiser Wu schickte seinen General Li Guangli, um dem Königreich Ferghana im heutigen Usbekistan einen Besuch abzustatten. Unterwegs besuchte er Kutscha. Wie in Loulan hatten die Führer von Kutscha versucht, die Xiongnu-Konföderation zu befrieden, aber als die Xiongnu schwächer wurden, verbündete sich Kutscha mit den Han-Chinesen. 65 v. u. Z. reiste der König von Kutscha nach Chang'an, und danach erhielten die Chinesen einen offiziellen Bericht über die Oasensiedlungen entlang der Nordroute der Seidenstraße um die Taklamakan-Wüste. Die von den Beamten in Kutscha zurückgeschickten Berichte wurden in die offizielle Geschichte der Han-Dynastie aufgenommen.

Das Ausmaß der Präsenz der Han in der Region ist schwer einzuschätzen. Die Oasenreiche entlang der Nordroute der Seidenstraße befanden sich ständig im Krieg miteinander. So wurde Kutscha 46 v. u. Z. vom benachbarten Oasenreich Yarkand besiegt. Die Han-Chinesen scheinen in der Folge zeitweise die Kontrolle über verschiedene Oasen rund um Kutscha ausgeübt zu haben. General Ban Chao, der 91 u. Z. zum Gouverneur der Region ernannt wurde, erlangte selbst die formelle Kontrolle über Kutscha. Seine Garnison in Kutscha, die er unter die Kontrolle der Familie Bai stellte, überlebte weniger als zwanzig Jahre. Andere Völker der Region erhoben sich gegen die chinesische Herrschaft und zerstörten die chinesische Garnison in Kutscha. Von Zeit zu Zeit gelang es der Familie Bai im Laufe der Jahrhunderte, die Herrschaft über die eine oder andere Oase zu erlangen. Sie wurden Buddhisten, und der Buddhismus wurde im vierten Jahrhundert die vorherrschende Religion in Kutscha.

In Kutscha wurden buddhistische Schriften von Kumarajiva (344 bis 413 u. Z.) aus dem Sanskrit ins Chinesische übersetzt. Er war der Sohn einer frommen buddhistischen Mutter, die ihren Mann verließ und sich in einem buddhistischen Nonnenkloster niederließ. Sie reiste mit ihrem Sohn nach Gandhara, wo Kumarajiva den Hinayana-Buddhismus und später bei einem Mahayana-Buddhistenmönch studierte. Er kehrte nach Hause nach Kutscha zurück und brachte beide Richtungen des Buddhismus zu seinem Volk zurück.

384 u. Z. wurde die Stadt Kutscha erneut erobert, diesmal vom chinesischen General Lü Chuang. In Kutscha soll es Tausende von Pagoden und Tempeln gegeben haben, und der Palast der Bai-Könige wurde als gleichbedeutend mit der Residenz der Götter beschrieben. Der heilige Kumarajiva wurde um 390 u. Z. entführt und zeugte seiner Biographie zufolge Kinder, was gegen seine buddhistischen Gelübde verstieß. Schließlich kam er 401 nach Chang'an, der chinesischen Hauptstadt der Jin-Dynastie (265-420 u. Z.), wo er mit der Übersetzung buddhistischer Texte betraut wurde. Unter den vielen Texten, die er übersetzte, war das Lotus-Sutra (ein Sutra ist das Sanskrit-Wort für ein Werk, das angeblich von Buddha selbst stammt). Kumarajivas Texte waren weit verbreitet, und ihr Verständnis wurde durch die chinesische Erfindung des Pinyin-Systems erleichtert, in dem bestimmte Schriftzeichen Silben fremder Wörter darstellten. Die Erweiterung der chinesischen Sprache, damit bestimmte Sanskrit-Wörter für buddhistische Konzepte verstanden werden konnten, hat möglicherweise die Erfindung von bis zu 35.000 neuen chinesischen Wörtern nach sich gezogen.

Die Übersetzung von Sanskrittexten in dieser Zeit war nicht auf die Hauptstadt der Jin, Chang'an, beschränkt. In Kutscha und anderswo entlang der Seidenstraße wurden buddhistische Texte in die lokalen Sprachen übersetzt.

Zu Lebzeiten Kumarajivas begannen die Arbeiten an den heute weltberühmten Höhlen von Kizil, die 67 Kilometer westlich von Kutscha liegen. Die von einem deutschen Entdecker im Jahr 1909 entdeckten 339 Höhlen waren mit Gemälden dekoriert, mithilfe derer Kunsthistoriker die Kulturgeschichte der Region entschlüsselten. Die Höhlen von Kizil bestehen aus Einzelräumen, die um eine Säule oder Stupa angeordnet sind, um die Buddhisten herumlaufen, um ihre Hingabe an Buddha auszudrücken. Der Bau der Höhlen ähnelt denen bei Ajanta in der Nähe von Mumbay und anderen frühen buddhistischen Höhlen in Indien. Einige der Gemälde, wie das aus Höhle 38, zeigen indische Götter und flammende Buddhas im dezidiert indischen Stil. Sie wurden von Künstlern aus Indien gemalt oder von Zeichnungen aus Indien kopiert. Andere Höhlen sind mit Illustrationen von Jataka-Erzählungen dekoriert, die Geschichten über Gautama Buddhas frühere Inkarnationen als Mensch und Tier betreffen. Die Erzählungen, die aus der Zeit von 300 bis 400 u. Z. datieren, zeigen, wie Buddha anderen Menschen half, die sich in Schwierigkeiten befanden. Seit der Entdeckung der Kizil-Höhlen haben Antiquare aus verschiedenen Nationen einen großen Teil der Kunstwerke entfernt und in Museen im Westen deponiert.

Die Familie Bai regierte vom 6. bis 8. Jahrhundert weiterhin in Kutscha. Während dieser Zeit wurden Steuern an die herrschenden chinesischen Dynastien erstattet. Informationen über den Handel wurden aus offiziellen Passierscheinen für Karawanen in Kutscha, die für den Zeitraum von 641 bis 644 existieren, abgeleitet. Im Allgemeinen waren die Karawanen klein und bestanden aus weniger als zehn Männern und einer kleinen Anzahl von Tieren, entweder Esel oder Pferde. Da die Straßen sicher waren, konnten die Karawanen mit einer kleinen Anzahl von Männern auskommen, weil sie keinen Schutz durch Krieger benötigten. Im Jahr 648 eroberten die Tang-Chinesen (618-907) Kutscha erneut und entrissen es der Abhängigkeit des westtürkischen Khaganats, das zu Beginn des 7. Jahrhunderts gegründet worden war. Die Kontrolle der Tang-Chinesen über Kutscha, die östlichste Stadt an der nördlichen Seidenstraße, wurde zeitweise durch Revolten und Überfälle von Tibetern und Sogdern unterbrochen. Dem von der Tang-Militärregierung errichteten Protektorat Tang Anxi (647-784) gelang es, die Kontrolle über Kutscha zu behalten, doch der Kontakt zu Chang'an entlang der Seidenstraße wurde gelegentlich unterbrochen. Ein chinesischer General namens Guo Xin kontrollierte Kutscha ab 766. Er regierte isoliert bis 790, als die Tibeter aus dem Süden einmarschierten. Sie wurden ihrerseits von den Uiguren verdrängt, die das Gebiet vom frühen 9. Jahrhundert bis zum Aufstieg des Mongolischen Reichs im 13. Jahrhundert beherrschten.

Der Handel zwischen China und Kutscha vom 7. bis zum 13. Jahrhunderts war vor allem auf Pferde beschränkt. Diese wurden von den nomadischen Stämmen, die ihre Herden nördlich von Kutscha weideten, und von den Sogdern im Westen erworben. Die Pferde wurden gegen landwirtschaftliche Güter, Stahl oder Tuch eingetauscht. Es gibt auch Hinweise darauf, dass es eine monetarisierte Wirtschaft in Form von chinesischen Münzen gab.

Als sich die Tang 755 aus Kutscha zurückzogen, wurde eine lokale Währung geprägt.

Kapitel 5 – Turfan: Eine Oase an der Seidenstraße

Die zweitwichtigste Oasenstadt an der Seidenstraße nördlich der Taklamakan-Wüste war Turfan. Die Ureinwohner der Turfan-Region wurden von den Chinesen Chü-shih genannt, das bedeutet „Menschen, die in Filzzelten leben". Um 60 v. u. Z. verdrängten die Han die Xiongnu, eine lose Konföderation von Nomadenstämmen, die in der osteurasischen Steppe lebten, und kontrollierten das einst von den Chü-shih bewohnte Land. Die Han teilten die neu unterworfenen Völker aus administrativen Gründen in acht Staaten auf und machten die Region um Turfan, das ehemalige Chü-shih-Königreich, zu ihrem Operationszentrum. Die Garnison von Turfan umfasste eine Militärkolonie, und um 273 u. Z. bestand die Mehrheit der Bevölkerung von Turfan hauptsächlich aus chinesischen Immigranten. Die Stadt wechselte regelmäßig den Besitzer, blieb aber größtenteils unter chinesischer Kontrolle. Nach dem Zusammenbruch der westlichen Qin-Dynastie im 4. Jahrhundert u. Z. litt Turfan unter Einfällen nomadischer Stämme. Nach einer konzertierten militärischen Anstrengung wurde die Region um Turfan wieder unter die chinesische Kontrolle der Familie Ch'ü gebracht, die das Territorium von ihrer Hauptstadt Kao-ch'ang aus verwaltete, etwa 40 Kilometer vom heutigen Turfan entfernt.

Kao-ch'ang diente den Mitgliedern der Ch'ü-Familie, die sich als Könige von Liang präsentierten, als Verwaltungshauptstadt der Turfan-Region. Unter Chü-ch'ü An-chou wurde in der Nähe von Turfan ein bedeutendes buddhistisches Kloster gegründet. Als es Anfang des 20. Jahrhunderts von europäischen Archäologen erforscht wurde, enthüllte es einen Schatz an Informationen über die Kulturgeschichte des von Turfan beherrschten Abschnitts der Seidenstraße.

460 u. Z. wurde Chü-ch'ü An-chou von einer Konföderation nomadischer Stämme aus der Wüste Gobi gestürzt, die daraufhin ihr eigenes Königreich in Kao-ch'ang errichteten. Trotz der Barbareneinfälle blieb Turfan die Verwaltungsbasis unter der Königsfamilie der Ch'ü (500-640) und später unter den chinesischen Verwaltern der Tang-Dynastie (618-907) und schließlich des uigurischen Qocho-Königreichs (866-1283). Im Jahr 981 gab es mehr als fünfzig buddhistische Tempel in der Nähe von Turfan.

Als die südliche Route um die Taklamakan-Wüste nach 500 u. Z. nicht mehr genutzt wurde, wählten Reisende die nördliche Route, die durch die Stadt Turfan führte. Eine Beschreibung der Stadt findet sich in den Schriften eines chinesischen Mönchs namens Xuanzang (ca. 602-664), der 629 von Chang'an nach Indien aufbrach. Sein Ziel war es, buddhistische Texte in Sanskrit zu studieren. Von der westlichsten Stadt, die unter der Kontrolle der Tang-Chinesen war, zog Xuanzang nach Westen durch die Wüste Gobi und kam 630 in Turfan an, das etwa 650 Kilometer nordöstlich von Kutscha lag.

Von Turfan aus führte die Seidenstraße nach Sogdien. Nach der Invasion durch die Muslime im 8. Jahrhundert wurde der Islam nach einer Phase der allmählichen Bekehrung zur vorherrschenden Religion.

Sogdien bestand aus einem Netz von Stadtstaaten, in dem Kaufleute von einer Oase zur nächsten reisten und die das Gebiet mit Byzanz, Indien, Indochina und China verbanden. Seit seiner Erforschung durch Zhang Qian während der Herrschaft des Han-Kaisers Wu im 2. Jahrhundert v. Chr. war Sogdien den Chinesen als Kangju bekannt. Der in der Tang-Ära mehr oder weniger ungehinderte Handel entlang der Seidenstraße zwischen Sogdien und China wurde 907 u. Z. durch den Zusammenbruch der Tang-Dynastie unterbrochen.

Im Norden und Westen Chinas löste sich Mitte des 10. Jahrhunderts die uigurische Stammeskonföderation auf. Die Uiguren, eine türkische Volksgruppe, die im 9. Jahrhundert aus der Mongolei in die Region nördlich der Taklamakan-Wüste eingewandert war, konvertierten im 10. Jahrhundert zum Islam. Aufgrund multiethnischer Konflikte entlang der nördlichen und südlichen Seidenstraßenrouten um die Wüste Taklamakan kam es zu einer Unterbrechung des Fernhandels.

Obwohl diese Unruhen entlang der Seidenstraße den Handel störten, stellte der Aufstieg des Volkes der Kitan noch größere Hemmnisse für den Handel dar. Die Kitan waren ein Nomadenvolk, das mit den Jahreszeiten über Weideland in der heutigen Mongolei, im russischen Fernen Osten und in Teilen Chinas zog. Bei ihnen handelte es sich um sogenannte Proto-Mongolen, die Kitan sprachen.

Ein Führer des Yila-Stammes der Kitan, namens Abaoji, machte sich im ersten Viertel des 10. Jahrhunderts auf, um die Kitan zu vereinen und die Nachbarvölker zu erobern. Er führte eine 70.000 Mann starke Kavallerie an und ritt nach Shanxi (eine heutige Provinz im Norden Chinas), wo er ein Bündnis mit dem Militärgouverneur Li Keyong schloss, der 833 Shanxi unter der Herrschaft der Tang Dynastie vereinigte und befriedete. Von der Hauptstadt Chang'an aus schufen die Kaiser der Tang-Dynastie eine hochentwickelte Zivilisation – manche behaupten, es sei das goldene Zeitalter Chinas gewesen – und befriedeten mit Gewalt die Nomadenstämme im Westen entlang der Seidenstraße. Diese innerasiatischen Stämme wurden in ein Protektoratsystem eingebunden und mussten Tribut an China zahlen.

Mit seinen Erfolgen bei der Eroberung tang-chinesischer Gebiete im Norden Chinas nahm Abaoji den Titel eines *Khagan* (Großkhan) der Kitan an und wurde nach seinem Tod als Kaiser Taizu von Liao bekannt (regierte 916-926). Später versuchte er, sein Volk durch eine Verwaltung zu organisieren, die die Traditionen der Nomadengesellschaft und das chinesische Regierungssystem vereinte, das er von den sesshaften Völkern übernahm, die er in sein Reich eingliederte. Zum Beispiel wurden an Abaojis Gericht chinesische Formalitäten eingehalten. Er ging so weit, sich gemäß chinesischer Tradition Himmlischer Kaiser zu nennen. Im Gegensatz zur Kitan-Tradition, in der die Führung durch Verdienste gewonnen wurde, ernannte er seinen Sohn zum Thronfolger. Bis zu seinem Tod hatte Abaoji alle Stämme im Osten der koreanischen Halbinsel, des russischen Fernen Ostens und der Mandschurei erobert. Auch hatte er seine Autorität weit in die mongolische Hochebene ausgebreitet. Abaoji lebte jedoch nicht lange genug, um seinen Ehrgeiz, die Tang-Chinesen im Süden anzugreifen, in die Tat umzusetzen. Nach einem internen Machtkampf wurde Taizong zum zweiten Kaiser von Liao (reg. 927-947). Ihm gelang das, woran sein Vater gescheitert war – er marschierte nach China, überquerte den Gelben Fluss und drohte, nach Westen nach Chang'an zu ziehen. Rebellionen und Verrat unter seinen eigenen Truppen und den von ihm eroberten chinesischen Rebellenfamilien zwangen Taizong, sich wieder hinter den Gelben Fluss zurückzuziehen. Nach seinem Tod konnte sein Nachfolger die Gebietsgewinne nicht halten. Die Liao-Dynastie verlor an Bedeutung, bis sie 1125 an die nördliche Song-Dynastie von China fiel.

Weitere Störungen des Handels entlang der Seidenstraße wurden durch den Krieg im Norden zwischen den Song-Chinesen und der rivalisierenden Großen Jin-Dynastie (1115-1234) verursacht. Der Konflikt zwang die Truppen und den Hof der Song, sich in den Süden zurückzuziehen und die Kontrolle über weite Teile Nordchinas, hauptsächlich die Mandschurei, den Jurchen-Rebellen zu überlassen, die zunächst Verbündete der Jin waren und später deren Oberherren wurden.

Nach ihrem Rückzug in den Süden war der Handel für die Song-Chinesen weniger von der Seidenstraße abhängig, da sie immer gefährlicher und unzuverlässiger geworden war. Der Handel entlang der Seidenstraße wurde teilweise durch den Seehandel mit Japan, Südostasien und im Indischen Ozean verdrängt. Chinesische Häfen entlang der Südküste wie Guangzhou und Quanzhou wurden wichtige Handelszentren, wo arabische, persische, malaiische und tamilische Händler ihre Geschäfte machten.

Kapitel 6 – Die Legende vom Priesterkönig Johannes

Im frühen Mittelalter hatten die Europäer nur skizzenhafte Vorstellungen von dem, was östlich von Mesopotamien lag. Legenden von Alexanders Eroberungen im Osten wurden mündlich weitergegeben und schließlich schriftlich niedergelegt. Dabei handelte es sich zumeist um fantastische Erzählungen, die sich um seltsame Kreaturen wie Amazonen, Cynocephali (Männer mit Hundeköpfen), Sciopoden (einbeinige Männer, die schnelle Läufer waren) und Anthropophage (Männer mit Gesichtern auf der Brust) drehten. Seltsame Tiere sollten ebenfalls den Osten bewohnen, wie Einhörner und Schlangen mit zwei Füßen.

Das europäische Interesse an den Ländern, die im Osten jenseits des Mittelmeers lagen, wurde durch die Begeisterung für die Kreuzzüge gegen die Muslime angeregt. Die Muslime hatten ihren Einflussbereich weit über das Heilige Land hinaus ausgeweitet, als der erste Kreuzzug 1096 begann. Die Anbahnung des Handels mit den unbekannten östlichen Ländern war von geringerer Bedeutung als die Verbreitung der christlichen Religion gegen den muslimischen Expansionismus im Osten.

Im 12. Jahrhundert wurden die Legenden des Ostens um die Erzählung vom Priesterkönig Johannes erweitert. 1122 kam ein Mann nach Rom, der behauptete, der Patriarch von Indien zu sein, und forderte die päpstliche Bestätigung seines Amtes. Es existieren zeitgenössische Texte, die die angebliche Beschreibung von Indien, die der Priesterkönig Johannes Papst Calixt II. vorlegte, aufzeichneten. Der Priesterkönig Johannes soll dem Papst erzählt haben, er wohne in der riesigen Stadt Hulna, die von gläubigen Christen bewohnt und von zwölf Klöstern umgeben sei. Die Geschichte einer lebendigen christlichen Gemeinde jenseits des Tigris wurde vom deutschen Chronisten Bischof Otto von Freising wiederholt. 1145 schrieb er, er habe von einem syrischen Bischof gehört, dass ein König und Priester namens Johannes über ein riesiges Reich nestorianischer Christen herrsche, die von den Sterndeutern abstammen, die vielen Lesern vielleicht durch ihre Darstellung in der Geschichte von der Geburt Jesu als die drei Männer vertraut sind, die aus dem Osten kamen, um Christus zu huldigen. Otto von Freising berichtete, dass der Ostkönig Johannes den belagerten christlichen Kreuzfahrern im Nahen Osten zu Hilfe gekommen wäre, wenn er nicht durch die Unmöglichkeit, seine Armee über den Tigris zu befördern, daran gehindert worden wäre.

Die Legende des Priesterkönigs Johannes wurde durch einen anonymen Brief des Priesterkönigs ergänzt, der vor 1180 an den byzantinischen Kaiser Manuel I. Komnenos (reg. 1143-1180) geschrieben wurde. Der Brief wurde ein sehr beliebtes Dokument, von dem es mehr als 120 Manuskriptkopien gibt.

In dem Brief schreibt Johannes, er wolle in den Westen reisen, um das Grab Christi zu besuchen. Er sagt, dass er ein riesiges Reich mit 62 christlichen Unterkönigen regiere und dass sein Reich außerordentlich wohlhabend sei und dort Milch und Honig flössen. Es grenze an das Paradies, habe einen Jungbrunnen, und es gebe keine lässliche Sünde in seinem Land. Der Priesterkönig berichtet, dass er eine riesige Armee mit Rittern und Armbrustschützen habe. Zusammenfassend schließt er: „Es gibt keinen König auf dieser Welt, der so mächtig ist wie ich."

Die Manuskriptkopien des Briefes variierten, und die Beschreibung von Johannes' Reich wurde erweitert. In den in England angefertigten Abschriften heißt es, dass am östlichen Hof von Johannes etwa 11.000 Engländer lebten. In Frankreich behaupteten die Kopien des Briefes, dass Johannes 11.000 französische Ritter unter seinem Kommando habe. Die Beliebtheit des Briefes des Priesterkönigs lässt darauf schließen, dass im

Europa des Mittelalters eine weit verbreitete Hoffnung bestand, dass eine mächtige christliche Gemeinschaft im Osten den Kreuzfahrern im Kampf gegen die muslimischen „Ungläubigen" beistehen könnte. Außerdem gab die Tatsache, dass es irgendwo im unerforschten Gebiet des Ostens ein spektakuläres Königreich gab, den Europäern eine Art Hoffnung auf eine bessere Welt.

Die arabischen Geographen an den Höfen der muslimischen Feinde der Kreuzfahrer hatten ebenso fantasievolle Vorstellungen von dem, was östlich ihrer expandierenden Kalifate lag. Aus den Erzählungen von Seehändlern, die in den Osten vordrangen, stellten muslimische Gelehrte verwirrende Berichte über Indien, Ostindien und China zusammen. Zu Beginn des 14. Jahrhunderts erklärte ein kurdischer Geograph namens Abu al-Fida (1273-1331), das Wissen über China sei „so gut wie nicht vorhanden; es kommen nur wenige Reisende aus diesen Gegenden, die uns mit Informationen versorgen könnten." Die wenigen Informationen, die in den arabischen geographischen Texten über den Osten vermittelt wurden, wurden von den Europäern aus irgendeinem Grund ignoriert, obwohl sie im allgemeinen großes Interesse an den wissenschaftlichen Schriften der Muslime hatten.

Die Europäer waren jedoch über die Christen in den entferntesten Gegenden der Levante informiert. Sie waren Anhänger einer Doktrin, die von den Christen des östlichen Ritus in Konstantinopel und der römisch-katholischen Kirche verurteilt wurde. Die Nestorianer waren der ketzerischen Ansicht, dass Christus zwar *eine* Person sei, die aber zwei Naturen, eine göttliche und eine menschliche, besitze. Das Oberhaupt der nestorianischen Kirche saß in Bagdad und ihre Kirchen fanden sich im gesamten Nahen Osten von Syrien bis Persien. Die Nestorianer waren aktive Missionare und bis zum 8. Jahrhundert hatten sich nestorianische Kirchen in Turkestan, China und unter den Nomadenstämmen in der Mongolei verbreitet.

Die nestorianischen Christen kamen im 12. Jahrhundert mit den Chinesen in Berührung. Ein abtrünniger chinesischer König, Yelü Dashi, führte eine Gruppe nomadischer Kitanstämme nach Zentralasien, wo er sich als Kaiser von Kara-Kitai, auch bekannt als die Westliche Liao-Dynastie, etablierte. Er errichtete eine zentrale Herrschaft über ein ausgedehntes Gebiet, das Handelswege um den

Balchaschsee umfasste. Er gründete seine Hauptstadt in Balasagun im heutigen Kirgisistan. Westlich von Kara Kitai, im heutigen Iran und Irak, herrschte das Sultanat der Seldschuken. Die gewaltigen Armeen von Yelü Dashi und den Seldschuken trafen sich 1141 auf dem Schlachtfeld von Qatwan nördlich von Samarkand im heutigen Usbekistan. Yelü Dashis Truppen siegten und er zog nach Samarkand, wo er die Treuebekenntnisse der dortigen muslimischen Führer akzeptierte und einen Tributstaat errichtete. Die Duldung Yelü Dashis gegenüber den nestorianischen Christen in seinem Reich wurde zweifellos zur Grundlage für die Legende des Priesterkönigs Johannes, die sich nach dem ersten Kreuzzug (1095-1099) in Europa verbreitete.

Kapitel 7 – Dschingis Khan, Herrscher der Welt

Im 10. Jahrhundert begannen die protomongolischen Stämme, die am Oberlauf des Amur lebten, ihre angestammten Gebiete in der heutigen Inneren Mongolei und der Mandschurei zu verlassen. Sie zogen nach Süden und Westen und drangen in den Norden Chinas ein, wo sie die Liao-Dynastie (916-1125) gründeten. Unter dem Namen Kara-Kitai ließen sie sich als sesshafte Bauern nieder, gründeten eine Hauptstadt namens Huangdu (später Shangjing) und übernahmen ein System, in dem die Position des Anführers vererbt wurde, anstelle ihrer Stammestradition, den Anführer zu wählen. An der Seidenstraße gelegen, hatten die Völker der Kitan-Föderation leichten Zugang zu den nicht vereinigten Staaten Chinas. Entlang der Seidenstraße fanden Elemente der chinesischen Kultur, wie etwa die Vorstellung, dass die Stabilisierung der Steuern dem Wachstum des Wohlstands förderlich sei, ihren Weg zu den Kara-Kitai. Um 920 nahm der erste Herrscher der Liao-Dynastie, Abaoji (regierte 916-926), den chinesischen Namen Taizu an. Da der Kaiser schriftliche Dokumente benötigte, um die Verwaltung der Kitan zu erleichtern, ließ er von seinen Hofgelehrten eine Schrift aus geschriebenen Dokumenten übernehmen, die durch chinesische Händler entlang der Seidenstraße ins Reich gelangten. Mit der Kenntnis der chinesischen Kultur, die mit Händlern nach Norden gelangte, wurden die Liao-Kaiser angeregt, die reicheren und kultivierteren Chinesen zu erobern.

Im Jahr 960, fünfzig Jahre nach dem Zusammenbruch der Tang-Dynastie in China, wurde das Land unter der Song-Dynastie (969-1279) vereinigt. Die Song beherrschten einen viel kleineren Teil Chinas als die Tang. Der dritte Song-Kaiser, Zhenzong (reg. 968-1022), handelte mit Liao im Norden einen Vertrag aus und versprach, jährlich 200.000 Ballen Seide sowie eine große Menge Silber zu zahlen. Dieser Schatz wurde auf einer der Routen der Seidenstraße transportiert, wie auch andere Güter in der Friedenszeit zwischen den Liao und den Song. Der Tribut in Seide war bei den Chinesen traditionell und wurde zu einem Tauschmittel, das an der Seidenstraße in den an China angrenzenden Regionen allgegenwärtig war. Die Seidenballen, die den Liao übergeben wurden, konnten als Bezahlung für Lebensmittel und Pferde verwendet werden, die von sesshaften Bauern und nomadischen Hirten gehalten wurden. Im Gegenzug konnten die Händler außerhalb und innerhalb des Liao-Territoriums die Seidenballen als Zahlungsmittel benutzen, um andere Waren zu kaufen, die sie benötigten.

Die mongolischen Nomadenstämme nördlich des Liaogebietes verschmolzen allmählich miteinander, auch die Liao wuchsen mit Stämmen zusammen, die über die zentralasiatischen Steppen zogen. Im Jahr 1155 wurde ein Junge namens Temüjin in einen mongolischen Klan geboren. Er entwickelte ungewöhnliche Fähigkeiten als Krieger und übernahm schließlich die Herrschaft über die gesamte Mongolei. Sein Können als Krieger und Staatsmann versetzte ihn in eine gute Ausgangsposition, als 1206 ein *Kurultai*, ein mongolischer politischer und militärischer Rat, zusammentrat, um zu prüfen, ob er der Position eines Anführers würdig sei. Temüjin, besser bekannt als Dschingis Khan, wurde zum Großkhan der Mongolen ernannt. Von da an erweiterte er seinen Machtbereich und formte das größte Reich, das die Welt je gesehen hatte. Die vielen Völker, die von den Mongolen beherrscht wurden, lieferten Tribut und handelten untereinander über die Seidenstraße. Mit der mongolischen Kontrolle wurden die Handelswege sicherer und das Reisen mit Waren von West nach Ost und umgekehrt wurde unkomplizierter, als die Mongolen gemeinsame Vorschriften für Passierscheine für bestimmte

Abschnitte der Seidenstraße einführten.

Dschingis Khan unterwarf die Waldbewohner Sibiriens im Norden und griff die Stämme in der Wüste Gobi an, die damals ein Drittel Chinas bildeten. Er eroberte auch die Karluken, eine Konföderation nomadischer Turkvölker westlich des Altai-Gebirges in Zentralasien, und unterwarf die eng verbündeten muslimischen Uiguren, die mehrere Oasen in der Taklamakan-Wüste besetzt hielten und damit die Seidenstraße kontrollierten. Er nahm die Kitan in sein Reich auf und machte sich dann auf, um China zu erobern. Im März 1211 erklärte Dschingis Khan den Resten der Jin in Nordchina den Krieg, die damals unter der Kontrolle der Jurchen standen. Es ging langsam voran und in den zwei Jahren nutzte Dschingis Khan die Gelegenheit, die Jurchen in der Mandschurei zu unterwerfen. 1215 eroberte er Peking. Er kehrte sofort in die Mongolei zurück und schlug eine Rebellion in Kara-Kitai nieder, wo er mit Begeisterung von den Muslimen empfangen wurde, die sich von den Buddhisten unterdrückt fühlten.

Zu dieser Zeit kontrollierten die Mongolen ganz Zentralasien bis zum Fluss Syrdarja, der die Grenze zum Iran bildete. In Bezug auf die Seidenstraße war diese mongolische Oberhoheit ein wichtiger Impuls für die Zunahme von Verkehr und Handel. Der Iran, der damals von Ala ad-Din Mohammed II. (reg. 1200-1220), dem Schah der choresmischen Dynastie, regiert wurde, wurde von Dschingis Khan angegriffen, der zwischen 150.000 und 200.000 Soldaten in Richtung Westen anführte. Im September 1219 überquerte Dschingis den Syrdarya und drang bis Buchara (im heutigen Usbekistan) in Choresmien ein und jagte dann Ala ad-Din Muhammad nach Süden nach Baktra (heute Balkh) und dann nach Nischapur und Rey (heute Teheran). Dschingis Khan zerstörte das Land und tötete viele Einwohner, verschonte jedoch die Handwerker und den muslimischen Klerus. Letzterer entging der Vergeltung, weil Dschingis Khan eine Politik der Toleranz aller Religionen und aller frommen Praktiken innerhalb seines Reichs verfolgte. Der Sohn von Ala ad-Din Muhammad, Jalal ad-Din Mingburnu (reg. 1220-1231), führte den Krieg weiter und zog sich nach Sogdiana (das heutige Samarkand und Buchara in Usbekistan, Sughd in Tadschikistan und Teile Afghanistans) zurück. Dschingis Khans Armee verfolgte den Feind bis nach Sogdiana, wo seine

Soldaten ethnische Säuberungen im großen Stil durchführten. Jalal war gezwungen, sich über den Indus zurückzuziehen, wo er versuchte, das Choresmische Reich wieder aufzubauen. Dschingis Khan verfolgte Jalal nicht sofort, sondern belagerte 1222 Multan (im heutigen Pakistan). Die Mongolen waren jedoch wegen der Hitze gezwungen, sich zurückzuziehen, und Dschingis Khan kehrte daraufhin zum Sitz seines Reichs in der Mongolei zurück.

Durch Dschingis Khans Eroberungen im Westen wurden die komplexen und inkonsistenten Regelungen des Handels verbessert und die durch lokale Konflikte bedingten Unterbrechungen allmählich seltener. Unter der Führung der Mongolen konnten Händler größere Entfernungen zurücklegen, bevor sie ihre Waren entluden und an Händler übergaben, die mit den lokalen Routen der Seidenstraße vertraut waren. Mit dem Aufstieg der Mongolen erweiterte sich der Handel entlang der Seidenstraße sowohl im Hinblick auf die zurückgelegten Entfernungen als auch auf das Volumen der beförderten Güter. Mit der Ausdehnung des Mongolischen Reichs wuchs auch die Länge einiger Strecken der Seidenstraße.

Anstatt den direkten Weg nach Hause zu nehmen, überquerte Dschingis Khans Armee den Kaukasus, wo sie auf die Georgier stieß. Die Georgier errichteten Verteidigungspositionen in der Ukraine, die damals von dem Turkvolk der *Kiptschak* (im Deutschen auch *Kumanen*) kontrolliert wurde. Die Russen wurden herbeigerufen, um im Kampf gegen die Mongolen zu helfen, unterlagen aber am 31. Mai 1222 Dschingis Khans Verbündeten. Das mongolische Georgien sollte ein wichtiger Ausgangspunkt für europäische Händler werden, um zur Nordroute der Seidenstraße zu gelangen.

Um 1222 fühlte der betagte Dschingis Khan seine eigene Sterblichkeit. Er hatte gehört, dass chinesische Taoisten ein geheimes Heilmittel gegen den Tod besaßen, und so rief er einen taoistischen Meister an seinen Hof, der ihm sagte, es gäbe Heilmittel, um das Leben zu verlängern, aber nicht, um dem Tod zu entgehen. Er riet zur Mäßigung und zum guten Leben. Der Großkhan hörte zu und machte sich dann auf den Weg in die Mongolei, wo er 1225 ankam. Obwohl des Krieges müde, führte Dschingis Khan persönlich seine Armee durch die Wüste Gobi und griff die *Tanguten* im Nordwesten Chinas an. In dieser Zeit drängte Dschingis Khan darauf, die Völker im westlichen Xia anzugreifen, ein Gebiet, das heute die chinesischen Provinzen Ningxia, Gansu, Qinghai, Shaanxi, Xinjiang und Teile der Inneren und Äußeren Mongolei umfasst. Es sollte jedoch sein letzter Kampf sein, denn Dschingis Khan starb 1227, bevor die *Tanguten* kapitulierten. Das westliche Xia, wo die Seidenstraße von Nordchina nach Zentralasien verlief, fiel schließlich unter die Kontrolle der Mongolen. Nachdem sie ein so großes Gebiet beherrschten, das von China bis vor die Haustür Europas in Georgien und der Ukraine reichte, wurde der Handel entlang der Seidenstraße wieder sicher und profitabel.

Da ein Nachfolger Dschingis Khans aus seinem Geschlecht nur von einem *Kurultai* gewählt werden konnte, dauerte die Versammlung potenzieller Kandidaten längere Zeit, da sie aus den entlegensten Weiten des Mongolischen Reichs herbeigerufen werden mussten. Schließlich wurde Ögedei, Dschingis Khans dritter Sohn, zum nächsten Großkhan ernannt, der von 1229 bis 1241 regierte. Unter seinen Höflingen befanden sich Krieger aus seiner Familie, die sich durch zahlreiche Siege auszeichneten, die das Reich und den Handel stark erweitert hatten. Korea wurde 1236 erobert, wodurch die Seidenstraße nach Osten verlängert wurde. Ögedei Khans Nachfolger annektierten Tibet um 1250. Dies führte zu einer verstärkten Bewegung von Waren und Ideen aus Tibet, die sich entlang einer Route der Seidenstraße bewegten, die nach Norden und Osten nach China hineinführte.

Die Mongolen griffen erneut die chinesischen Kaiser aus der Song Dynastie an, denen es gelang, die mongolischen Armeen von 1234 bis 1279 aufzuhalten. Im Westen zwangen die Mongolen unter der Führung von Ögedei Khan die christlichen Georgier, Vasallen des mongolischen Staates zu werden. Dies ermöglichte die Verlängerung einer sicheren Seidenstraße bis zur Grenze des christlichen Europas. Auch die Armenier waren unter die Herrschaft der Mongolen gefallen, da sie von den verbündeten Mongolen im Kampf gegen die Eroberung durch den Islam unterstützt worden waren. 1254 unterwarf Hethum I., der König von Armenien (regierte 1226-1270), sein Königreich der mongolischen Oberherrschaft. Zur Bestätigung schickte er seinen

Bruder Sempad 1247 nach Karakorum, das von 1235 bis 1260 die Hauptstadt der Mongolen war. (Karakorum lag in der heutigen Provinz Övörkhangai der Mongolei in der Nähe der heutigen Stadt Kharkhorin.) Sempad reiste nicht entlang der Seidenstraße nach Osten, sondern fuhr auf dem Seeweg zum Hof des Mongolischen Reichs. Die Vereinbarung zwischen Armenien und Ögedei Khan wurde 1254 ratifiziert, als König Hethum auf der Seidenstraße quer durch Asien reiste, um den Großkhan zu treffen. Seine Reise wurde von dem armenischen Hofhistoriker Kirakos Gandzaketsi (ca. 1200-1271) in dem Text „Die Reise des Haithon, des Königs von Kleinarmenien, in die Mongolei und zurück" festgehalten. Die Geschichte der Reise wurde in Europa und Russland populär, wo großes Interesse am Mongolischen Reich, am Hof des Großkhans und am Handel entlang der Landwege der exotischen Kulturen des Ostens bestand. Unter denen, die von diesem Bericht besonders angezogen wurden, befanden sich Händler und Kaufleute, die so viele Informationen wie möglich über die Seidenstraße suchten, bevor sie sich auf ein, wie sie glaubten, profitables Abenteuer zum Machtzentrum des mächtigen Mongolischen Reichs einließen.

Die nordwestliche Region des Mongolischen Reichs löste sich 1259 aus der Herrschaft des mongolischen Hofes in Karakorum. Sie wurde zu einem separaten Khanat, bekannt als *Khanat Kiptschak* oder *Ulus Dschötschi*. Letztere Bezeichnung wurde verwendet, weil Dschingis Khan diese Region des Mongolischen Reichs einschließlich Südrusslands und Kasachstans seinem ältesten Sohn Dschötschi gegeben hatte. Als Dschötschi starb, kam das Gebiet unter die Kontrolle seines Sohnes Batu Khan. 1235 führte Batu seine Armee westwärts und eroberte 1236 Wolga-Bulgarien, einen Staat am Zusammenfluss von Wolga und Kama, und 1237 einen Teil der ukrainischen Steppe. Die Halbinsel Krim wurde 1238 von den Mongolen erobert. Batu zog dann nördlich in die Kiewer Rus ein und überfiel Polen und Ungarn und belagerte Wien.

Als er merkte, dass er einem stärkeren Feind gegenüberstand, zog sich Batu von Wien zurück. Dabei stellte er Bulgarien unter mongolische Kontrolle. Unter der Herrschaft von Batu Khan (reg. 1227-1255) wurde das Mongolische Reich, das an der Schwelle zu Europa und Russland lag, als Goldene Horde bekannt. Dieser

Name taucht erstmals in russischen Texten aus der Mitte des 16. Jahrhunderts auf, die Herkunft der Bezeichnung bleibt jedoch geheimnisvoll. Es wird vermutet, dass das Wort „Horde" vom mongolischen Wort *ordu* abgeleitet wurde, was Lager oder Hauptquartier bedeutet. Die Bezeichnung „Golden" könnte von dem goldenen Zelt abgeleitet sein, das Batu Khan benutzte.

Da das Mongolische Reich so nahe am Herzen des europäischen Handels lag, ist es verständlich, dass die Kaufleute in den aufstrebenden Stadtstaaten Italiens, aber auch in den verschiedenen Herzogtümern und Königreichen anderer Regionen Europas ihren Blick auf der Suche nach Profit gen Osten richteten. Diese Ausweitung des Handels mit dem Osten entlang der sich ständig verlängernden Seidenstraße wurde sogar von der katholischen Kirche genutzt, da Kleriker die Handelsmissionen begleiteten, um die päpstliche Autorität durch Missionsarbeit zu stärken.

Die drohende Gefahr für Europa durch die Goldene Horde und die Mongolen, die im Westen als Tataren bezeichnet wurden, wurde von Papst Alexander IV. (1254-1261) thematisiert. Seine Proklamation an die so genannten „zivilisierten Nationen" sollte das Bewusstsein für die Bedrohung aus dem Osten schärfen. Er schrieb: „Es ertönt in den Ohren aller ... die schreckliche Posaune einer düsteren Vorwarnung vor der Geißel des Zornes des Himmels in den Händen der unmenschlichen Tataren, die gleichsam aus den geheimen Enden der Hölle hervorbricht." Diese Art der Panikmache hatte wenig Wirkung auf christliche Kaufleute, die von Habgier anstatt von religiöser Reinheit getrieben wurden.

Die Erweiterung der Goldenen Horde durch Batu Khan ermöglichte es den Europäern, die gesamte Seidenstraße durch Gebiete zu bereisen, die unter der Kontrolle eines einzigen Herrschers standen. Das Mongolische Reich, das sich von Europa bis nach China erstreckte, erleichterte das Reisen und den Handel durch eine Vielzahl kleinerer Königreiche und Kulturen, die in der Vergangenheit den freien Handel behindert hatten. Die verschiedenen Stammes-, ethnischen und politischen Gebiete entlang der Seidenstraße, die nun unter strenger mongolischer Kontrolle standen, boten Reisenden und Händlern eine sichere Durchfahrt.

In Europa wurde der Aufstieg der Mongolen oder Tataren, wie sie dort genannt wurden, von den Kirchenführern beobachtet. Ein Dominikanermönch aus Ungarn berichtete auf einer Reise ins mongolische Russland im Jahr 1235, dass die Mongolen kurz davor stünden, Rom zu erobern und damit die Weltherrschaft beanspruchen und die christliche Kirche vernichten würden. Den Europäern jener Zeit zufolge waren die Mongolen Bestien der gemeinsten Art, die sich auf eine Reihe von Komplotten eingelassen hatten, um den Nahen Osten und Europa selbst aus dem Gleichgewicht zu bringen. Papst Gregor IX. (Papst von 1227 bis 1241) versuchte, einen Kreuzzug gegen die Mongolen zu organisieren. Im März 1245 schrieb Papst Innozenz IV. (Papst von 1243 bis 1254) Briefe an den „König und die Völker der Tataren", in denen er die christliche Lehre erläuterte und um eine Erklärung der mongolischen Angriffe gegen die christlichen Völker bat. Diese sollten von zwei Gruppen von Mönchen überbracht werden. Eine Gruppe sollte auf der Seidenstraße in den Nahen Osten reisen, um die Führer der mongolischen Streitkräfte zu finden, während eine andere Gruppe durch Polen und Russland reisen sollte, um dem Führer der Mongolen in Asien die Botschaften zu überbringen.

Nachdem er das Heilige Land durchquert hatte, kam der Dominikanermönch André de Longjumeau in Täbris (im Nordwesten des Iran) an. Er übergab die Briefe des Papstes an Baycu Noyan, den Führer der mongolischen Streitkräfte in Armenien und Persien. Auf der Nordroute zum mongolischen Hauptquartier reiste 1245 der Dominikaner Ascelin von Cremona als Leiter der päpstlichen Delegation in Baycus Sommerlager im armenischen Hochland. Dort ließ er die Briefe des Papstes ins Persische übersetzen und sorgte dafür, dass sie an den Hof des Großkhans nach Karakorum in Zentralasien geschickt wurden.

Daneben wurde eine dritte Gesandtschaft zu den Mongolen geschickt. Diese wurde vom Franziskanermönch Giovanni da Pian del Carpine angeführt. Als die Delegation 1245 von Lyon aus aufbrachen, schloss sich ihnen ein polnischer Franziskaner an, Bruder Benedikt, der als Übersetzer fungieren konnte, wenn die Gruppe slawischsprachige Gebiete durchquerte. Sie trafen Batu Khan und überbrachten die Briefe des Papstes. Er überzeugte sie, an den Hof des neuen Großkhan Güyük (reg. 1246-1248), des

Enkels von Dschingis Khan, zu reisen. Ihre Reise entlang der Seidenstraße führte sie durch das ehemalige Choresmische Reich, wo sie „viele verwüstete Städte, zerstörte Burgen, verlassene Dörfer" sahen, und durch Kara-Kitai, wo sie unter der extremen Kälte litten. 1246 erreichten sie Güyüks Lager bei Karakorum.

Im Lager erlebten die Franziskaner die Zeremonien zur Inthronisierung von Güyük, dem neuen Großkhan. Pater Giovanni da Pian del Carpine schrieb, dass der Großkhan seiner Beobachtung nach ein sehr intelligenter Mann sei. Er stellte auch fest, dass die Christen (Nestorianer), die in seinem Haushalt dienten, der Ansicht waren, dass er bald zum Christentum konvertieren würde. Trotzdem war Güyüks Antwort an Papst Innozenz IV. eine kompromisslose Widerlegung der Position des Papstes. Güyük schrieb, er lehne die Forderung des Papstes ab, die Mongolen sollten Christen werden und der überlegenen Macht des Papsttums zustimmen.

„Woher weißt du, wem Gott vergibt und wem er sich erbarmt? Durch die Macht Gottes vom Aufgang der Sonne bis zum Untergang hat Er Uns alle Länder übergeben ... Jetzt sagt Ihr mit aufrichtigem Herzen: ‚Wir werden eure Untertanen sein...' Mit Dir persönlich an der Spitze der Könige, müsst ihr alle zusammen auf einmal kommen, um Uns zu huldigen. Wir werden dann eure Ergebenheit anerkennen."

Die päpstliche Gesandtschaft kehrte auf der Seidenstraße über Kiew zurück, das sie am 9. Juni 1247 erreichte. Auf ihrer Reise hatten Bruder Giovanni und seine Gruppe rund 6.000 Kilometer zurückgelegt. Auch wenn es den Gesandten von Papst Innozenz IV. nicht gelungen sein mag, den Großkhan von der Vorherrschaft der christlichen Kirche in Rom zu überzeugen, hatte Bruder Giovanni in seinem Reisebericht *Ystoria Mongalorum* sehr nützliche Beschreibungen der Gebiete gegeben, die er durchquerte. Die *Ystoria Mongalorum* ist die erste europäische Chronik der mongolischen Geschichte und es waren Chroniken wie diese, die dazu beitrugen, europäische Kaufleute zu motivieren, ihr Glück im Handel mit dem Osten zu versuchen.

Die Einleitung zu Giovannis Text offenbart, was für die Europäer zu den Anfängen des Wissens über die Mongolen wurde, die eine ernste Bedrohung für die christliche Welt darstellten.

Giovanni schrieb: „In dem Wunsch, einen Bericht über die Tataren zu schreiben, in dem der Leser sich zurechtfinden kann, werden wir ihn in Kapitel unterteilen." Diese Kapitel befassen sich mit Beschreibungen des Landes der Mongolen und der Völker und Religionen des Mongolischen Reichs. Im letzten Kapitel bespricht Giovanni, „wie Krieg gegen sie geführt werden sollte". Das Detail von Giovannis Bericht ist bedeutsam. Im Teil über die mongolische Kriegsführung beschreibt er die Organisation ihrer Armee, Waffen, Rüstungen und Belagerungstaktiken. Zu seinen anthropologischen Beobachtungen gehören unter anderem Ehebräuche, Nahrung, Kleidung und Bestattungspraktiken. Was die Geographie des Mongolischen Reichs betrifft, so geht Giovanni nur auf das ein, was er auf seiner Reise von und nach Karakorum beobachtet hat. Die Informationen, die Giovanni auf seiner Reise gesammelt hatte, wurden durch Vorträge, die er vor seinen franziskanischen Brüdern hielt, in Umlauf gebracht.

Der nächste niedergeschriebene Kontakt zwischen den Mongolen und den Europäern fand im Dezember 1248 statt, als zwei nestorianische Christen aus dem Mongolischen Reich nach Zypern kamen, wo König Ludwig IX. von Frankreich (reg. 1226-1270) seinen Kreuzzug gegen die Muslime in Ägypten vorbereitete. Die Abgesandten behaupteten fälschlicherweise, der mongolische General Eljihidey, der Truppen in Persien befehligte, und Großkhan Güyük seien zum Christentum übergetreten. Die Gesandten behaupteten auch, dass Güyüks Mutter die Tochter des Priesterkönigs Johannes sei, der den Europäern aus Legenden gut bekannt war. All das waren gute Nachrichten für die Kreuzfahrer unter König Ludwig und sie versuchten, sich die Unterstützung der Mongolen im Kampf gegen die Muslime zu sichern. André de Longjumeau, der bereits Kontakt zu den Mongolen aufgenommen hatte, wurde mit entsprechenden Geschenken nach Täbris geschickt, doch bei seiner Ankunft erfuhr er, dass Großkhan Güyük gestorben war. Der mongolische General Eljihidey schickte die Gesandten nach Karakorum, wo die Regentin, Sorghaghtani Beki, die gerade die Thronbesteigung ihres Sohnes arrangierte, die von den Gesandten überbrachten Gaben als Symbol der Unterwerfung Frankreichs und des lateinischen Europas unter den zukünftigen Großkhan verstand. Sorghaghtani Beki schickte daraufhin einen Brief an Ludwig IX, in dem sie sein Erscheinen an ihrem Hof und die Entrichtung eines angemessenen Tributs forderte.

Doch Ludwig, der mit anderen Dingen beschäftigt war, gab seinen Versuch, ein Bündnis mit den Mongolen zu schließen, auf. Ein Franziskaner in seinem Gefolge, Wilhelm von Rubruck, erhielt vom französischen König die Erlaubnis, als Missionar zu Batu zu reisen und ihn davon zu überzeugen, dass die Mongolen der Goldenen Horde zum Christentum konvertieren sollten. Wilhelm und ein Begleiter, Bruder Bartolomeo von Cremona, brachen im Mai 1253 von Zypern auf. Sie reisten über Konstantinopel und segelten über das Schwarze Meer zur Halbinsel Krim. Dann ritten sie von einem Wagenzug begleitet zum Lager von Sartaq Khan, dem Sohn und zukünftigen Nachfolger von Batu Khan. Sartaq schickte sie in Batus Lager jenseits der Wolga und Batu wiederum schickte die Mönche an den Hof des neuen Großkhans Möngke (reg. 1251-1259) in Karakorum. Dort durften sie sechs Monate bleiben. Wilhelm von Rubruck und sein Begleiter verfehlten jedoch ihre missionarischen Ziele.

In seinem Bericht über die Mongolen schildert Wilhelm von Rubruck viele Einzelheiten des Lebens in der Hauptstadt, u.a. erwähnt er die Verwendung von chinesischem Papiergeld, die Schriftgelehrten, die in chinesischen Schriftzeichen schrieben, sowie das Aussehen und die Praktiken buddhistischer Mönche. Wilhelm erwähnt auch die Anwesenheit von Europäern in der mongolischen Hauptstadt, unter denen ein Pariser Goldschmied war, der einen Silberbaum und vier silberne Löwen für den Palast des Großkhans angefertigt hatte. Nach Wilhelm gab es in der Hauptstadt zwölf heidnische Tempel, zwei Moscheen und eine nestorianische Kirche, die von den Ungarn, Russen, Georgiern und Armeniern in der Gemeinde sowie einigen Mitgliedern der Familie des Khans genutzt wurde. Wilhelm gelang es nicht, sein Ziel, die Bekehrung des Großkhans, zu erreichen. Er berichtete, Großkhan Möngke habe Wilhelm im letzten Gespräch, das sie miteinander führten, von seinem Glauben erzählt. „Wie Gott der Hand verschiedene Finger gegeben hat, so hat er den Menschen verschiedene Wege gegeben." Wilhelm ließ seinen Gefährten Bruder Bartolomeo zurück und verließ Karakorum mit geringem missionarischem Erfolg. Er kam 1254 in Batus Lager an, überquerte den Kaukasus und betrat das Heilige Land. Von dort sandte er seinen Bericht an

Ludwig IX., der sich damals wieder in Frankreich aufhielt. Sein Kreuzzug in Ägypten endete mit seiner Gefangennahme durch die Muslime im Jahr 1250. Nachdem er freigekauft worden war, verbrachte er vier Jahre im Heiligen Land, bevor er nach Frankreich zurückkehrte.

Wilhelms Beschreibungen seiner Reisen nach Karakorum und zurück sind viel detaillierter als die seiner Vorgänger. Er schrieb sehr detailliert über die Geographie des Mongolischen Reichs auf seiner Reise entlang der Seidenstraße. Er beschrieb auch die Kulturen und Bräuche der Länder, die er durchquerte, und bezeichnete die Zustände in den mongolischen Militärlagern als entsetzlich. „Ich finde keine Worte, um euch von dem Elend zu erzählen, das wir erlitten haben, als wir in die Lager kamen." Die erbärmlichen Zustände, schrieb Wilhelm, zeigten an, dass die Mongolen keine Bedrohung darstellen würden, wenn der Papst einen Kreuzzug gegen sie ausrufen würde.

Um die Mitte des 13. Jahrhunderts waren die Informationen über das mongolische Reich trotz der Berichte von Abgesandten in den Osten oft falsch oder spärlich und das Wenige, das vorhanden war, fand keine große Verbreitung. Es ist bekannt, dass der vierte Großkhan, Möngke, die mongolischen Expansionsbestrebungen wieder aufnahm. Zusammen mit seinem Bruder Kublai begann er, nach China vorzudringen. Im Westen marschierte sein jüngerer Bruder Hülegü (Herrscher des Ilkhanats von 1256 bis 1265) in den Irak ein und übernahm die Macht im Kalifat der Abbasiden. Hülegü zog nach Syrien und eroberte 1260 Aleppo und Damaskus. Als er die Nachricht vom Tod seines Bruders, des Großkhans, hörte, musste er sich nach Aserbaidschan zurückziehen. Die von Hülegü zurückgelassenen Truppen wurden am 3. September 1260 in der Schlacht von Ain Jalut bei Galiläa vom Mamluken-Sultan von Ägypten, Saif ad-Din Qutuz, besiegt. Diese Niederlage beendete die westliche Vorstellung, die Mongolen seien unbesiegbar.

Während all dies geschah, war die Seidenstraße von einer Reihe von Europäern, fast ausschließlich Abgesandte der christlichen Kirche, bereist worden, die Aufzeichnungen über ihre Reisen hinterließen. Es ist bekannt, dass die Reise in den Osten auch von vielen anderen durchgeführt wurde, vor allem von Kaufleuten, die keine Aufzeichnungen hinterließen. Die Tatsache, dass europäische

Händler in den Büchern erwähnt werden, ist nicht verwunderlich, denn unter der Schirmherrschaft des Mongolischen Reichs hatte sich die Seidenstraße seit einiger Zeit zu etwas entwickelt, das einer modernen Schnellstraße gleicht – allerdings mit weniger Verkehr natürlich.

In der zweiten Hälfte des 13. Jahrhunderts hinterließ einer der schillerndsten Reisenden Europas im Mittelalter eine Aufzeichnung seiner Reise. Vielen Lesern wird der Name Marco Polo bekannt sein, der auf der Seidenstraße nach Osten reiste, um den sagenumwobenen Hof des Großkhans zu besuchen. Sein Gastgeber und Arbeitgeber im Osten war kein geringerer als der Krieger Kublai Khan, der das Mongolische Reich erweiterte, die ersten großen Schlachten jenseits der mongolischen Grenzen verlor und der Begründer einer chinesischen Kaiserdynastie war.

Kapitel 8 – Der Herr von Xanadu, Kublai Khan: Der Kaiser Chinas

Mit der Thronbesteigung von Dschingis Khans Enkel Kublai im Jahr 1260 begann eine neue Ära in der mongolischen Geschichte. Das Mongolische Reich expandierte nicht nur und entwickelte sich zu einem hochgradig organisierten Staat, sondern es erreichte auch einen Höhepunkt an Reife, bevor das Reich zu bröckeln begann. Es war die Zeit, in der der Landweg von West nach Ost entlang der Seidenstraße seinen Höhepunkt erlebte, bevor er allmählich durch den Seehandel abgelöst wurde.

Kublai, geboren 1215, wuchs unter der Aufsicht eines buddhistischen Kindermädchens auf. In seiner Jugend verliebte er sich in die chinesische Kultur. Da er der Prinz eines kleinen Fürstentums war, nur einer von vielen in der erweiterten Familie der Nachkommen von Dschingis Khan, wurde von ihm nicht erwartet, eine wichtige Rolle zu spielen. Als Jugendlicher wird Kublai hier und da in den Chroniken seines Onkels und Großvaters, „Die geheime Geschichte der Mongolen", erwähnt, die nach dem Tod Dschingis Khans geschrieben wurde. Das Wenige, das über Kublais Jugend berichtet wird, verdanken wir der großen Bedeutung seiner Mutter, Sorghaghtani Beki.

Um das rebellische Steppenvolk der *Keraiten* zu befrieden, arrangierte Dschingis Khan die Heirat seines jüngsten Sohns, Tolui, mit Sorghaghtani, der Tochter des Anführers der aufständischen Keraiten. Aus dieser Ehe gingen vier Söhne hervor, darunter auch Kublai. Sorghaghtani übernahm nach dem Tod ihres Mannes die Macht und förderte die Religion ihrer Familie, das nestorianische Christentum. Einige im Westen glaubten, dass ihr Onkel der sagenumwobene christliche Priesterkönig Johannes war. Ob Sorghaghtanis Onkel ein Christ war oder nicht, es ist unwahrscheinlich, dass er mit einer Armee in den Westen gereist wäre, um die Kreuzfahrer zu unterstützen.

Kublai Khans Aufstieg zum Thronfolger des Mongolischen Reichs war nicht einfach. Die Frage der Nachfolge Dschingis Khans war, wie man in einem neugegründeten Reich erwarten durfte, kompliziert. Dschingis Khans ältester Sohn, Jochi, der der wahrscheinlichste Thronfolger schien, starb vor seinem Vater und seine Söhne unternahmen keine Anstrengungen, die Macht zu ergreifen. Vor seinem Tod hatte Dschingis Khan bestimmt, dass sein drittältester Sohn, Ögedei, seine Nachfolge antreten solle, falls er sich als würdig erweisen würde. Als Dschingis Khan starb, stritten seine Söhne und Enkel darum, wer würdig war, die Führung des Mongolischen Reichs zu übernehmen. Ögedei setzte sich bei einem *Kurultai,* einer Ratssitzung, durch und machte sich daran, die Verwaltung des Reichs zu verändern. Aus einer mehr oder weniger chaotischen Verwaltung machte er eine effektive. Ögedei führte ein System von Poststationen ein, baute Kornspeicher und führte eine Vermögenssteuer ein. Das Postsystem, das in etwa wie der Pony-Express funktionierte, setzte den Bau von Straßen voraus, auf denen berittene Kuriere bis zu 400 Kilometern am Tag zurücklegen konnten. Diese Straßen dienten auch dazu, den Warentransport zwischen den Regionen zu erleichtern.

Großkhan Ögedei versuchte mit Hilfe seiner Familie, zu der auch Kublai gehörte, Gebiete außerhalb der Mongolei zu stabilisieren. Damit sicherten sie den finanziellen Unterhalt der Mongolen, was die Notwendigkeit verringerte, ständig zur Versorgung ihrer Bevölkerung mit Nahrungsmitteln die Grenzgebiete zu plündern.

Ögedei baute eine von seinem Großvater als geeignete mongolische Hauptstadt bezeichnete Stelle weiter aus, die Dschingis Khan Karakorum oder „Schwarzer Fels" genannt hatte. Hier errichtete Ögedei eine Stadt mit vier Mauern aus festgestampfter Erde und einem inneren Palast für die mongolischen Könige. Karakorum wurde nie eine Großstadt, aber seine Nähe zum buddhistischen Erdene Zuu Kloster und seine Lage im Orchon Tal, die es ihnen ermöglichte, den Xiongnu und Uiguren nahe zu sein, ermöglichten die Errichtung einer neuen zentralisierten Autorität für das mongolische Reich. Mongolische Kriegsherren errichteten Lager rund um die Stadt, und Ögedei selbst soll dort seinen mobilen Palast aufgebaut haben, wenn er nicht anderswo im Krieg war. Es war anscheinend ein zehn Meter breiter Wagen, der von 22 Ochsen gezogen wurde.

Von Karakorum aus kontrollierten die Mongolen Nordchina durch eine Art Premierminister, einen Chinesen namens Yelü Chucai. Seine erfolgreiche Verwaltung in China wird durch die Tatsache belegt, dass er im Jahr 1230 rund tausend Silberbarren an Steuereinnahmen für die Mongolen einnahm. Die Bedeutung von Karakorum für das Leben der Mongolen war gering, obwohl es die Hauptstadt war. Nach mongolischem Brauch war es die Pflicht des jüngsten Sohnes eines Kriegers, zu Hause zu bleiben und sich um die Familienangelegenheiten zu kümmern, wobei er vor allem das Vieh der Familie auf dem Land weidete, das schon bald überweidet war. Ältere Söhne sollten in den Krieg ziehen, Feinde plündern, sich mit Revolten befassen und ganz allgemein dazu beitragen, die mongolische Kontrolle überall auszudehnen. Ögedei, der somit frei war, in Karakorum Hof zu halten, durfte eine Armee anführen, um Nordkorea anzugreifen, das sich bis dahin hartnäckig der mongolischen Herrschaft widersetzt hatte. Er schickte auch eine Armee in den Iran, um dort mit den verbliebenen Seldschuken fertig zu werden. Außerdem fiel er mit seiner Armee regelmäßig in China ein. Ögedei war ein starker Trinker wie die meisten Mongolen und erlitt eine Lähmung, vielleicht einen Schlaganfall, die auf seine Unmäßigkeit zurückzuführen war. Er wurde von Schamanen behandelt, die die Übertragung des Leidens auf Tolui, Ögedeis jüngeren Bruder, forderten. Es ist wahrscheinlich, dass Tolui 1232 im Verlauf der Behandlung, die die Einnahme großer Mengen Alkohols einschloss, starb. Ögedei, der sehr geschwächt war, regierte noch weitere 20 Jahre.

Während dieser 20 Jahre weigerte sich Sorghaghtani, Toluis Frau, erneut zu heiraten, wie es bei den Mongolen eigentlich üblich war. Sie wurde die mächtigste mongolische Frau, da ihr Mann ihr beträchtlichen Landbesitz vermacht hatte, was bedeutete, dass sie sowohl reich als auch mächtig war. Sorghaghtanis Sohn, Kublai, wuchs in einem anderen Umfeld als die meisten mongolischen Krieger auf. Statt seinem Vater in den Krieg zu folgen, führte er in den Steppen um Karakorum ein gemächliches Leben und übte sich in der Jagd und den Kriegskünsten. Er erhielt einen uigurischen Tutor aus Zentralasien und lernte die türkische Schrift der Mongolen zu lesen.

Sorghaghtani zog irgendwann mit ihrer Familie und ihrem Hof in die Provinz *Hebei* in China. Dies war ein Gebiet, das rechtmäßig ihr gehörte, da es von ihrem verstorbenen Mann erobert worden war. Hebei lag jedoch nicht nur wegen der mongolischen Invasion in Trümmern, sondern auch, weil viele seiner Bewohner nach Süden nach Song-China geflohen waren, um der mongolischen Herrschaft zu entkommen. Weitere Chinesen sahen sich gezwungen, Hebei zu verlassen, als die Mongolen Strafsteuern einführten. Man geht davon aus, dass die Region, die einst 40 Millionen Einwohner bewohnten, auf etwa 10 Millionen Einwohner schrumpfte. Sorghaghtanis Herrschaft über Hebei war viel humaner als die durchschnittliche mongolische Kontrolle über andere Völker. Als nestorianische Christin war sie tolerant und finanzierte die Ansiedlung anderer Religionen. Ihre Regierung ermutigte die chinesischen Bauern, das Land weiter zu bestellen. Die Bedingungen dort waren so angenehm, dass einige Chinesen aus dem Song-Reich im Süden zurückkehrten. Durch die Erleichterung des Ackerbaus wandte sich Sorghaghtani von dem mongolischen Brauch ab, erobertes Ackerland an nomadische Hirten zu übergeben, die die einst produktiven Höfe in Weideland verwandelten. Im Jahr 1240, als ihr Sohn Kublai in den Zwanzigern war, schenkte Sorghaghtani ihm die Region Jingzhou im südlichen Hebei am Ufer des Jangtse-Flusses. Zuerst vernachlässigte Kublai sein Anwesen und es verfiel. Seine Steuereinnahmen wurden von Agenten der Mongolen gestohlen und nicht an Kublai übergeben, wie es hätte sein sollen. Um seinen Besitz zu reformieren, folgte

Kublai dem Vorbild seiner Mutter und ließ sein Anwesen durch chinesische Verwalter führen, die mit der Senkung der Steuern und der Förderung der Landwirtschaft beauftragt wurden. Die Bevölkerung von Jingzhou wuchs, als die Flüchtlinge in ihr Land zurückkehrten.

Als sich Ögedei Khan 1241 endgültig zu Tode trank, erreichte die Nachricht von seinem Ableben schließlich den Westen. Im Wissen, dass ihr Anführer zu einem *Kurultai* nach Karakorum gerufen werden würde, zog sich die mongolische Horde in Ungarn von der Front zurück und nahm damit den Druck von Europa. Ögedeis Frau Töregene begann ihre inoffizielle Herrschaft, während sie auf die Einberufung des *Kurultai* wartete. Während ihrer Herrschaft kam es unter ihren Beratern zu religiösen Spannungen, die durch die von ihren muslimischen Steuereintreibern veranlasste zu hohe Besteuerung hervorgerufen wurden. Nichts davon betraf Kublais Güter, die er mit einem gewissen Maß an Großmut und ungewöhnlicher Effizienz verwaltete. Kublais Mutter, die mittlerweile äußerst mächtige Sorghaghtani, verbündete sich mit der Regentin und Großkhatun Töregene, und man glaubte, dass Sorghaghtani bei den Beratungen des *Kurultai* ihre Verbündete sein würde. Bei der Versammlung, die 1246 stattfand, wurde die Frage der Thronfolge geregelt, indem Ögedei Khans ältester Sohn Güyük zum Thronfolger ernannt wurde.

Ein Bild von der Art der Behausung, wie sie bei den höheren Mongolen üblich war, hat Bruder Johann von Plano Carpini übermittelt durch seine Beschreibung des Zeltes von Töregene in Karakorum zur Zeit der königlichen Versammlung. „Nach fünf oder sechs Tagen sandte er [Güyük] uns zu seiner Mutter [Kaiserin Töregene], die einen sehr feierlichen und königlichen Hof hielt. Als wir dort ankamen, sahen wir ein großes Zelt aus feinem weißem Tuch, das unserer Meinung nach so groß war, dass mehr als zweitausend Mann darin stehen konnten, und ringsherum war eine Mauer aus Brettern, bemalt mit verschiedenen Motiven." Bruder Johannes beschrieb die Konferenz der Mongolen aus der Nähe, als er sich dem *Kurultai*-Zelt nähern konnte, und beobachtete die vielen Würdenträger, die sich um den Eingang drängten. „Außerhalb der Tür standen Herzog Jaroslaw von Susdal in

Russland und eine große Menge Herzöge der Kitaier und der Solander. Dann die beiden Söhne des Königs von Georgien, ein Gesandter des Kalifen von Bagdad, der ein Sultan war, und wir denken, mehr als zehn andere Sultane der Sarazenen."

Es ist klar, dass zur Zeit dieser Konferenz von Königen und größeren und kleineren Herrschern aus dem Mongolischen Reich, das Reisen entlang der Seidenstraße zwar nicht alltäglich aber zumindest sicher für diejenigen war, die vorsichtig genug waren, sich bewaffneter Wachen zu bedienen. Bruder Johann behauptete, dass etwa viertausend Gesandte, die viele verschiedene Sprachen sprachen, von überall aus dem Mongolischen Reich kamen, um an der Krönung des neuen Großkhans Güyük teilzunehmen. Sie fand in einem neuen Lager in einiger Entfernung von Karakorum statt. Im Zentrum befand sich laut Bruder Johann ein riesiges Zelt, dass die Goldene Orda genannt wurde. Unglücklicherweise ging zum festgesetzten Zeitpunkt des Ereignisses ein zerstörerischer Hagelsturm nieder und die Feierlichkeiten wurden abgesagt. Eine Woche später vollzogen die Prinzen der königlichen Familie, unter denen sich auch Kublai befand, in der Goldenen Orda die rituelle Unterwerfung vor dem neuen Großkhan. Direkt nach der Zeremonie hielt Großkhan Güyük einen Schauprozess vermutlich auf Betreiben seiner Mutter ab, in dem seine Tanten der Ermordung seines Vaters angeklagt wurden. Sie wurden gemeinsam hingerichtet.

Bruder Johann berichtete von seinen eigenen Erfahrungen mit dem Zorn des neuen Khans und seiner Mutter. Er schrieb, der russische Herzog Jaroslaw sei zu einem Bankett mit Töregene eingeladen worden. „Sogleich nach dem Mahl wurde er krank, und nach sieben Tagen starb er. Nach seinem Tod war sein Körper von einer seltsamen blauen Farbe, und es wurde allgemein berichtet, dass der Herzog vergiftet worden sei." Anschuldigungen wurden gegen die vermeintlichen Feinde des Khans und seiner Mutter erhoben. Alles endete, als Güyük 1248 selbst ermordet wurde oder sich zu Tode trank. Es ist möglich, dass der Großkhan von seinem Bruder Batu vergiftet wurde, der aus dem Westen gerufen worden war, um am Hofe von Karakorum zu erscheinen. Jeder Gedanke an Vergeltung gegen den Widerstand des Khans endete mit dem Tod von Töregene, die 1265 - einige Zeit nach der Inthronisierung

Kublai Khans - unter verdächtigen Umständen starb.

Batu, der seine Rolle im Westen des Reichs genoss, berief zwei königliche *Kurultais* ein, um einen neuen Khan wählen zu lassen. Beim zweiten, im Jahr 1251, wurde Sorghaghtanis ältester Sohn, Möngke (reg. 1251-1259), zum Großkhan erklärt. Einen Einblick in den Hof von Großkhan Möngke gibt Wilhelm von Rubrucks Bericht über seine Reise in den Osten. Seine Audienz mit dem Großkhan verlief nicht gut, denn Möngke war während des ganzen Treffens abgelenkt und betrunken. Auf seinen Erkundungen in Karakorum traf Wilhelm jedoch einige interessante Menschen. Unter ihnen war eine Frau namens Paquette, die aus Metz in Frankreich kam. Sie berichtete ihm, sie sei in Ungarn gefangen genommen und nach Karakorum gebracht worden, wo sie die Sklavin eines mongolischen Kriegers wurde. Irgendwie entkam sie diesem Grauen und schloss sich dem Gefolge einer christlichen mongolischen Prinzessin an. Paquette heiratete später einen russischen Zimmermann und hatte drei Kinder. Wilhelm berichtete auch von einem Pariser Goldschmied namens William Bouchier, der in Karakorum aufblühte, nachdem er in Europa gefangengenommen und von Möngke als Leiter einer Werkstatt mit fünfzig Handwerkern eingesetzt worden war.

Großkhan Möngke verhinderte interne Streitigkeiten und Revolten unter den mongolischen Fraktionen, indem er tat, was die Mongolen immer getan hatten: Er eroberte neue Länder. Mit Blick auf weitere Eroberungen in China wählte Möngke einen seiner Verwandten aus, der großes Geschick bei der Befriedung der Chinesen gezeigt hatte. Er ernannte Kublai zum Vizekönig über Nordchina, da dieser mit großem Scharfsinn regierte und es ihm sogar gelang, chinesische Kriegsherren zur Unterstützung seiner Kriege zu gewinnen. 1253 wurde Kublai befohlen, Yunnan im Südwesten Chinas anzugreifen. Dabei war er bemerkenswert erfolgreich. 1256 gelang es ihm, Yunnan zu befrieden und es unter mongolische Kontrolle zu bringen. Im Jahr 1258 erhielt Kublai den Befehl über die ostmongolische Armee und befahl, Sichuan anzugreifen. Seine Methode der Annäherung an die Provinz war einzigartig. Die Chinesen hatten einen großen Streifen des dazwischen liegenden Gebietes entvölkert, so dass die eindringenden mongolischen Streitkräfte nicht in der Lage waren, durch Plünderung genug Nahrung zu erhalten, um ihre Armee nach China zu bringen. Kublai begegnete dieser Strategie, indem er Bauern ermutigte, in das Ödland einzuwandern und ihnen Saatgut und Werkzeuge zur Verfügung zu stellen. Er schickte chinesische Soldaten, die sich seiner Armee freiwillig angeschlossen hatten, auf die Felder, um bei der Landwirtschaft zu helfen. Außerdem führte er die Verwendung von Papiergeld ein, was den Handel an den Grenzen erleichterte und die Einwanderung der Bauern in die Region förderte.

Kublai plante, die Song-Chinesen, die sich in Südchina an die Macht klammerten, zu besiegen, indem er sie umging. Im Jahr 1253 zog er in das gebirgige buddhistische Königreich Dali ein, das sich über den Oberlauf des Jangtse, des Mekong und des Saluen erstreckte. Das Königreich Dali lag an der Haupthandelsroute von Indien nach Annam (Vietnam). Kublais Gesandte, die er mit einem Friedensangebot an den Hof Dalis schickte, wurden jedoch getötet. Nach mongolischem Brauch war dies ein Kapitalverbrechen, das die vollständige Vernichtung der hinterhältigen Nation verdiente. Kublai wurde jedoch überzeugt, dass dies nicht die rechte Annäherung an die Menschen in Dali war. Stattdessen umzingelte er die Hauptstadt Dali und forderte ihre Kapitulation. Der König ergab sich, und Kublai nahm die Verantwortlichen für die Ermordung seiner Gesandten gefangen, die prompt hingerichtet wurden. Der König von Dali, der selbst an dem Verbrechen unschuldig war, wurde verschont und behielt die Verantwortung für seine Stadt, jedoch mit einem Mongolen als Stellvertreter. Von dem eroberten Gebiet aus, das die Mongolen Yunnan (was so viel hieß wie *südlich der Wolken*) nannten, zog Kublai nach Norden. Die langsame Eroberung der zerstreuten Bergstämme und den Einfall in Tibet übernahm Kublais General Uryangkhadai, der auch für die mongolischen Niederlagen in Annam (Vietnam) verantwortlich war. Im Jahr 1257 zog Uryangkhadai bis nach Hanoi, wo er die Stadt dem Erdboden gleichmachte und den ersten Kaiser der Dynastie Trén Thái Tông zwang, die Hauptstadt zu evakuieren. Ein Gegenangriff unter der Führung von Thái Tông war erfolgreich. Die mongolische Armee, die in einem Klima, an das sie nicht gewöhnt und durch Krankheiten dezimiert war, war gezwungen, Annam zu verlassen. Thái Tông schickte daraufhin eine Gesandtschaft an Großkhan Möngke und bot ihm an, jährlich

Tribut zu leisten, was Annam mehr oder weniger zu einem Vasallenstaat der Mongolen machte.

Zurück in Nordchina verfolgte Kublai weiterhin einen etwas aufgeklärteren Weg, der von chinesischen Praktiken beeinflusst war, um einen stabilen Staat zu errichten. Er holte konfuzianische Gelehrte an seinen Hof und verfolgte Wahrsager, die nach konfuzianischer Lehre eine Geißel waren. In der mongolischen Hauptstadt Karakorum, galt Kublai als verräterischer Anhänger der chinesischen Kultur, weil seine Fähigkeit, auf die Ratschläge seiner prominentesten konfuzianischen Berater zu hören und ihnen zu folgen, verdächtig erschien. Er ließ sich jedoch nicht ganz von der chinesischen Zivilisation vereinnahmen, da er sich weigerte, das chinesische Bildungssystem und das chinesische Prüfungssystem für Positionen im öffentlichen Dienst einzuführen. Der Grund für Kublais Ablehnung des chinesischen Systems war, dass er seine muslimischen Steuereintreiber behalten und nestorianisch-christliche Ingenieure einsetzen wollte. Außerdem wäre Kublai argwöhnisch gewesen, eine Verwaltung zu leiten, in der Chinesisch, eine Sprache, die er nur rudimentär beherrschte, die Lingua franca war.

Als es darum ging, ganz China zu unterwerfen, stand Kublai zwei Gegnern gegenüber. Im Norden das Volk der Jurchen, die aus der Mandschurei stammten und die Jin-Dynastie gegründet hatten. Trotz ihrer Eroberung im Jahre 1234 stellten sie weiterhin eine Gefahr für Revolten dar. Nachdem die Jurchen weitgehend befriedet waren, stand Kublai im Süden den Song mit seinen Ambitionen gegenüber, ganz China in das mongolische Reich einzugliedern.

Um seine Kontrolle über Nordchina zu zementieren, schlug Kublai vor, dort einen Palast zu errichten. Ein Standort etwa 170 Meilen nördlich des heutigen Pekings wurde ausgewählt. Ursprünglich hieß der Ort *Kaiping*, was „offen und flach" bedeutete, wurde aber später in *Shangdu* oder „Oberhauptstadt" geändert. Der Name wurde von den Europäern in mehrere Varianten, darunter *Chandu* und *Xamdu*, verstümmelt. Letzterer Name verwandelte sich in das, was zum legendären Xanadu wurde. Kublais bemerkenswerter Palast ist der modernen Welt vor allem durch das Gedicht von Samuel Taylor Coleridge aus dem Jahr 1797 bekannt. Es beginnt: „In Xanadu ließ Kublai Khan ein stattliches Lustschloss errichten". Kublais Palast war von einem riesigen Park umgeben, in dem er seiner Leidenschaft für die Jagd frönte. Im Park lebte Kublai gewöhnlich in einer Jurte, einem Zelt, in dem seine Vorfahren in der Mongolei gelebt hatten.

Obwohl er in seinem neuen Palast auf großem Fuß lebte, war Kublai immer noch dem Großkhan Möngke untertan. Tatsächlich wurden seine Bücher von Bediensteten des Großkhans geprüft. Als er Unregelmäßigkeiten in Kublais Büchern feststellte, wurden mehrere seiner chinesischen Bürokraten hingerichtet.

Kublai ging zu seinem Bruder Möngke nach Karakorum. Möngke befahl Kublai, in seinem Palast in Chandu zu bleiben, während Möngke selbst an der Spitze einer großen Armee gegen die südlichen Song zog. Die Invasion verlief nicht gut, so dass Möngke gezwungen war, seinen Bruder hinzuzuziehen, den er als geschickten Kommandeur kannte.

Zu dieser Zeit brach der mongolische Hof aufgrund von Machtkämpfen zwischen den Anhängern der rivalisierenden Religionen fast zusammen. Ihre Zahl fluktuierte ständig mit der Ankunft und Abreise religiöser Vertreter, die sich entlang der Seidenstraße bewegten. Mit dem Fall Tibets unter die mongolische Kontrolle sickerten Buddhisten, die dafür bekannt waren, Zaubertricks heraufzubeschwören, in Möngkes und Kublais Höfe. Sie stießen auf die Chan-Buddhisten (Zen-Buddhisten), die bereits im königlichen Haus untergebracht waren, und wurden von Taoisten und Konfuzianern bekämpft, die sich unerbittlich allem widersetzten, was nach Zauberei roch. An den mongolischen Gerichten herrschte aufgrund einer Politik religiöser Toleranz eine rege religiöse Debatte. In den 1250er Jahren behaupteten die Taoisten, der Buddhismus sei nicht mehr als eine Sekte ihrer eigenen Religion. Sie untermauerten ihre Argumente mit dem Hinweis auf das taoistische *Buch der Bekehrungen der Barbaren* oder *Huahujing*, das angeblich von Laotse geschrieben wurde, der zwischen dem 6. und 4. Jahrhundert v. Chr. lebte. Es hieß, dass Laotse nach Indien reiste, wo er zum Buddha wurde. Buddhismus wurde daher lediglich als eine verblendete Form des Taoismus betrachtet. Die buddhistischen Gelehrten am Hofe des Großkhans datierten dann Buddhas Leben zurück, so dass es vor jeglichem

Kontakt mit Laotse, dem Begründer des Taoismus, lag und erklärten den Buddhismus zur einzig wahren Religion. Der Religionskonflikt hatte reale Auswirkungen, da verschiedene Religionsgemeinschaften die Klöster und Tempel ihrer Gegner plünderten. Möngke erkannte Kublais Verständnis der chinesischen Art, Dinge zu tun, und beauftragte seinen Bruder, eine Debatte zwischen Buddhisten und Taoisten einzuberufen. 1258 fand die religiöse Debatte mit Kublai als Richter statt. Kublai, der, obwohl er einen Tibeter namens Drogön Chögyal Phagpa als seinen persönlichen Guru angenommen zu haben scheint, favorisierte die buddhistische Argumentation. Als der Religionsstreit an den mongolischen Höfen beigelegt war, bereitete sich Großkhan Möngke darauf vor, die südlichen Song ein für alle Mal zu erobern. Möngke sollte die Song von Westen her angreifen, Kublai sollte im Winter 1258/1259 von Chandu aus mit einer Armee von 90.000 Mann südwärts ziehen.

Als er versuchte, Dschingis Khans Prophezeiung zu erfüllen, dass die Mongolen die ganze Welt beherrschen würden, wurde Möngke klar, dass seine Expedition eine andere als die typisch mongolische Kriegsführung erfordern würde. Er rekrutierte muslimische Ingenieure, die mit der Belagerung von Städten vertraut waren, als Vorbereitung auf einen Angriff auf die größten Städte der Welt, wie Hangzhou, die provisorische Hauptstadt der südlichen Song, die etwa anderthalb Millionen Einwohner hatte. Während Kublai mit seiner Armee nach Süden in das Song-Gebiet einmarschierte, geriet sein Bruder Möngke im Westen mit seinem Vormarsch ins Stocken. Möngke starb 1259 im Alter von 51 Jahren an Cholera, obwohl er aus dem krankheitsgeschüttelten Westen fliehen wollte. Gegen den mongolischen Brauch, der einen Rückzug und einen anschließenden *Kurultai* forderte, um einen neuen Großkhan zu ernennen, entschied sich Kublai, seinen Vormarsch nach Süden über den Jangtse fortzusetzen. Ein Abgesandter der Song bot an, die Mongolen mit einem jährlichen Tribut von Silber, Teppichen, feiner Seide und Brokat abzufinden, wenn sie ihren Vormarsch stoppten.

Zu Hause in Karakorum stieß Kublai auf Widerstand. Er war gezwungen, sich aus seinen eroberten Song-Gebieten zurückzuziehen und dem mongolischen *Kurultai* beizuwohnen, um den Thron des Großkhans zu erringen. Zwei Versammlungen wurden im Jahre 1260 abgehalten und Kublai wurde auf der ersten zum nächsten Großkhan ernannt. Das Ergebnis wurde jedoch angefochten und daher wurde ein zweiter *Kurultai* einberufen. Auf dieser zweiten Versammlung wurde Ariq Bök, Kublais Bruder, zum Großkhan gewählt. Kublais Anspruch wurde durch die Ankunft von Abgesandten aus Korea, das noch nicht vollständig unterworfen war, bestärkt. Sie schworen Kublai die Treue und stimmten zu, ihre Verteidigungsanlagen, die die mongolischen Eindringlinge so lange zurückgehalten hatten, abzubauen. Ohne einen umfassenden Angriff auf Korea zu unternehmen, hatte Kublai Korea im Vorbeigehen dem Mongolischen Reich hinzugefügt.

In der ersten Etappe des Bürgerkriegs mit seinem Rivalen Ariq Bök um den Titel des Großkhans unterbrach Kublai die Handelsrouten, die von Karakorum nach Süden verliefen und die mongolische Hauptstadt mit Nahrungsmitteln versorgten. Der Streit erreichte seinen Höhepunkt im Jahr 1261, als die Armee von Ariq Bök auf einem Schlachtfeld am Rande der Wüste Gobi von Kublai besiegt wurde. Der rebellische Bök kämpfte weiter, bis ihm klar wurde, dass Kublai die Oberhand hatte. Die beiden versöhnten sich 1264 in Chandu, aber ihre Freundschaft war von kurzer Dauer. Bök wurde vor Gericht gestellt, aber der Prozess wurde kurz nach seinem Beginn verschoben, da er die Anwesenheit der mongolischen Fürsten erforderte. Einige von ihnen waren weit entfernt, bis in den Nahen Osten, aber ihre Anwesenheit war notwendig für einen letzten *Kurultai*, der endgültig den Großkhan wählen sollte. Nach zwei Jahren Haft in der Erwartung einer vollständigen Versammlung starb Bök. Einige vermuteten, er sei vergiftet worden. Was auch geschah, Kublai wurde der unumstrittene Großkhan.

Kublais Hof, der mehrheitlich aus chinesischen Bürokraten und Beratern bestand, stellte sich der Frage, wie Kublai Khan das Mongolische Reich zukünftig regieren sollte. Vielleicht war es Kublais bevorzugte Ehefrau Chabi, die ihn ermutigte, die Verwaltung des alten chinesischen Tang-Reichs nachzuempfinden. Aufgrund ihrer Schwärmerei für Tang-China beschlossen Kublai und Chabi, dass der Großkhan China am besten nicht als mongolischer Eroberer regierte. Um seinen Einfluss auf den chinesischen Teil seines Reichs zu sichern, müsste Kublai „einheimisch" werden und die chinesische Regierungsweise übernehmen. Unter den Verbündeten Kublai Khans bei der Invasion der südlichen Song war Li Tan, ein Beamter der Provinz Shandong in der Mongolei. Er führte eine Armee nach Süden und wurde für seine Erfolge mit dem Titel des Vizekommandeurs eines Gebietes Chinas von der Größe des heutigen Frankreichs belohnt. Obwohl ihm befohlen wurde, nicht gegen die südlichen Song vorzugehen, war Li Tan in mehreren Scharmützeln mit den Song siegreich. Er wandte sich gegen Kublai, der sich damals mit Ariq Bök beschäftigte. Li Tan ließ seine Truppen auf die ausgedünnte Garnison der Mongolen in Shandong los und überließ den Song einige befestigte Küstenstädte. Kublai schickte zwei Generäle, um Li Tans Aufstand niederzuschlagen, und im Frühjahr 1262 wurde er verhaftet. Es wurde berichtet: „Als den Großkhan die Nachricht erreichte, war er recht zufrieden und befahl, dass alle Häuptlinge, die rebelliert oder andere zur Rebellion angestiftet hatten, eines grausamen Todes sterben sollten." Li Tan wurde in einen Sack gesteckt und von mongolischen Reitern zu Tode getrampelt. Ein Verbündeter von Li Tan und den Song wurde an Kublais Hof entdeckt und auch er wurde hingerichtet. Die Rebellion in Shandong führte dazu, dass die Begeisterung des Großkhans für die chinesische Verwaltungsweise nachließ. Er setzte Beamte aus nichtchinesischen Kulturen ein, wie den Italiener Marco Polo, der in einer chinesischen Stadt eine Stelle im öffentlichen Dienst annahm.

Obwohl er dem chinesischen Regierungsstil zu misstrauen begann, verstand Kublai die Bedeutung der Art und Weise, wie er seine chinesischen Territorien verwaltete. Im Norden wollte er aufgeschlossen gegenüber den chinesischen Interessen wirken, um die Song-Chinesen, die kurz davorstanden, in das Mongolische Reich integriert zu werden, nicht zu beunruhigen. Die Behandlung der Chinesen musste vorsichtig geschehen, denn im Norden waren die Mongolen zahlenmäßig im Verhältnis von etwa 5:1 unterlegen. Sollte Kublai die Kontrolle über Südchina mit seiner Bevölkerung von rund vierzig Millionen Menschen verlieren, so würde der Mangel an Mongolen zur Aufrechterhaltung der Ordnung kritisch werden. Also machte er sich daran, die Ratschläge seiner konfuzianischen Berater in die Praxis umzusetzen. Sie schlugen vor, Kublai solle immer ein großmütiges Gesicht zeigen. Wenn es ihm gelänge, die Herzen und den Verstand der Song zu gewinnen, würden sie ohne Krieg darum bitten, in das Mongolische Reich aufgenommen zu werden.

Kublai Khan schickt einen Abgesandten zu den Song, der für ihre vollständige Unterwerfung unter die mongolische Autorität plädierte. Der Botschafter stellte Kublai als jemanden dar, der den Chinesen ähnelte und der wenig Änderungen an der Organisation der Song-Bürokratie vornehmen würde. Der wichtigste Unterschied bestünde darin, dass die Steuern an den Großkhan fließen würden und nicht an den Führer des Song-Reichs. Kublai versprach, dafür zu sorgen, dass die Song-Händler im Norden nicht belästigt würden, und bestand darauf, dass ihre Handelsroute so weitergehen würde wie früher, als der Norden unter chinesischer Herrschaft stand. Trotzdem gab es anhaltende Spannungen am Jangtse, der Grenze zwischen den Mongolen und den Song. Schließlich war es aber Kublai Khans traditionelle mongolische Vorstellung von Expansion, die ihn überzeugte. Er bereitete sich auf eine große Invasion des Südens vor, indem er der mongolischen Tradition des Expansionismus folgte, um Wohlstand zu schaffen, neue Sklaven zur Arbeit zu zwingen und die Aufmerksamkeit der Untertanen auf äußere Ziele zu lenken. Es war seine Absicht, die Geschäfte mit den Song zu regeln, indem er deren Territorium übernahm.

Die Invasion des Südens machte eine schwierige Veränderung in der Art und Weise der mongolischen Kriegsführung nötig. Während Kublais Armee auf den Ebenen der Steppe geübt war, war sie es nicht gewohnt, die feuchten Reisfelder des Südens zu durchqueren, und extreme Hitze und Tropenkrankheiten zu überstehen. Die Herausforderung, genügend Weideland für die mongolischen Pferde zu finden und die neuartige Notwendigkeit, mit den von den Song eingesetzten Schiffen, die mit Kriegern besetzt waren, fertig zu werden, lasteten schwer auf Kublai Khan. Um den Jangtse effektiv zu überqueren und die Küste von Song-China zu patrouillieren, benötigte Kublai eine Marine. Der Beginn dieses Unterfangens war die Eroberung von 146 Schiffen der Song, die den Jangtse fast bis nach Sichuan hinauf gesegelt waren. Diese Schiffe wurden von Kublai 1268 bei seinem Angriff auf Xiangyang (in der heutigen Provinz Hubei) am Han-Fluss eingesetzt. Obwohl die Stadt von mongolischen Festungen umgeben war, gelangten

Lebensmittel und Soldaten in die Stadt, was den Bewohnern Erleichterung verschaffte. Die Belagerung ging weiter. Als zweitausend Song-Soldaten die mongolische Blockade am Han-Fluss zerschlugen, gelangte eine große Lieferung von Vorräten in die belagerte Stadt. Die mongolische Belagerung wurde in gewissem Sinne professionalisiert, als Experten im Belagerungskrieg aus Persien ankamen. Diese Ingenieure bauten riesige Trebuchets oder Mangonelen, die in der Lage waren, einen 300 Pfund schweren Stein über die Mauern der Stadt zu schleudern. Mit diesen Vorrichtungen legten die Mongolen die Mauern von Xiangyang in Schutt und Asche. Aus den historischen Quellen wird nicht klar, ob die Erbauer der Mangonelen tatsächlich Perser waren. Eine Quelle behauptet, die Ingenieure stammten aus Damaskus, wo man mit der Wirksamkeit der Mangonelen durch die Belagerung der Kreuzfahrerburgen vertraut war. In seinem Buch über seinen Besuch bei Kublai Khan geht der italienische Kaufmann Marco Polo so weit zu behaupten, die Mangonel-Erbauer seien er selbst, sein Vater, sein Onkel und einige ungenannte Helfer gewesen. „Da meldeten sich die beiden Brüder und Messer Marco, der Sohn, und sprachen: Großer Fürst, wir haben unter unseren Gefolgsleuten Männer, die Mangonelen bauen können, die so große Steine schleudern, dass die Garnison sie niemals ertragen kann, sondern sich ergeben wird." Die Prahlerei über diese Tat hat viel damit zu tun, dass Polos gesamter Bericht über seinen Aufenthalt in China als falsche Erzählung angesehen wird. Als die Belagerung von Xiangyang stattfand, waren die Polos nicht einmal in China.

Nach einer fünfjährigen Belagerung fiel Xiangyang schließlich 1272 an die Mongolen. Um das Kommando über seine Expeditionstruppe zu festigen, ernannte Kublai General Bayan zum Oberbefehlshaber. Er marschierte mit seinen Truppen den Jangtse hinunter und belagerte Hangzhou. Seine Armee wurde durch zahlreiche Song-Chinesen verstärkt, die verstanden, dass der Handel mit den Mongolen letztendlich respektvoll geführt werden würde.

Zur Zeit der Belagerung wurden die Song-Chinesen von der Kaiserinwitwe Quan und deren Schwiegermutter, der Witwe des vorherigen Kaisers, Xie, angeführt. Letztere war eine sehr starke Verfechterin der Sache der Song; einmal feuerte sie ihre Anhänger an und verkündete: „Seit alten Zeiten hat es noch kein Zeitalter völliger barbarischer Eroberung gegeben. Wie ist es zu diesem gegenwärtigen Zustand gekommen, der von den Konstanten des Himmels und der Erde abweicht?" Trotz ihres Aufruhrs war Xie Ende 1275 gezwungen, das kaiserliche Siegel an Bayan zu übergeben und ihm die Hauptstadt der Song zu überlassen. Der vierjährige Erbe der Song-Dynastie wurde in den Süden geschickt. Schließlich wurde er von den Mongolen festgenommen und in ein Kloster in Tibet gebracht.

Noch vor dem Fall von Hangzhou erklärte sich Kublai zum Kaiser von China. Er wählte den Namen für seine Dynastie sorgfältig aus, um deren „barbarische" Herkunft nicht zu betonen und die Bevölkerung nicht zu verärgern. Mit einem brillanten Schachzug gründete er die Yuan-Dynastie. Kublai schickte Briefe an die Völker an der Peripherie seines neuen chinesischen Reichs. Vom König von Korea erhielt er starke Unterstützung, da die mongolischen Truppen maßgeblich dazu beigetragen hatten, einen Aufstand gegen den König niederzuschlagen. Er schrieb an die Japaner und den König von Annam und erwartete, dass sie seine Rolle als *Herrscher von allem unter dem Himmel* schnell anerkennen würden. In beiden Fällen zögerten die Regierungen.

Unterdessen beschäftigte sich der Großkhan damit, eine Hauptstadt zu schaffen, die dem neuen Kaiser von China angemessen war.

Kapitel 9 – Marco Polo besucht Kublai Khans China

Bei der Eroberung der Südchinesen und der Gründung der Yuan-Dynastie im Jahr 1279 hatte Kublai Khan mit Unruhen in den entlegensten Teilen seines Reichs zu kämpfen. In der Mongolei war er ständig von inneren Auseinandersetzungen bedroht. Im Westen des Mongolischen Reichs wurde die Herrschaft der Goldenen Horde von Unruhen heimgesucht. Kublais Statthalter wurden in einem Bürgerkrieg abgesetzt und die Armeen der Goldenen Horde und des mongolischen Khanats in Persien, bekannt als das Ilkhanat, prallten aufeinander. In der Zeit dieser internen Unruhen drangen westliche Händler mit ihren Aktivitäten weiter in nahe gelegenen Teilen des Mongolischen Reichs vor. 1263 hatten sich westliche Kaufleute in Täbris, dem führenden Handelszentrum Persiens, niedergelassen. Unter Hulagu Khan, dem Herrscher des Ilkhanats von 1256 bis 1265, und seinem Nachfolger Abaqa Khan, der von 1265 bis 1282 regierte, verbesserten sich die Beziehungen zwischen dem christlichen Westen und Persien. Abaqa hatte eine christliche Mutter und unter seinen Frauen war die Tochter des byzantinischen Kaisers Michael VIII. Palaiologos. Dies bedeutete, dass christliche Missionare, Diplomaten und Händler in der Stadt Täbris bedeutender wurden. Es wurden Versuche unternommen, die Diplomatie zwischen dem Hof von Abaqa und dem Westen zu verbessern, darunter die gescheiterte Koordinierung der persischen

Militäraktionen und dem Kreuzzug von Prinz Edward von England zwischen 1270 und 1272.

Die wichtigste Informationsquelle in der ersten Hälfte des 14. Jahrhunderts über das, was östlich von Europa lag, war ein Buch mit dem Titel „Die Reisen des Marco Polo" oder „Das Buch der Wunder der Welt" aus der Zeit um 1300. Die Umstände von Marco Polos Reise in den Osten sind geheimnisvoll und umstritten.

In den 1250er Jahren betrieben die venezianischen Kaufleute Niccolò und Maffeo Polo ein Handelsgeschäft, das Waren aus dem Osten nach Venedig verschiffte, wo sie dann auf europäische Märkte gebracht wurden. Die Polos operierten vom Krimhafen Soldaia (heute Sudak) aus. Ihre Hauptkonkurrenten waren venezianische Handelsunternehmen, die von Konstantinopel aus arbeiteten, dem Zentrum des Lateinischen Reichs, das sich vom Balkan bis zur Levante erstreckte. Unter den exotischen Handelswaren, die aus dem Osten nach Konstantinopel und davon abhängigen Häfen flossen, waren Seide, Farbstoffe, Pelze, Pfeffer, Baumwolle und Sklaven. Die Russen lieferten Bernstein, Honig, Wachs und Pelze auf die Krim. Das wichtigste Handelsgut der Polos waren Lebensmittel, die aus den europäischen Steppen stammten.

Laut den *Reisen des Marco Polo* machten sich Niccolò und Maffeo Polo 1260 auf den Weg, um Juwelen mit den Händlern der Goldenen Horde in Russland zu tauschen. Sie reisten nach Sarai (in der Nähe des heutigen Wolgograds), wo sie den Enkel Dschingis Khans, Berke Khan, der von 1257 bis 1266 über die Goldene Horde herrschte, trafen und Waren tauschten. Da der Erzfeind Venedigs, Genua, im Bunde mit den Byzantinern 1261 Konstantinopel zurückeroberte, vermieden die Polos die Rückkehr nach Venedig durch byzantinisches Gebiet. Möglicherweise hätten sie sich gewünscht, von Russland über Georgien und Armenien nach Täbris, der Hauptstadt des Ilkhanats, zu reisen, doch dieser Heimweg wurde unmöglich, weil zwischen der Goldenen Horde Berke Khans und Hulagu, dem mongolischen Khan von Persien, ein Krieg ausgebrochen war. Offenbar verließen die Polos Sarai und zogen direkt nach Osten, durch eine Wüste in Zentralasien nach Buchara, das im heutigen Usbekistan liegt. Dort wurden sie von einem Abgesandten des persischen Ilkhan Hulagu, der auf dem

Weg zum Großkhan war, überzeugt, sich ihm anzuschließen. Dem Buch zufolge reisten die Polo-Brüder ein Jahr nach Norden und Nordosten, bis sie am Hof Kublai Khans ankamen.

Der Großkhan gab ihnen Briefe in mongolischer Sprache mit, die sie dem Papst übergeben sollten. Er bat den Papst, ihm hundert Lehrer der freien Künste zu schicken, die die Mongolen zum Katholizismus bekehren könnten. Die Anfrage zielte eher auf den Bedarf des Großkhans nach europäischen Verwaltern ab, die er benötigte, um mit den Chinesen im Norden fertig zu werden, vor deren Eroberung er unmittelbar stand. Kublai Khan bat auch darum, dass die Polos ihm etwas Öl aus der Lampe des Heiligen Grabes in Jerusalem beschaffen und schicken sollten. Um die Reise nach Westen in ihre Heimatstadt Venedig zu erleichtern, erhielten die Polo-Brüder einen Pass, der ihnen die ungehinderte Durchquerung des gesamten mongolischen Gebiets ermöglichte. Nach einer Reise, die drei Jahre gedauert haben soll (was vermutlich übertrieben war), erreichten sie den Hafen von Ayas oder Aigeai (heute der türkische Ferienort Yumurtalik) und segelten nach Akko und von dort nach Venedig zurück. In Venedig traf Niccolò endlich seinen fünfzehnjährigen Sohn Marco wieder.

Drei Jahre später beschlossen die Polo-Brüder, den Großkhan zu besuchen und nahmen Niccolòs Sohn Marco mit. Sie segelten nach Akko und besuchten dann Jerusalem, um das heilige Öl zu beschaffen, wie es der Großkhan verlangt hatte. Als sie nach Akko zurückkehrten, erfuhren sie, dass der dort residierende Erzdiakon Tedaldo Visconti gerade zum Papst Gregor X. (Papst von 1271 bis 1276) gewählt worden war.

Anstatt wie gewünscht eine Gruppe von Erziehern oder Verwaltern zu Kublai Khan zu entsenden, schickte der neue Papst zwei Dominikaner mit auf Polos Expedition, Bruder Niccolò von Vicenza und Bruder Wilhelm von Tripolis. Sie waren – folgt man den *Reisen des Marco Polo* – vom Papst mit der „notwendigen Autorität ausgestattet worden, so dass sie über die Macht verfügten, in jenen Ländern Priester zu ordinieren und Bischöfe zu weihen ... Er [der Papst] versah sie mit schriftlichen Beglaubigungen und Briefen und vertraute ihnen die Botschaft an, die er dem Großkhan senden wollte." Die Reise zum Hofe des Großkhans dauerte dreieinhalb Jahre, was laut Marco Polo „dem schlechten Wetter und der extremen Kälte", denen sie begegneten, geschuldet war. Sie kamen 1275 nach Karakorum. Dort begaben sie sich „zum königlichen Palast, wo sie den Großkhan umringt von einer großen Gruppe von Baronen vorfanden. Sie knieten vor ihm nieder und erwiesen ihm auf die demütigste Art und Weise ihre Ehrerbietung... Sie überreichten ihm die Beglaubigungsschreiben und Briefe, die ihm der Papst geschickt hatte und die ihm sehr gefielen. Sie überreichten dann das heilige Öl, worüber er sich sehr freute."

Marco Polo beschrieb Kublai Khan in dem Buch mit den Worten: „Er ist von guter Statur, weder groß noch klein, aber von mittlerer Größe. Er hat eine angenehme Leibesfülle und all seine Gliedern sind sehr gut geformt. Sein Teint ist weiß und rot, die Augen schwarz und fein, die Nase gut geformt und wohl platziert."

Die folgenden 17 Jahre sollten die Polos im Osten verbringen. Obwohl es keine chinesischen Aufzeichnungen gibt, die dies bestätigen, setzte Kublai Khan den jungen Marco laut seinen Aufzeichnungen als Verwalter ein.

„Nun geschah es, dass Marco, der Sohn des Herrn Niccolò, die Gebräuche, Sprachen und Schreibweisen der Tataren so gut erlernte, dass es wahrlich ein Wunder war, denn ich sage euch wahrlich, dass er nicht lange, nachdem er am Hofe des großen Herrn angekommen war, vier Sprachen und ihre Alphabete und Schreibweise kannte. Er war überaus weise und klug, und der Großkhan liebte ihn sehr."

1273 vollendete Kublai seine Eroberung Chinas und vereinigte damit Nord- und Südchina. Marco Polo scheint dem Großkhan als Gesandter in ferne Regionen des Mongolischen Reichs gedient zu haben, der mit Beschreibungen der Völker und dem, was er sah, zurückkehrte. Die Polos, die mehrmals um Erlaubnis gebeten hatten, nach Europa zurückzukehren, wurden jedoch vom Großkhan abgewiesen und schließlich ausgewählt, eine kaiserliche Prinzessin auf ihrer Reise zu begleiten, um Arghun Khan zu heiraten. Nach einer beschwerlichen Reise wurde die Prinzessin am Hof des Khans in Persien abgeliefert. Die drei Polos reisten westwärts über Trapezunt am Schwarzen Meer nach Konstantinopel und kamen 1295 in Venedig an. Marco war damals 41 oder 42 Jahre alt.

Unter unbekannten Umständen wurde Marco auf See von den

Genuesen gefangen genommen. Sie warfen ihn ins Gefängnis, wo er offenbar den Bericht über seine Reisen in den Osten verfasste. Marco wurde freigelassen und kehrte 1299 nach Venedig heim. Marcos Manuskript für sein Buch über seine Reisen wurde von Schreibern kopiert und in mehrere europäische Sprachen übersetzt. Marco wurde fortan von Gelehrten zu den Themen Geographie und Völker des Ostens konsultiert.

Der Co-Autor der *Reisen des Marco Polo*, Rustichello da Pisa, war mit Marco im Gefängnis in Genua. Die Romantik, die im Reisebuch enthalten ist, und die Art und Weise, wie die Geschichte eingerahmt wird, werden Rustichello zugeschrieben. Aus diesem Grund sollte man jede Aussage im Buch nicht als sachlich völlig korrekt betrachten. Wissenschaftler haben debattiert, ob das Buch tatsächlich von Marco Polo selbst diktiert wurde, und sie haben auch über den Beitrag der Kopisten zum Text gestritten, da das Original verschwunden ist. Darüber hinaus ist es Wissenschaftlern nicht gelungen, die Standorte vieler der im Text erwähnten Orte zu bestimmen. Es wird vermutet, dass Marco Polo und Rustichello da Pisa oft Ortsnamen benutzten, die aus den lokalen Sprachen schlecht übersetzt wurden. Die Betrachtung einiger von Polos Beobachtungen, ob zutreffend oder nicht, ist hilfreich, um zu verstehen, welche Art von Informationen in Europa über den bisher nicht aufgezeichneten Weg nach Osten und die Wunder Chinas verbreitet wurden.

Marco Polo beschrieb die Stadt Mossul, wie er sie im späten 13. Jahrhundert antraf. Er berichtete, dass sich im mongolisch kontrollierten Mossul Christen verschiedener Sekten und Muslime ungehindert vermischten. Er stellte fest, dass die Muslime Seidentücher herstellten und dass sie „in großen Mengen Gewürze und Drogen von einem Land ins andere transportieren." In den Bergen nördlich von Mossul, sagte Polo, „gibt es eine Rasse von Menschen, die Kurden genannt werden... Sie sind ein prinzipienloses Volk, dessen Beruf darin besteht, Händler auszurauben."

In Bagdad, schrieb der venezianische Kaufmann, „gibt es eine Manufaktur von Seiden, die mit Gold gearbeitet sind, und auch von Damast, sowie von Samt, geschmückt mit Vogel- und Tierfiguren." Im Taurusgebirge im Irak „versorgen sich die Einwohner hauptsächlich durch Handel mit Geweben, die aus verschiedenen Seidensorten bestehen, von denen einige mit Gold verwoben und von hohem Preis sind." Daraus können wir lernen, dass Seide, vielleicht sogar der größte Teil davon, die entlang der Seidenstraße nach Westen transportiert wurde, nicht von den Chinesen hergestellt wurde. Taurus war ein wichtiges Handelszentrum, wo „die Kaufleute aus Indien ... wie auch aus verschiedenen Teilen Europas Zuflucht nehmen, um dort eine Reihe von Artikeln zu kaufen und zu verkaufen." Als guter Christ konnte Marco Polo nicht widerstehen, näher auf seine Meinung über die Muslime, die vorherrschende Bevölkerungsgruppe Gruppe im Taurus, einzugehen. Er sagte, dass nach ihrer Lehre alles, was sie von Andersgläubigen gestohlen oder geplündert hatten, nun ihnen gehöre, und der Diebstahl nicht als Verbrechen angesehen werde.

Während seines Aufenthalts in Persien erkundigte sich Marco Polo bei den Einheimischen nach der Herkunft der Heiligen Drei Könige, die dem Jesuskind exotische Geschenke gebracht hatten. Er hat die Geschichte zusammen mit anderen regionalen Legenden in seinem Buch festgehalten. Er begegnete Jesiden in Persien und bemerkte, dass sie „eine Art Tuch aus Seide und Gold ... bekannt unter der Bezeichnung Yasti" herstellten. Dieses Tuch wurde „von dort von den Kaufleuten in alle Teile der Welt getragen". Marco Polo erzählt vom Stadtstaat Ormus (Hormus), wo die Temperaturen die Bewohner dazu zwangen, sich im Sommer in Häuser zurückzuziehen, die über einem Fluss gebaut waren. Das war vermutlich nur Hörensagen, das Marco Polo durch unvollkommene Übersetzung erlangt hatte. Wahrscheinlich handelte es sich bei diesem Hinweis tatsächlich um Häuser *an* einem Fluss und der Hinweis bezog sich auf die zwangsweise Evakuierung der Bewohner von Ormus auf die Insel Hormus, die vom muslimischen Sultanat der Kerman-Seldschuken oder von den mongolischen Invasoren vertrieben wurden.

In Timochain, in der Provinz Fars im Norden Persiens, berichtet Marco Polo, dass er von der Legende vom Alten Mann vom Berge erfahren habe, von seiner Mörderbande und seiner Basis, in der von den Mongolen zerstörten Stadt Balach. Balach, sagt Marco Polo, „besaß viele Paläste aus Marmor und geräumige Plätze, die noch sichtbar waren, jedoch in einem ruinösen Zustand". In diesem

Teil seiner Reisegeschichte beschreibt Marco Polo Kaschmir, obwohl es unwahrscheinlich ist, dass er dort war.

Marco Polo erreichte Hotan auf der Südroute der Seidenstraße um die Taklamakan-Wüste herum und schrieb, dass die Menschen dort überwiegend Muslime waren. Wir wissen heute, dass Polos Beobachtung falsch war, weil Hotan damals ein buddhistischer Staat innerhalb des Mongolischen Reichs war. Hotan, sagt Polo, „gibt Baumwolle, Flachs, Hanf, Getreide, Wein und andere Gegenstände. Die Einwohner bewirtschaften Bauernhöfe und Weinberge und haben zahlreiche Gärten. Sie ernähren sich auch durch Handel und Manufakturen, aber sie sind keine guten Soldaten."

Als er in die Wüste Lop kam, in die heutige Heimat der muslimischen Uiguren in Xinjiang im äußersten Nordwesten Chinas, berichtete Polo, dass die Region, die unter der Herrschaft des Großkhans stand, von Muslimen besiedelt sei. Die Reisenden, die die Wüste durchqueren wollten, sagt Polo, „halten gewöhnlich eine beträchtliche Zeit an diesem Ort [der Stadt Lop], um sich von ihren Mühen auszuruhen und die notwendigen Vorbereitungen für die weitere Reise zu treffen. Dazu beladen sie einige dicke Esel und Kamele mit Proviant und mit ihrer Ware ... Kamele werden hier üblicherweise den Eseln vorgezogen, weil sie schwere Lasten tragen und mit einer kleinen Menge Proviant gefüttert werden können. Die Vorräte sollten für einen Monat ausreichen, die Zeit, die für die Durchquerung der Wüste am schmalsten Teil benötigt wird."

Als Polo nach Karakorum, der ehemaligen Hauptstadt des Mongolischen Reichs, kam, erzählt er, wie Dschingis Khan gegen den Priesterkönig Johannes marschierte, der in der weiten Ebene von Tenduk lagerte. Nachdem die Mongolen gute Vorzeichen für den Ausgang der Schlacht erhalten hatten, begannen sie einen Angriff. Die mongolische Armee durchbrach Johannes' Reihen und besiegte den Feind vollständig. „Johannes selbst wurde getötet, sein Königreich fiel an den Eroberer, und Dschingis Khan heiratete seine Tochter."

Der Palast des Großkhans in Shandu (Chandu oder Xanadu), berichtete Polo, hatte goldverzierte Hallen und Kammern. Der Palast war „mit einer Mauer umgeben, die 16 Meilen der angrenzenden Ebene im Umkreis umfasst. Im Areal befindet sich der königliche Park mit Bäumen und Vögeln. Die Zahl dieser Vögel beträgt mehr als zweihundert, die Habichte nicht mitgezählt." In der Mitte des Parks stand ein königlicher Pavillon in Form einer Jurte.

„Sie ist überall vergoldet, innen aufwendig verarbeitet und mit Tieren und Vögeln von sehr kunstvoller Verarbeitung verziert. Sie stützt sich auf eine Kolonnade von stattlichen Säulen, die vergoldet und lackiert sind. Um jede Säule schlängelt ein ebenso vergoldeter Drache seinen Schwanz, während sein Kopf den Vorsprung des Daches trägt, und seine Krallen oder Klauen sind nach links und rechts ausgestreckt ... Die Konstruktion des Pavillons ist so konzipiert, dass er schnell abgebaut und wieder aufgebaut werden kann; er kann auseinandergenommen und wieder aufgebaut werden, wo immer der Kaiser es befiehlt. Wenn er aufgerichtet ist, wird er von mehr als 200 Seidenschnüren gespannt."

Polo gibt dann eine Beschreibung von Kublais erfolgreichem Kampf gegen den rebellischen Mongolenprinzen Nayan. Dies ist möglicherweise ein Bericht aus erster Hand über ein Ereignis, das im Juli 1287 stattfand. „Kublai nahm seinen Platz in einem großen hölzernen Schloss ein, das auf dem Rücken von vier Elefanten getragen wurde, deren Körper mit feuergehärteten, dicken Lederpanzern bedeckt waren, die mit Goldtuch verdeckt waren. Das Schloss beherbergte viele Armbrustschützen und Bogenschützen." In den *Reisen des Marco Polo* wird gesagt, Kublai Khans Armee habe „aus dreißig Bataillonen von Reiterei bestanden, jedes Bataillon mit einer Stärke von zehntausend Mann". Nach seinem Sieg kehrte Kublai Khan im November nach Khanbalu (Peking) zurück.

Zu Ostern des folgenden Jahres forderte Kublai Khan die Christen auf, „sich um ihn zu scharen" und ihre Bibel mitzubringen. Marco Polo hat darüber folgendes in seinem Buch festgehalten.

„Nachdem er sie [die Bibel] mehrfach mit Weihrauch hatte parfümieren lassen, küsste er sie andächtig und befahl, dass die anwesenden Adligen das gleiche taten. Dies war seine übliche Praxis an jedem der wichtigsten christlichen Feste ... Er beachtete das gleiche Vorgehen an den Festen der Sarazenen [Muslime], Juden und Götzendiener. Auf die Frage nach dem Beweggrund für dieses

Verhalten antwortete er: ‚Es gibt vier große Propheten, die von den verschiedenen Klassen der Menschheit verehrt und angebetet werden ... Ich ehre und respektiere alle vier' ... Aber aus der Art und Weise, wie Seine Majestät ihnen gegenüber handelte, ist offensichtlich, dass er den Glauben der Christen für den rechten und besten hielt, da nichts, wie er bemerkte, was den Gläubigen vorgeschrieben war, nicht mit Tugend und Heiligkeit erfüllt war."

Ob das wahr war oder nicht, es sollte klar sein, dass Polo für ein christliches Publikum schrieb.

Einer der Bräuche des Großkhans, der Marco Polo offensichtlich erstaunte, war die Wahl seiner Ehepartner.

„Wenn seine Majestät sich nach der Gesellschaft einer seiner Kaiserinnen sehnt, lässt er sie entweder holen oder geht selbst in ihren Palast. Daneben hat er viele Konkubinen aus einer Provinz des Tatarischen namens Ungut [möglicherweise im heutigen Iran], deren Bewohner sich durch Schönheit der Gesichtszüge und helle Haut auszeichnen. Jedes zweite Jahr oder öfter, je nach Lust und Laune, schickt der Großkhan seine Offiziere dorthin, die für ihn hundert oder mehr der schönsten jungen Frauen sammeln, nach Ermessen der Schönheit, die ihnen in ihren Anweisungen mitgeteilt wurde."

Marco Polo war beim Bau von Kublai Khans Königspalast und chinesischer Hauptstadt in Peking anwesend. Eines der Gebäude, das ihn beeindruckte, war eine Sternwarte aus den 1270er Jahren.

„Sie haben eine Art Astrolabium, auf dem die Planetenzeichen, die Stunden und die kritischen Punkte des ganzen Jahres eingeschrieben sind. Jedes Jahr erforschen die christlichen, sarazenischen und chinesischen Astrologen, jede Sekte getrennt, mit Hilfe dieses Astrolabiums den Verlauf und den Charakter des ganzen Jahres, um durch die natürliche Entwicklung und Anordnung der Planeten und die übrigen Verhältnisse des Himmels herauszufinden, wie das Wetter sein wird und welche Eigenheiten jeder Mond des Jahres hervorbringen wird."

Diese erstaunliche wissenschaftliche Prozedur war etwas Fremdes in Europa und so faszinierte sie den Gast Marco Polo. Ebenso staunte er über das Vorhaben des Großkhans für seine neue Hauptstadt, und sagte: „Alle Grundstücke, auf denen die Häuser der Stadt gebaut sind, sind viereckig und mit geraden Linien angelegt ... Jedes quadratische Grundstück [in Peking] ist von schönen Straßen für den Verkehr umgeben, und so ist die ganze Stadt wie ein Schachbrett zu Plätzen angeordnet." Dies war natürlich nicht vergleichbar mit den mittelalterlichen Städten Europas, wo Topografie und traditionelle Wege die Ansiedlung von Wohngrundstücken bestimmten. Marco Polo verließ Peking, bevor die Renovierung und Erweiterung des großen Kanals, der Peking mit Hangzhou verband, abgeschlossen war. Diese Ingenieurleistung hätte ihn sicher beeindruckt. Marco Polo verpasste auch die Fertigstellung des ausgeklügelten Systems der Wasserversorgung und der Seeerweiterung im Norden der Stadt. Da niemand aus dem Westen einen Umkreis von einem Steinwurf um Kublais Palast betreten durfte, wurde er nur von jenen beschrieben, die einen Hügel bestiegen hatten, von dem aus sie das Bauwerk überblicken konnten. Der Mönch Odoric von Pordenone, der nach Marco Polo Peking besuchte, beschrieb den Palast eher vage. „In der Stadt hat der große Kaiser Khan seinen Hauptsitz und seinen kaiserlichen Palast, dessen Mauern vier Meilen im Kreis sind." Einer der wichtigsten Beiträge Kublais zum Stadtbild von Peking war die Restaurierung der Großen Weißen Pagode aus dem 11. Jahrhundert. Dieses buddhistische Bauwerk war das höchste Gebäude in Peking.

Die Handelswaren, die Peking erreichten, unterlagen alle dem Monopol des Großkhans. Marco Polo bemerkte dazu:

„Darüber hinaus ist es allen Händlern, die aus Indien und anderen Ländern kommen und Gold, Silber, Juwelen oder Perlen mit sich führen, verboten, sie an jemand anders als den Kaiser zu verkaufen. Er verfügt über zwölf Experten für dieses Geschäft, Männer von Schläue und Erfahrung für solche Angelegenheiten. Diese schätzen die Waren und der Kaiser zahlt dann einen großzügigen Preis für sie in Papiergeld."

Obwohl Kublai nicht der Erste war, der Papiergeld verwendete, war diese Art von Handel gebräuchlich genug, um Marco Polo zu faszinieren. Er berichtete, dass das Geld aus der harten Rinde des Maulbeerbaumes gemacht wurde und mit großem Respekt behandelt wurde. Es war ein gesetzliches Zahlungsmittel, dessen Verwendung gesetzlich vorgeschrieben war. Weigerte sich ein Kaufmann, es als Zahlung anzunehmen, wurde er hingerichtet.

Wenn Scheine zu abgenutzt waren, um verwendet zu werden, konnten Kaufleute sie am kaiserlichen Fiskus gegen Zahlung einer Gebühr von 3 Prozent austauschen.

Marco Polo sagte über die Finanzen des Khans: „Nun habt ihr die Mittel und Wege gehört, mit denen der Großkhan über größere Schätze verfügt als alle Könige der Welt, und ihr wisst alles darüber und kennt den Grund dafür." Natürlich führte die Verwendung von Papiergeld unweigerlich zur Inflation.

Zu dieser Zeit gab es weitere Kontakte zwischen Ost und West. Mit der Gunst von Kublai Khan unternahmen zwei nestorianische Mönche, Rabban Sauma und Rabban Mark, eine Wallfahrt nach Westen nach Jerusalem. Beide Mönche waren türkischer oder uigurischer Herkunft. Ihr Weg führte sie entlang der Seidenstraße, vorbei an Hotan, Kaschgar und Aserbaidschan, bis sie 1280 Bagdad erreichten. Hier ernannte der Patriarch der nestorianischen Kirche Rabban Mark zum nestorianischen Metropoliten von Cathay und Ong (Shanxi). Als der Patriarch starb wurde Rabban Mark zum neuen Patriarchen der nestorianischen Kirche ernannt, wahrscheinlich auf Befehl von Kublai Khan. Rabban Sauma wurde 1287 von Arghun Khan beauftragt, eine Gesandtschaft nach Europa zu führen. Begleitet wurde er von zwei Italienern, Tommaso, einem Mitglied einer genuesischen Bankiersfamilie, und Ughetto, der als Dolmetscher fungieren sollte. Sie gingen nach Rom und Genua, trafen sich mit König Philipp IV. in Paris und feierten das christliche Abendmahl mit Edward I. von England in Bordeaux. Rabban Sauma kehrte nach Rom zurück, wo er Papst Nikolaus IV. traf und eine Einladung von Arghun Khan überbrachte, katholische Missionare an den Hof des Großkhan Kublai zu entsenden.

Der Papst beauftragte den Franziskanermönch Johannes von Montecorvino, als Antwort auf Kublai Khans Anfrage nach China zu reisen. Johannes brach 1289 in Begleitung des Dominikanermönchs Nikolaus von Pistoia und eines Kaufmanns, Peter von Lucalongo, auf. Es war eindeutig beabsichtigt, dass der Landhandel entlang der Seidenstraße ein wichtiges Nebenprodukt der Bekehrung der Chinesen sein sollte. Die Mission machte einen Umweg auf der Reise zum Hof des Großkhans. Nach einem Zwischenstopp in Täbris, der Hauptstadt des Ilkhanats in Persien, segelten Montecorvino und seine Gefährten 1291 nach Madras in

Indien. Danach reiste er auf dem Seeweg von Bengalen nach China, wo er 1294 in Khanbaliq (dem heutigen Peking) erschien. Obwohl Kublai Khan gestorben war und das Mongolische Reich von seinem Nachfolger Temür Khan (reg. 1294-1307) regiert wurde, wurde Johannes von dem neuen Großkhan und den Herrschern des chinesischen Marionettenstaates der Mongolen, der Yuan-Dynastie, willkommen geheißen.

Johannes baute zwei Kirchen in Khanbaliq und gründete christliche Werkstätten, in denen er Jungen unterbrachte, die er von ihren heidnischen Eltern gekauft hatte. Er ließ die Jungen in Latein und Griechisch unterweisen und brachte ihnen die Riten und Traditionen der katholischen Kirche bei. Er brachte sich selbst die uigurische Sprache bei, die gemeinsame Sprache der mongolischen Herrscher in China, und übersetzte das Neue Testament und die Psalmen ins Uigurische. Johannes bekehrte erfolgreich Hunderte von chinesisch-mongolischen Bewohnern, was ihm den Zorn der nestorianischen Christen einbrachte, die in den von den Mongolen kontrollierten Gebieten in Yuan-China recht zahlreich waren. Christliche Verstärkung erhielt Johannes 1307, aber von den sieben Franziskanern, die aus Europa aufbrachen, kamen nur drei in China an. Wie vom Papst angewiesen, weihten sie Johannes zum Erzbischof von Peking. Zu den Höhepunkten der Mission des Johannes gehörte die Bekehrung des Großkhans zum Katholizismus, damals Külüg (reg. 1307-1311) und des Kaisers Wuzong der Yuan-Dynastie. Allerdings gibt es einige Zweifel an der Richtigkeit dieser Behauptung. Es wird angenommen, dass Johannes von Montecorvino um 1328 in Peking starb, weil in einem Brief von Toghon Temür, der 1333 Kaiser der Yuan-Dynastie wurde, aus dem Jahr 1336 berichtet wird, dass das chinesisch-mongolische Khanat seit dem Tod von Johannes acht Jahre lang keinen geistlichen Führer hatte. Der Brief wurde von einer Gesandtschaft aus dem mongolischen China überbracht, die von Andrea di Nascio, einem Genueser am Hof von Toghon Temür angeführt wurde. Di Nascio wurde von einem anderen genuesischen Kaufmann begleitet, Andalò di Savignone. Die Anwesenheit von vertrauenswürdigen Genuesen am Hof in China deutet darauf hin, dass es zu dieser Zeit einen bedeutenden Handel zwischen Ost und West gab.

Der Papst behielt ein Interesse an den Angelegenheiten der christlichen Kirche in China. 1338 schickte er fünfzig Geistliche in das mongolische Khanat nach China. Das Fehlen religiöser Vorurteile unter den Mongolen ermöglichte den Wohlstand der christlichen Kirche in Yuan-China. Das alles kam jedoch zu einem Ende, als sich die Chinesen 1368 erhoben und ihre mongolischen Oberherren stürzten. In den ersten Jahren der Ming-Dynastie, die von 1368 bis 1644 dauerte, wurden alle Christen aus China vertrieben.

Marco Polo besuchte während seiner Reisen viele große und kleine Städte in Yuan-China. Die meisten der in seinem Buch genannten Personen lassen sich nicht mit Sicherheit mit bestimmten chinesischen Städten in Verbindung bringen. Eine, bei der dies möglich ist, ist Kin Sai, das als Hangzhou identifiziert wurde, das Marco Polo angeblich häufig besucht hat. Hangzhou, so heißt es, hat einen Umfang von 100 Meilen, „seine Straßen und Kanäle sind weitläufig und es gibt Plätze und Marktplätze …[wo] Offiziere, die vom Großkhan ernannt werden, stationiert sind, um unverzüglich auf eventuelle Differenzen zwischen den ausländischen Kaufleuten aufmerksam zu machen …". Kanäle „durchziehen jedes Viertel der Stadt" und werden von zwölftausend Brücken überquert. Um einen Teil der Stadt herum zog sich ein Graben, der zur Umleitung von Überschwemmungen und wenn nötig als Verteidigungsgraben diente. Marco Polo zeigte sich beeindruckt von den Märkten von Hangzhou, die er detailliert beschrieb, wobei er insbesondere die köstlichen Pfirsiche und Birnen erwähnt. Er scheint auch von den Kurtisanen angezogen worden zu sein, die in einem besonderen Viertel von Hangzhou lebten. „Diese Frauen", sagte er, „sind vollendet und vollkommen in der Kunst des Liebkosens und Streichelns, die sie mit Ausdrücken begleiten, die zu jeder Person passen."

Marco Polos ausführliche Beschreibung von Hangzhou und seinen Bewohnern lässt vermuten, dass ihm Hangzhou von allen Städten, die er in China besuchte, am liebsten war. Er zeigte großes Interesse an den Erholungsmöglichkeiten, die der See in Hangzhou bot, und beschrieb detailliert die Boote, in denen sich die Einheimischen „entweder mit ihren Frauen oder mit ihren männlichen Gefährten" amüsierten. Die Menschen von Hangzhou, sagte Marco Polo, „denken" nach den Stunden der Arbeit „an nichts anderes", als „die verbleibenden Stunden in Vergnügungspartys mit ihren Frauen oder ihren Geliebten zu verbringen."

Kapitel 10 – Die letzten Jahre Kublai Khans

Die Niederlage der verbliebenen Song vollzog sich in der Schlacht von Yamen, einer Seeschlacht bei Xinhui (im heutigen Guangdong), die am 19. März 1279 ausgefochten wurde. Mit dem Untergang der Reste der Song-Regierung konnte Kublai Khan zu Recht behaupten, der Kaiser eines China zu sein, das zum ersten Mal seit Jahrhunderten vereinigt war. Anstatt zu versuchen, die mongolische Herrschaft im Süden auf Vietnam auszudehnen, wandte sich Kublai Khan Japan zu, dem wichtigsten Reich im Fernen Osten, das noch nicht unter mongolische Kontrolle geraten war.

Sein Plan, Japan zu unterwerfen, erforderte die Bereitstellung von militärischer Unterstützung durch das Königreich Korea. Dies war der Preis, den König Wonjong (der zwischen 1260 und 1274 regierte) für die Zustimmung zahlen musste, sein Land der mongolischen Herrschaft zu unterwerfen. So dienten er und seine Nachfolger als Agenten des Großkhans im Kampf gegen Japan. Nach einer Reihe von Überfällen auf Japan und präventiven Angriffen durch Japan an der Küste von Korea, schickte Kublai im Jahr 1266 eine Gesandtschaft nach Japan, und forderte, dass die Nation sich dem Herrscher der Welt unterwarf. Er schickte auch einen Brief an König Wonjong von Korea, in dem er anregte, dass koreanische Krieger als seine Stellvertreter bei einer Invasion

Japans auftreten sollten. Die Koreaner waren zurückhaltend, so dass Kublai nun forderte, seine Expansionspläne zu unterstützen. Er schrieb an den König von Korea: „Was die japanische Angelegenheit betrifft, so werden wir sie ganz Euren Händen überlassen, und wir bitten Eure Hoheit, unseren Wünschen zu folgen und Japan unsere Botschaft zu übermitteln und erst dann auszuruhen, wenn das Ende ohne Missgeschick erreicht ist." Er schrieb auch an den Kaiser von Japan, den er als „König eines kleinen Landes" anredete: „Wir möchten Sie daran erinnern, dass Korea jetzt eine unserer östlichen Provinzen ist und Japan nur ein Anhängsel Koreas ist." Dieser Brief wurde ignoriert, ebenso wie Vertreter aus Korea. Ein koreanischer Botschafter an Kublais Hof versuchte, den Großkhan von seinen Plänen bezüglich Japan abzubringen. Kublai sagte, die Japaner seien anmaßend und gingen sogar so weit, ihren Anführer *Kaiser des Landes der aufgehenden Sonne* zu nennen. Außerdem, so der Botschafter, sei das Gerücht, Japan sei außerordentlich reich, tatsächlich übertrieben. Sein letzter Ratschlag an den Großkhan beschrieb die Schwierigkeiten und Gefahren eines Angriffs vom Meer aus auf Japan. Der Botschafter tat sein Bestes, um die Interessen Koreas zu schützen, da erwartet wurde, dass eine mongolische Invasion Japans größtenteils von koreanischen Matrosen und Soldaten durchgeführt werden würde. Er konnte Kublai jedoch nicht überzeugen, der anordnete, dass Korea tausend Schiffe bauen, sie mit viertausend Säcken Reis beladen und mit vierzigtausend Mann bemannen sollte.

Nachdem Kublai drei Missionen nach Japan entsandt hatte, von denen es keine weiter als zur Insel Tsushima in der Koreanischen Meerenge schaffte, schickte er einen vertrauenswürdigen Berater nach Japan. Nachdem er die Forderung des Großkhans verlesen hatte, Japan solle sich seiner Autorität unterwerfen, wurde der Botschafter aus Japan hinausgeworfen. Kublai hätte seine Pläne bezüglich Japans vielleicht aufgegeben, aber die Arroganz der Japaner, jede Art von Freundschaft mit dem Yuan-Kaiser von China abzulehnen, und das Bedürfnis des Mongolischen Reichs, absolute Stärke zu zeigen, zwangen Kublai zur Invasion Japans.

1274 brach eine Flotte koreanischer Schiffe mit 15.000 koreanischen, mongolischen und jurchischen Soldaten vom Hafen von Pusan auf. Die Armada segelte bis zur Insel Tsushima und griff die örtlichen Samurai an. Die Samurai, die dazu ausgebildet waren, Kriege auf rituelle Weise zu führen, fielen bald dem mongolischen Angriff mit Giftpfeilen und nicht-ritueller, massenhafter Gewalt zum Opfer. Die Samurai, überwältigt von der Übermacht, zogen sich zurück und wurden zusammen mit den zivilen Einwohnern von Tsushima massakriert. Dasselbe geschah, als die riesige Flotte auf der Insel Iki landete. Um den Menschen auf der kaum verteidigten Insel Angst einzujagen, ließen die Angreifer den Bug ihrer Schiffe mit gefangenen, toten oder sterbenden nackten Frauen schmücken, deren Körper nach den Annalen der Yuan-Dynastie mit durch die Handflächen geschlagenen Nägeln befestigt waren. Den Mongolen gelang es, die gesamte Insel zu erobern, indem sie eine Masse gefangener Japanerinnen vor ihren Linien hertrieben.

Die mongolische Flotte segelte bald weiter zur Bucht von Hakata auf der Insel Kyūshū, einem geeigneten Ort für einen Angriff von See her. Die Samurai auf dieser Insel waren besser vorbereitet als die auf anderen japanischen Inseln. Die japanischen Ritter hielten dem mongolischen Angriff stand und die mongolischen Streitkräfte zogen sich am Ende des Tages auf ihre Schiffe zurück. In einer Besprechung an Bord des mongolischen Flaggschiffs war man sich unschlüssig, ob die Japaner vor Mondaufgang angreifen würden und ob die Mongolen sofort einen Gegenangriff an Land unternehmen sollten. Die Samurais griffen zuerst an. In mehr als dreihundert kleinen Booten umzingelten sie die mongolische Flotte und ließen Brander (brennende Boote) gegen die feindlichen Schiffe treiben. Das Feuer auf den Schiffen, deren Laderäume trocken gehalten worden waren, damit das Schießpulver trocken blieb, breitete sich schnell aus und einige Schiffe explodierten. Die Kapitäne der Mongolen versuchten, ihre Schiffe ins offene Meer zu steuern, wo sie hofften, den zerstörerischen Sturm, der plötzlich in der Hakata-Bucht aufgezogen war überstehen zu können. Die mongolische Flotte wurde jedoch bei dem heftigen Sturm zerstört und nur wenige Schiffe blieben intakt, um sich nach Korea zurückzuziehen. Was am 19. November 1274 als *Schlacht von Bun'ei* oder *Erste Schlacht in der Bucht von Hakata* bekannt wurde, wurde in Japan zur Legende, denn der Sieg über die Mongolen wurde nicht nur der Überlegenheit der Samurai-Krieger zugeschrieben, sondern auch dem göttlichen Eingreifen durch die Ankunft des Sturms in einem kritischen Moment des Konflikts.

Nach der mongolischen Niederlage schickte Kublai Khan einen Abgesandten nach Japan. Der Gesandte beging den Fehler, den japanischen Kaiser einen König zu nennen und sagte, der Führer der Mongolen sei ein großer Kaiser. Kaiser Hōjō Tokimune (regierte 1268-1284) lehnte das Friedensangebot der Mongolen ab. Er sagte unmissverständlich zu Kublais Botschafter: „Hör zu, Mongole. Wer eine friedliche Nation oder einen Stamm bedroht mit dem Ziel, ihre oder seine Ressourcen zu konfiszieren ... ist ohne Zweifel ein Räuber." Und er fügte hinzu, dass seit der Zeit Dschingis Khans „kein einziger Tag friedlich regiert wurde, und der Osten und der Westen durch die brutalen Taten des Khans terrorisiert wurden." Die Audienz wurde immer schlimmer und die Gesandten Kublais schließlich hingerichtet. Wahrscheinlich war der erbitterte Widerstand des Kaisers Tokimune gegen die Mongolen das Ergebnis der Unruhen in Japan, die durch eine populäre buddhistische Sekte verursacht wurden, die das Ende der Welt voraussagte. Diese Weltuntergangsprognose war etwas, das der mutigste Samurai für undenkbar gehalten hätte.

Da die Ermordung von Botschaftern den ethischen Vorstellungen der Mongolen widersprach, sandte Kublai den Befehl an Korea, eine zweite Armada vorzubereiten. Eine weitere Direktive wurde an Kublais Verwalter in Yangzhou am Großen Kanal übergeben. Einer der Staatsbediensteten in Yangzhou war Marco Polo, und er verzeichnete dort das gewaltige Unterfangen, fünfzehntausend Schiffe zu bauen, „um seine [des Großkhans] Armeen zu den Inseln des Meeres zu tragen." Er berichtete, dass jedes der Transportschiffe eine Besatzung von zwanzig Mann haben und 15 Pferde mit ihren Reitern und Proviant befördern sollte. Durch die Schriften Marco Polos erfuhr der Westen erstmals von Japan, obwohl Marco Polo das Land „Cipangu" nannte und das, was er darüber sagte, gänzlich auf Kublais Invasion beruhte. Ausgehend von der kaiserlichen mongolischen Propaganda erklärte Polo, Japan sei ein Land von immensen Reichtümern mit reichlich Gold und Perlen. Der Palast des japanischen Kaisers sei, wie Polo sagte, „mit einem Dach aus feinem Gold versehen", und die Fußböden im ganzen Palast seien mit Gold gepflastert, „mit Platten wie Steinplatten, gut zwei Finger dick."

Im Juni 1281 verließen die Yangzhou-Flotte, unter dem Kommando des mongolischen Generals Arkham, und die koreanische Flotte ihre Heimathäfen. Als sie sich schließlich im August in der Hakata-Bucht trafen, waren die Kämpfer, zu denen auch Koreaner, Mongolen und Chinesen gehörten, krank und erschöpft. Ihre Vorräte schwanden, und ihre Schiffe wurden fast ständig von kleinen japanischen Booten mit Samuraikämpfern an Bord angegriffen. Diese Pattsituation hätte noch einige Zeit angedauert, wenn es nicht einen großen Sturm gegeben hätte, der am 15. August durch Tsushima-Straße fegte. Der zweitägige Sturm zerstörte fast die gesamte mongolische Flotte. Die Japaner berichteten, dass über viertausend Schiffe untergegangen seien. Jüngste Studien von Meeresarchäologen deuten darauf hin, dass die in Yangzhou gebauten Schiffe in der Eile nicht ordnungsgemäß konstruiert worden waren und daher der zerstörerischen See nicht standhielten.

Kublai befahl sofort, einen dritten Angriff auf Japan vorzubereiten. Diese Befehle wurden jedoch aufgehoben, als der Großkhan sich mit Spannungen innerhalb seines Reichs beschäftigten musste. Das wichtigste Ergebnis der beiden gescheiterten Invasionen Japans war die nun offenkundige Tatsache, dass die Mongolen nicht, wie bisher angenommen, unbesiegbar waren.

Die späteren Jahre von Kublais Herrschaft waren gekennzeichnet durch Versuche zur Stärkung seiner Regierung in Bereichen von strategischer Bedeutung. Er ernannte einen muslimischen Gouverneur für Yunnan in Südchina, um die Straßen nach Annam und Mian (Birma) streng zu kontrollieren. Die Herkunft des Statthalters offenbarte die Überlegungen des Großkhans, wenn es um die Verwaltung des Reichs durch treue Verwalter ging. Sayyid Ajall Shams al-Din Omar (* 1211; † 1279 in Usbekistan) war ein choresmischer Muslim aus Buchara. Er hatte in der Armee von Kublai und Möngke gedient und war maßgeblich an der Eroberung des Königreichs Dali im Jahr 1274 beteiligt. Sayyid zeichnete sich in Yunnan aus, weil er als Außenseiter für seine faire Behandlung der Menschen in der Provinz respektiert wurde. Während seiner Amtszeit wurden die öffentlichen Arbeiten mit der Einrichtung von Wasserschutzprojekten, Bewässerungsarbeiten und dem Bau von Terrassen für Gärten verbessert. Sayyid baute auch Moscheen, konfuzianische Tempel, Schulen und ein buddhistisches Kloster. Nach seinem Tod wurde seine Politik von seinen Söhnen fortgesetzt. Kurz gesagt, unter Sayyid blühte die Provinz Yuan auf und der Handel entlang der Wege nach Südostasien weitete sich aus. Während der größte Teil des Handels zwischen dem Westen und Birma und Vietnam sich auf dem Wasser abspielte, ist es nicht unwahrscheinlich, dass Waren aus der Region auf dem Landweg nach Norden zur alten Seidenstraße und von dort nach Westen transportiert wurden.

Die von Kublai favorisierte religiöse Toleranz und den wirtschaftlichen Wohlstand in Yunnan gab es in Peking und anderen Teilen des Mongolischen Reichs nicht lange. Als Taoisten in Peking 1280 ein buddhistisches Kloster in Brand setzten, war Kublai gezwungen, in einem lang schwelenden Konflikt aktiv zu werden. Er verfügte, dass Exemplare des taoistischen Buches der Bekehrungen der Barbaren ausfindig gemacht und vernichtet werden sollten. Obwohl Kublai zuvor bereits ein ähnliches Verbot gegen das Buch ausgesprochen hatte, war es nicht gänzlich wirksam, so dass er auch die Zerstörung aller Druckstöcke anordnete, die zur Herstellung von Kopien des Buches verwendet wurden. Kublais Zorn ergoss sich über wenig gebildete „Ersatz-Taoisten", die ihren Lebensunterhalt mit Wahrsagerei, Prophezeiungen und anderen esoterischen Praktiken verdienten.

Ein weiterer religiöser Konflikt brach über die muslimische Praxis des Halal, d.h. des zulässigen Schlachtens, aus. Diese Praxis widersprach dem mongolischen Brauch, Tiere zu schlachten, da sie das Tier ausbluten ließen, bevor sie es zerstückelten. Solche Auseinandersetzungen begannen an Kublais Hof, an dem alle Religionen präsent waren. Nach der Halal-Kontroverse wurden Muslime in der kaiserlichen Verwaltung von Buddhisten und Taoisten angegriffen und zur Zielscheibe von Vorurteilen unter der chinesischen Bevölkerung, die die Machtpositionen von Nicht-Chinesen ohnehin ablehnten, unabhängig davon, welcher Religion sie angehörten.

Als Kublai älter wurde, wurde die Frage, welche Religion er bevorzugte, immer dringlicher. Seine abwartende Haltung gegenüber konkurrierenden Religionen entwickelte sich von einem bewunderten Attribut zu einem Stein des Anstoßes. Kublais Ernennung seines zweiten Sohnes Zhenjin als Thronanwärter im Jahr 1283 verschärfte die Konflikte unter den religiösen Führern, die um die Macht im Reich wetteiferten. Zhenjin wurde zuerst von konfuzianischen Gelehrten erzogen, bevor er unter den Einfluss des tibetischen Buddhisten Drogön Chögyal Phagpa geriet, der das Buch *Was man wissen sollte zum Wohle des jungen Prinzen* geschrieben haben soll. Es wurde eine Frage der Dringlichkeit am kaiserlichen Hof, welche Religion Kublais Nachfolger wohl favorisierte. Die nestorianischen Christen begannen ihre Autorität zu verlieren und der Katholizismus hatte sich nicht etabliert, so dass es eine Frage war, ob Zhenjin eher Sympathie für den Islam, den Buddhismus, den Konfuzianismus oder den Taoismus zeigen würde. Aber jegliches Buhlen der religiösen Führer um Zhenjins Gunst war vergeblich, denn er starb 1286 im Alter von 43 Jahren.

Kublais Herrschaft geriet in den Jahren nach der Ermordung von Ahmad Fanākati (1281), einem seiner wichtigsten Finanzberater, in Aufruhr. Wer die Tat gegen den mongolisch-muslimischen Bürokraten verübt hat, konnte nie geklärt werden, aber seine Ablösung durch den Chinesen Lu Shizhong bot diesem eine Plattform, seine Vorurteile auszuleben. Er verhängte schwere Strafen für den Bruch des kaiserlichen Monopols auf die Herstellung von Spirituosen, was zur Folge hatte, dass Mongolen und Chinesen gleichermaßen verärgert waren. Lu bezeichnete die herrschende Klasse der Mongolen als „tatenlos" und schlug vor, sie zu zwingen, Herden auf Regierungsland zu züchten und 80 Prozent ihrer Gewinne an die kaiserliche Staatskasse abzugeben. Zu seinen Lösungen für die schwindenden Einnahmen des Fiskus gehörte es, mehr Papiergeld zu drucken, das bereits die Inflation antrieb. Lu wurde schließlich von seinen zahlreichen Gegnern der Veruntreuung beschuldigt, seines Amtes enthoben und hingerichtet. Sein Nachfolger, ein Uigur oder Tibeter namens Sengge, war ebenfalls nicht in der Lage, die kaiserlichen Finanzen in Ordnung zu bringen und war schnell innerhalb und außerhalb des kaiserlichen Hofes gehasst. Auch er wurde hingerichtet.

Das Dilemma, dem sich die mongolische Herrschaft in China gegenübersah, wird von den Autoren der *Geschichte des Yuan* deutlich dargelegt. Das Buch, das Teil der *24 Geschichten Chinas* ist, die 1370 vom Amt für Geschichte der Ming zusammengestellt wurde, verurteilt die Mongolen für eine Fülle von Unzulänglichkeiten. Die Mongolen seien ungeeignet, China zu regieren, weil sie Barbaren seien. Barbaren konnten zwar von einem Pferd aus siegen, aber niemals China regieren, weil die chinesische Zivilisation für die Mongolen viel zu hoch entwickelt und zu kompliziert war. Selbst wenn die Mongolen Chinesen wie Lu Shizhong in Machtpositionen einsetzten, waren sie zum Scheitern verurteilt, weil die Ausländer letztendlich die Kontrolle hatten.

Zu Kublais Problemen mit religiösen Streitigkeiten, dem Ausdruck ethnischer und religiöser Unterschiede und seinem Scheitern, Japan zu erobern, gesellte sich die gescheiterte Unterwerfung Südostasiens. Der Großkhan schickte einen Brief an den vietnamesischen Kaiser Trén Thánh Tông, in dem er verlangte, Schätze, Gelehrte, Ärzte, Astronomen und anderes qualifiziertes Personal für seine Verwaltung zu schicken. Dahinter stand seine Überzeugung, dass die Vietnamesen Truppen für seinen andauernden Krieg gegen die südlichen Song liefern würden. Dies geschah jedoch nicht und Thánh Tông verzögerte erfolgreich seinen Besuch in Peking. Tatsächlich gelang es ihm und seinem Sohn, Kublais Annäherungsversuche und seine Bemühungen, einen Regimewechsel in Vietnam herbeizuführen, abzuwehren. Die endgültige Niederlage der Mongolen in Annam kam durch den Erfolg von General Trân Hâng Đao, der 1285 eine mongolische Invasionsflotte zerstörte und die Armee aus seinem Herrschaftsgebiet vertrieb.

Bei der Annexion Birmas erging es den Mongolen nicht besser als in Vietnam. König Narathihapate, ein schillernder, aufgeblasener Despot, der von Marco Polo als „mächtiger Prinz" bezeichnet wurde, reagierte auf die mongolische Bedrohung, indem er von den Mongolen abhängige Gebiete an der Nordgrenze seines Reichs angriff. Nachdem Narathihapate sie der mongolischen Kontrolle entrissen hatte, bereitete er sich keineswegs auf den unvermeidlichen mongolischen Angriff vor. Stattdessen nutzte er die königliche Staatskasse und nationale Arbeitskräfte, um einen riesigen neuen Tempel, die Mingalezedi-Pagode, zu bauen, was ein Versuch gewesen sein könnte, sich bei der unvermeidlichen mongolischen Invasion Gottes Gunst zu verschaffen. Narathihapate hatte sich jedoch schwer getäuscht, denn die Mongolen griffen 1277 unter der Führung des neu ernannten Gouverneurs von Yunnan, Nasir al-Din, dem Sohn des fähigen Sayyid al-Din, an. Die mongolischen Streitkräfte ritten mit halsbrecherischer Geschwindigkeit die Berge von Yunnan hinunter und drangen in ein Land ein, von dem Marco Polo sagte, es sei voller „großer Wälder mit Elefanten und Einhörnern und unzähligen anderen wildlebenden Tieren." Als die Kräfte von Nasir und König Narathihapate aufeinandertrafen, standen die Mongolen einer Armee gegenüber, die sie nie zuvor gesehen hatten. Birmesische Bogenschützen schossen Pfeilsalven aus ihren erhöhten Howdahs ab. Die mongolischen Reiter konnten sich der Phalanx der Elefanten nicht nähern, da ihre Pferde vor den furchteinflößenden Tieren Angst hatten. Nasirs Bogenschützen saßen ab, gingen in einem Wald in Deckung und überzogen die angreifenden Elefanten mit einem Pfeilhagel und zwangen Narathihapates Armee zum Rückzug. Der König wurde von einem seiner Söhne gezwungen, Gift zu nehmen, der darüber erschüttert war, dass sein Vater die Hauptstadt verloren und Verhandlungen aufgenommen hatte, um sich der mongolischen Herrschaft zu unterwerfen. Einer von Narathihapates Söhnen versuchte, den Königstitel für sich zu beanspruchen und war bereit, sich den Mongolen zu unterwerfen, aber im Königreich wetteiferten mehrere Fraktionen um die Macht und stürzten es ins Chaos. Dies erschwerte die Sache der Mongolen, da sie es gewohnt waren, mit einem einzigen Monarchen zu verhandeln. Frieden mit einem zweifelhaften Thronanwärter zu schließen, entsprach nicht ihrer Vorstellung. Sollten die Mongolen ganz Birma einnehmen wollen, würden sie im ganzen Land Krieg führen und die rebellischen Vizekönige einen nach dem anderen unterwerfen müssen. Eine mongolische Invasion im Jahr 1287 scheiterte daran, das zerrissene Land zu unterwerfen, und 1303 überließen die Mongolen Birma endgültig sich selbst.

Um 1280 war Kublai jedoch ein kranker Mann. Er war übergewichtig und litt an Gicht, was auf dauernden übermäßigen Alkoholkonsum zurückzuführen war. Marco Polo berichtete, dass der Großkhan in einer großen hölzernen Bastion reiste, „die von vier gut ausgebildeten Elefanten getragen wurde und über der sein Banner gehisst wurde." Die mobile Bastion nutzte er, als er mit einer Revolte in der Mandschurei zu kämpfen hatte, wo ein anderer Enkel Dschingis Khans, Nayan, behauptete, Kublai habe sich zu weit von seinen mongolischen Wurzeln entfernt. Kublai führte 1287 selbst eine Flottille an, und als seine Krieger an Land gegangen waren, führte er seine gewaltige Armee gegen Nayan. Das Gefolge des Großkans war „voller Armbrust- und Bogenschützen", und er ritt unter seinem Banner, „mit den Figuren der Sonne und des Mondes." Marco Polo zufolge waren die vier Elefanten des Großkhans „mit sehr dicken gekochten Häuten bedeckt, die mit Tüchern aus Seide und Gold überzogen waren." Nayan, ein nestorianischer Christ, wurde besiegt und hingerichtet.

Trotz seiner nachlassenden Gesundheit setzte Kublai seine Expansionskampagnen fort. Einem Abgesandten an das Königreich Java wurde im Jahr 1289 das Gesicht gebrandmarkt und er wurde kurzerhand der Insel verwiesen. Es dauerte einige Zeit, bis der Großkhan von dieser Demütigung erfuhr, aber dann setzte er das traditionelle mongolische System der Vergeltung in Gang. Als ob ein gebrandmarkter und vertriebener Diplomat nicht schon genug war, um den mongolischen Hof in Peking zu reizen, griff Kertanagara, der König von Java (reg. 1268-1292), den mongolischen Vasallenstaat Jumbi auf Sumatra an und besiegte ihn.

1292 verließ eine Flotte China, um Jumbi wieder unter die Kontrolle der Mongolen zu bringen, die Javaner zu besiegen und das Königreich Java zu einem mongolischen Vasallenstaat zu machen. In dieser Flottille befand sich eine Gruppe von Schiffen, die nach Indien segelten. An Bord eines dieser Schiffe soll Marco Polo gewesen sein, der eine mongolische Prinzessin als Braut in das Ilkhanat in Persien begleitete. Bevor die Mongolen Java erreichten, wurde Kertanagara von einem seiner Verbündeten getötet, und der Sohn des toten Königs wandte sich an die Mongolen, um den Tod seines Vaters zu rächen. Der rebellische Verbündete des Königs von Java wurde besiegt und getötet, woraufhin sich der Sohn des toten Königs gegen seine Retter, die Mongolen, wandte und seine Unabhängigkeit erklärte. Unwillig und unfähig, Java zu einem Vasallenstaat zu machen, kehrte die mongolische Flottille nach China zurück.

Anfang 1294 starb der fast achtzigjährige, fettleibige, alkoholkranke Kublai Khan, der trotz seiner körperlichen Verfassung dieses hohe Alter erreicht hatte. Ihm folgte sein Enkel Temür, der bis 1307 der nächste Großkhan des Mongolischen Reichs war. Unter Temür akzeptierten das Heidnische Königreich (Birma), das Tran-Königreich Annam und ganz Südvietnam die Vorherrschaft der Mongolen.

In der Geschichtsschreibung wurde viel Bedeutung auf die Reisen von Marco Polo, seinem Vater und seinem Onkel gelegt. Tatsächlich waren sie nicht die Initiatoren des europäischen Handels entlang der Seidenstraße. Vor ihrer Reise und ihrem Aufenthalt an Kublais Hof war die Route von Händlern aus dem lateinischen Westen genutzt worden. Es ist schwierig, genau zu bestimmen, worum es bei diesem Handel ging, denn die Europäer, die mit dem Osten Handel trieben, hielten die Einzelheiten ihrer Unternehmungen geheim, um ihren Vorteil zu schützen. Als die Polos 1295 nach Venedig zurückkehrten, hatten ihre italienischen Landsleute Handelsgeschäfte rund um das Schwarze Meer und die Genueser Handelsgeschäfte in Persien aufgebaut. Es wurde berichtet, dass etwa 900 Genueser in Persien ansässig waren und in den Diensten von Arghun Khan standen, um hauptsächlich Galeeren für den mongolischen Handel im Indischen Ozean zu bauen. Der europäische Handel mit Persien nahm zu, als der Papst den Handel mit den Mamluken in Ägypten im frühen 14. Jahrhundert verbot. Auch venezianische Kaufleute erweiterten ihren Handel mit den Persern in dieser Zeit, indem sie in Täbris ein Konsulat und ein Dominikaner- und ein Franziskanerkloster gründeten. Zur gleichen Zeit drangen italienische Händler aus Häfen am Schwarzen Meer nach Zentralasien vor und handelten mit Waren aus China und Indien. Es wird berichtet, dass Peter von Lucalongo, der möglicherweise ein venezianischer Kaufmann war, im Jahr 1291 aus dem Nahen Osten nach Südchina reiste. 1305 schickte ein lateinischer Missionar Briefe nach Westen, in denen er berichtete, dass eine Kolonie genuesischer und italienischer Kaufleute Depots in Zaitun (das heutige Quanzhou) an der Straße von Formosa eingerichtet hatte. Zur gleichen Zeit, als die Europäer entlang der Seidenstraße handelten, entwickelten sie den Seehandel von China aus.

In der Mitte des 14. Jahrhunderts war der Weg entlang der Seidenstraße, dem die Polos folgten, unter lateinischen Kaufleuten ziemlich bekannt. Im *Buch der Länderbeschreibungen und Maße*, das der Florentiner Kaufmann Francesco Balducci Pegolotti um 1343 verfasste, sagt der Autor, dass der Weg von Persien nach China „bei Tag und bei Nacht ziemlich sicher ist." Aber, warnt er, wenn ein Händler unterwegs ist, wenn der Herrscher stirbt, „gibt es in der Zwischenzeit manchmal Unruhen gegen die Franken und andere Ausländer – sie nennen alle Christen aus Ländern westlich des Byzantinischen Reichs ‚Franken' –, und der Weg ist nicht sicher, bis der neue Herr gesandt wird, der nach dem Verstorbenen herrschen soll."

Das war ein wenig Schönfärberei, da es auf Wissen aus zweiter Hand beruhte. Tatsächlich war die Reise auf der Seidenstraße eine beängstigende Angelegenheit. Die Herausforderungen der zentralasiatischen Steppen, Wüsten und Gebirge waren jedoch die Mühe wert für Händler, die Ingwer, Zucker und Rhabarber kauften, die in Europa ebenso geschätzt wurden wie Seide. Die begehrteste Seide war die, die in Turkestan hergestellt wurde. Die Entdeckung zweier christlicher Grabsteine in Yangzhou (in der chinesischen Provinz Jiangsu) deutet darauf hin, dass der Landverkehr mit China Mitte des 14. Jahrhunderts ausgedehnt wurde. Sie sind in gotischer Schrift datiert und für die Kinder eines genuesischen Kaufmanns, die 1342 und 1344 starben. Der Handel muss ausreichend etabliert gewesen sein, damit lateinische Kaufleute ihre Familienmitglieder mitbrachten, während sie Geschäfte in China machten.

Schlussbemerkung: Der Niedergang des Handels entlang der Seidenstraße

Nach dem Tod Kublai Khans 1294 wurde das Mongolische Reich, zu dem auch Yuan-China gehörte, von seinem Enkel Temür Khan geführt. Er setzte die mongolische Politik fort und arbeitete daran, die Schulden seines Vaters für militärische Feldzüge, insbesondere gegen Vietnam, zu begleichen. Temür ernannte auch Hofbeamte aus verschiedenen ethnischen Gruppen und Religionen, darunter Personen tibetischer und choresmischer Herkunft. Obwohl der Konfuzianismus die Hofreligion war, waren auch Muslime, Buddhisten, Taoisten und Christen höfische Beamte. Er schloss Frieden mit den abtrünnigen Khanaten und brachte die Goldene Horde im Westen unter seine Kontrolle. Temür Khan beendete die mongolische Expansion im Süden und Osten und verlangte nicht länger die völlige Unterwerfung Japans, Birmas und Vietnams.

Trotz der Reformen Temür Khans markiert seine Herrschaft den Beginn des langsamen Niedergangs der von den Mongolen geführten Yuan-Dynastie in China und des Mongolischen Reichs als Ganzes. Dabei spielten eine Reihe von Faktoren eine Rolle. Die geringe Zahl von Mongolen in der Verwaltung der Vasallenstaaten ermöglichte es, dass sich Unruhen unkontrolliert ausbreiteten. Die Rebellenführer verschiedener Ethnien, die es überall von China bis zum Nahen Osten gab, spalteten das Mongolische Reich und führten zur Bildung unabhängiger Staaten, die von ihrer Unterwerfung unter die Zentralregierung in Peking befreit wurden. Der Aufstieg nicht-mongolischer Staaten entlang der Seidenstraße erschwerte das Reisen und den Umgang mit komplexen und unterschiedlichen Handelsregelungen. In China selbst war der Rest der herrschenden mongolischen Klasse gezwungen, sich in ihr traditionelles Heimatland zurückzuziehen, wo ihre Gesellschaft in eine Art Quasi-Feudalismus übergegangen war, wie er unter Dschingis Khan bestand.

Der letzte mongolische Kaiser von China, Toghon Temür Khan (reg. 1333-1368) war ein ausschweifender Charakter, ähnlich wie der römische Kaiser Caligula. Er zog sexuelle Orgien der Regierung seines Reichs vor, und so wurde die Spaltung zwischen den vier Teilen des Mongolischen Reichs – China (mit der Mongolei, Korea und Tibet), Zentralasien, dem Ilkhanat in Westasien und der Goldenen Horde in Russland – dauerhaft.

Im türkisch-mongolischen Persien gründete Timur oder Tamerlan (reg. 1370-1405) im Iran und in Zentralasien das mächtigste Imperium in den Jahren schwindender mongolischer Herrschaft. Timurs ethnische Zugehörigkeit war eindeutig nicht mongolisch, aber er trat als Kriegsherr in der Tradition Dschingis Khans auf. Seine militärischen Erfolge in Persien, Zentralasien, Indien, Armenien, Georgien und Syrien deuten darauf hin, dass er die militärischen Fähigkeiten und die Mittel besaß, ein erfolgreicher Nachahmer Dschingis Khans zu sein. Während Timur sein Reich im Westen ausdehnte, befreiten in China die ersten Ming-Kaiser das Land von den Überresten der Yuan-Loyalisten. 1394 war der Ming-Kaiser in der Lage, mutig an Timur zu schreiben und zu behaupten, dass Timur selbst der Ming-Autorität unterstand. Nachdem Timur ein Bündnis mit den in der Mongolei lebenden Mongolen geschlossen hatte, bereitete er sich darauf vor, Ming-China anzugreifen. Bevor er jedoch die Grenze Chinas erreichte, starb er. Sein Leichnam wurde einbalsamiert und nach Samarkand zurückgebracht, wo er in einem Grab, dem heute noch existierenden sogenannten Gur-e-Amir, beigesetzt wurde.

Die Unterbrechung der Landhandelsroute von China nach Westen durch den Aufstieg Timurs im 14. Jahrhundert wurde durch die Ausweitung des Seehandels zwischen Ost und West mehr als wettgemacht. Die Erforschung der Meere und der Seehandel in China gehen auf die Gründung einer Marine in der Zeit der Qin-Dynastie (221-206 v. u. Z.) zurück, und basierend auf den Ausgrabungen einer Werft in Guangzhou, war die maritime Tätigkeit in der frühen Han-Dynastie (201-220 v. u. Z.) recht fortschrittlich. Der frühe chinesische Seehandel scheint sich entlang der Küste des Südchinesischen Meeres abgespielt zu haben. Chinesische Kaufleute segelten ab dem Ende des 2. Jahrhunderts v. u. Z. in den Indischen Ozean und sollen bis nach Äthiopien gereist sein. Das Reisen von und nach Indien war im 7. Jahrhundert alltäglich, da chinesische Schiffe oft zum Roten Meer und zum Euphrat im heutigen Irak segelten.

Der chinesische Seehandel änderte sich im 15. Jahrhundert während der Zeit der Entdeckungen von Zheng He, der auf Befehl des Kaisers Yongle, des dritten Kaisers der Ming-Dynastie, sieben Expeditionen in den Indischen Ozean leitete. Zheng Hes Reisen fanden auf Schiffen statt, die größer waren als die Schiffe, die zuvor in China gebaut worden waren. Einige seiner Schiffe, die für den Transport von Schätzen nach China gebaut worden waren, maßen möglicherweise 120 Meter in der Länge und 50 Meter in der Breite. Auf seiner ersten Reise, die von 1405 bis 1407 dauerte, erreichte Zheng He Kalkutta. Auf weiteren Reisen segelte er bis an die Küste Afrikas. Die merkwürdigen Dinge, die er nach China zurückbrachte – Tiere, Kunst und verarbeitete Waren – gaben den Anstoß für das Wachstum riesiger Seehandelsunternehmen.

Im Gefolge von Zheng Hes Reisen erweiterte sich der Ost-West-Seehandel zwischen China, Indochina, Indien, Afrika und Persien so stark, dass er den beschwerlichen Landweg der Seidenstraße ersetzte. Kurz nachdem Zheng He die Seewege in den Westen erkundet hatte, machten sich die Europäer, vor allem spanische und portugiesische Entdecker, auf, die Seewege in den Osten zu erkunden, wo – wie sie wussten – begehrte Waren für die europäischen Märkte erhältlich waren. Der portugiesische Seefahrer Bartolomeu Dias, der von 1450 bis 1500 lebte, erreichte das Kap der Guten Hoffnung und stellte fest, dass die Ostküste

Afrikas per Schiff erreichbar war. Ihm folgte Vasco da Gama, der von etwa 1460 bis 1524 lebte und die Spitze Afrikas umrundete und Indien erreichte. Durch die Öffnung des Seehandels nach Osten konnten die Europäer auf die Dienste arabischer Vermittler verzichten. Dies führte zur Öffnung längerer Handelswege in den Fernen Osten, einschließlich Chinas und den Pazifikinseln.

Im Zeitalter der Entdeckungen (Anfang des 15. bis Mitte des 17. Jahrhunderts) ersetzten alternative Handelswege zwischen Ost und West die Seidenstraße. Der Warentransport auf dem Seeweg war viel billiger und schneller als der Transport über Land. Größere Warenmengen konnten auch zuverlässiger transportiert werden, da sie nur den Gefahren des Meeres ausgesetzt waren, die im Vergleich zu den Gefahren durch Wegelagerer und habgierige Emporkömmlinge, die die Seidenstraße heimsuchten, minimal waren. Die alte Seidenstraße ist jedoch nicht völlig in Vergessenheit geraten, da der traditionelle Handel zwischen den Gemeinden bis heute fortbesteht.

Schauen Sie sich ein weiteres Buch aus der Reihe Captivating History an.

Weitere Literatur

Jaroslav Folda, *Crusader Art: The Art of the Crusaders in the Holy Land, 1099-1291* (Aldershot and Burlington: Lund Humphries, 2008)

Thomas F. Madden, *A Concise History of the Crusades.* (Lanham: Maryland: Rowman & Littlefield, 2013)

Steven Runciman, *A History of the Crusades.* (Cambridge: University Press, 1954)

Rodney Stark, *God's Battalions*, (NY: HarperOne, 2009)

Christopher Tyerman, *God's War: A New History of the Crusades.* (Harvard University Press, 2006

Christopher Beckwith, *Empires of the Silk Road: A History of Central Eurasia from the Bronze Age to the Present* (Princeton: Princeton University Press, 2009)

Peter Hopkirk, *Foreign Devils on the Silk Road: The Search for the Lost Cities and Treasures of Chinese Central Asia* (London: Murray, 1980)

John Man, *Genghis Khan: Life, Death and Resurrection* (New York: Thomas Dunne Books, 2004)

Jonathan Clements, *A Brief History of Khublai Khan: Lord of Xanadu, Emperor of China* (London: Robinson, 2010).

Printed in Poland
by Amazon Fulfillment
Poland Sp. z o.o., Wrocław